Die Auflösung und Abwicklung gesetzlicher Krankenkassen im Spannungsfeld zwischen dem SGB V und der Insolvenzordnung

Schriften zum Verfahrensrecht

Herausgegeben von
Jens Adolphsen, Christoph Althammer, Peter Gottwald und Ulrich Haas

Band 57

PL ACADEMIC RESEARCH

Sebastian Fuchs

Die Auflösung und Abwicklung gesetzlicher Krankenkassen im Spannungsfeld zwischen dem SGB V und der Insolvenzordnung

PL ACADEMIC RESEARCH

Bibliografische Information der Deutschen Nationalbibliothek
Die Deutsche Nationalbibliothek verzeichnet diese Publikation in der Deutschen Nationalbibliografie; detaillierte bibliografische Daten sind im Internet über http://dnb.d-nb.de abrufbar.

Zugl.: Regensburg, Univ., Diss., 2015

D 355
ISSN 1619-344X
ISBN 978-3-631-67406-2 (Print)
E-ISBN 978-3-653-06757-6 (E-Book)
DOI 10.3726/978-3-653-06757-6

PL Academic Research ist ein Imprint der Peter Lang GmbH.
Peter Lang – Frankfurt am Main · Bern · Bruxelles · New York · Oxford · Warszawa · Wien

Diese Publikation wurde begutachtet.

www.peterlang.com

Vorwort

Die vorliegende Arbeit wurde im Wintersemester 2015/2016 von der Fakultät für Rechtswissenschaft der Universität Regensburg als Dissertation angenommen. Das Manuskript wurde im Oktober 2014 abgeschlossen. Spätere Gesetzesänderungen (insbesondere betreffend die Finanzierungsgrundlagen der gesetzlichen Krankenversicherung) wurden vor der Drucklegung bis zum 31. März 2016 eingearbeitet. Literatur und Rechtsprechung wurden ebenfalls bis zu diesem Zeitpunkt aktualisiert.

Mein Dank gilt heute all denjenigen, die mich während der Erstellung des Manuskripts unterstützt und begleitet haben:

Ein besonderer Dank gebührt dabei zunächst meinem Doktorvater, Herrn Prof. Dr. Dr. h.c. Peter Gottwald, der die Themenwahl angeregt hat und während der gesamten Erstellungsphase dieser Arbeit für wertvolle Diskussionen zur Verfügung stand.

Danken möchte ich auch Herrn Prof. Dr. Thorsten Kingreen für unsere interessanten Gespräche über das System der gesetzlichen Krankenversicherung sowie für die rasche Erstellung des Zweitgutachtens.

Herzlich bedanken möchte ich mich ferner bei der Hanns-Seidel-Stiftung e.V., die diese Arbeit durch ein Stipendium aus Mitteln des Bundesministeriums für Bildung und Forschung (BMBF) gefördert hat.

Danken möchte ich darüber hinaus meinem Onkel, Herrn Dr. Bernhard Oswald, für das sorgfältige Korrekturlesen.

Schließlich gilt mein größter Dank meinen Eltern, Gerda und Walter Fuchs, die mir durch ihren Rückhalt und ihre finanzielle Unterstützung die juristische Ausbildung ermöglicht haben. Ihnen widme ich diese Arbeit.

München, den 30. April 2016

Sebastian Fuchs

Inhaltsverzeichnis

Abkürzungsverzeichnis

a. A.	anderer Ansicht
a. E.	am Ende
a. F.	alte Fassung
Abs.	Absatz
AcP	Archiv für die civilistische Praxis (Zeitschrift)
AG	Aktiengesellschaft
Alt.	Alternative
AMNOG	Gesetz zur Neuordnung des Arzneimittelmarktes in der Gesetzlichen Krankenversicherung (Arzneimittelmarktneuordnungsgesetz)
AöR	Archiv des öffentlichen Rechts (Zeitschrift)
Art.	Artikel
AOK	Allgemeine Ortskrankenkasse
Az.	Aktenzeichen
BAG	Bundesarbeitsgericht
BB	Betriebsberater (Zeitschrift)
Bd.	Band
Beil.	Beilage
BetrAVG	Betriebsrentengesetz
BGB	Bürgerliches Gesetzbuch
BGH	Bundesgerichtshof
BKK	Betriebskrankenkasse
BKR	Bank und Kapitalmarktrecht (Zeitschrift)
BMG	Bundesministerium für Gesundheit
BR-Drs.	Drucksache des Deutschen Bundesrates
BSG	Bundessozialgericht
BT-Drs.	Drucksache des Deutschen Bundestages
BVA	Bundesversicherungsamt
BVerfG	Bundesverfassungsgericht
DB	Der Betrieb (Zeitschrift)
DStR	Deutsches Steuerrecht (Zeitschrift)
DZWIR	Deutsche Zeitschrift für Wirtschaft- und Insolvenzrecht
EGInsO	Einführungsgesetz zur Insolvenzordnung
ErfK	Erfurter Kommentar zum Arbeitsrecht

ESUG	Gesetz zur weiteren Erleichterung der Sanierung von Unternehmen
EuZW	Europäische Zeitschrift für Wirtschaftsrecht
FS	Festschrift
GbR	Gesellschaft bürgerlichen Rechts
GesR	Gesundheitsrecht (Zeitschrift)
GG	Grundgesetz
GGW	Gesundheit und Gesellschaft-Wissenschaft (Zeitschrift)
GKV	Gesetzliche Krankenversicherung
GKV-FinG	Gesetz zur nachhaltigen und sozial ausgewogenen Finanzierung der Gesetzlichen Krankenversicherung (GKV-Finanzierungsgesetz)
GKV-FQWG	Gesetz zur Weiterentwicklung der Finanzstruktur und der Qualität in der Gesetzlichen Krankenversicherung (GKV-Finanzstruktur- und Qualitäts-Weiterentwicklungsgesetz)
GKV-OrgWG	Gesetz zur Weiterentwicklung der Organisationsstrukturen in der Gesetzlichen Krankenversicherung
GKV-VSG	Gesetz zur Verbesserung der Versorgungsstrukturen in der gesetzlichen Krankenversicherung (GKV-Versorgungsstrukturgesetz)
GKV-WSG	Gesetz zur Stärkung des Wettbewerbs in der gesetzlichen Krankenversicherung (GKV-Wettbewerbsstärkungsgesetz)
GmbH	Gesellschaft mit beschränkter Haftung
GMG	Gesetz zur Modernisierung der Gesetzlichen Krankenversicherung (GKV-Modernisierungsgesetz)
GWB	Gesetz gegen Wettbewerbsbeschränkungen
GVBl.	Gesetz- und Verordnungsblatt
HGB	Handelsgesetzbuch
Hrsg.	Herausgeber
Hs.	Halbsatz
InsO	Insolvenzordnung
i.d.R.	in der Regel
InsBüro	Zeitschrift für das Insolvenzbüro
i.S.v.	im Sinne von
JuS	Juristische Schulung (Zeitschrift)
KassKomm	Kasseler Kommentar
KG	Kommanditgesellschaft

KHRG	Gesetz zum ordnungspolitischen Rahmen der Krankenhausfinanzierung ab dem Jahr 2009 (Krankenhausfinanzierungsreformgesetz)
KO	Konkursordnung
KWG	Gesetz über das Kreditwesen
KKInsoV	Verordnung zur Aufteilung und Geltendmachung der Haftungsbeträge durch den Spitzenverband Bund der Krankenkassen bei Insolvenz oder Schließung einer Krankenkasse
KrV	Die Krankenversicherung (Zeitschrift)
MedR	Medizinrecht (Zeitschrift)
MüKo	Münchener Kommentar
Morbi-RSA	morbiditätsorientierter Risikostrukturausgleich
n.F.	neue Fassung
NJW	Neue Juristische Wochenschrift
No.	Nummer
NW	Nordrhein-Westfalen
NZA	Neue Zeitschrift für Arbeitsrecht
NZS	Neue Zeitschrift für Sozialrecht
NZI	Neue Zeitschrift für Insolvenzrecht
OHG	offene Handelsgesellschaft
PKV	Private Krankenversicherung
PSV	Pensions-Sicherungs-Verein
Rn.	Randnummer
RegE	Regierungsentwurf
RVO	Reichsversicherungsordnung
S.	Satz
SBK	Siemens-Betriebskrankenkasse
SGb	Die Sozialgerichtsbarkeit (Zeitschrift)
SGB	Sozialgesetzbuch
SKD	SKD Betriebskrankenkasse
SpiBuKK	Spitzenverband Bund der Krankenkassen
VÄndG	Gesetz zur Änderung des Vertragsarztrechts und anderer Gesetze (Vertragsarztrechtsänderungsgesetz)
VAG	Gesetz über die Beaufsichtigung der Versicherungsunternehmen
VerwR	Verwaltungsrecht
VwVfG	Verwaltungsverfahrensgesetz

WM	Die Wertpapier-Mitteilungen Zeitschrift für Wirtschafts- und Bankrecht
WzS	Wege zur Sozialversicherung (Zeitschrift)
ZESAR	Zeitschrift für europäisches Sozial- und Arbeitsrecht
ZInsO	Zeitschrift für das gesamte Insolvenzrecht
ZIP	Zeitschrift für Wirtschaftsrecht
zit.	zitiert
ZPO	Zivilprozessordnung
ZRP	Zeitschrift für Rechtspolitik

Kapitel 1 Einleitung

§ 1 Hinführung zum Thema

Die deutsche Gesundheitspolitik der vergangenen Jahre macht deutlich: *Wettbewerb* erscheint dem Gesetzgeber als das Mittel der Wahl, um die Qualität und Finanzierbarkeit des Gesundheitswesens zu gewährleisten.[1] Hiervon betroffen ist insbesondere auch das System der gesetzlichen Krankenversicherung, geregelt im Sozialgesetzbuch, Fünftes Buch (SGB V), für das seit dem Jahr 2003 wenigstens neun Reformgesetze beschlossen wurden.[2]

Die gesetzliche Krankenversicherung (GKV), die sich – auch wenn von ihr regelmäßig in der Einzahl gesprochen wird – aktuell aus 118[3] gesetzlichen Krankenkassen zusammensetzt, unterliegt dabei in gewisser Weise einem doppelten Wettbewerb. Einerseits besteht im dualen deutschen Krankenversicherungswesen die Möglichkeit, sich unter bestimmten Voraussetzungen[4] individuell, durch Verträge mit Unternehmen der privaten Krankenversicherungswirtschaft gegen ein Krankheits-, respektive Krankheitskostenrisiko zu versichern.[5] Diese

---

1 Vgl. *Becker/Schweitzer*, NJW-Beil. 2012, S. 82 (82).

2 *Thüsing/Sternberg*, AnwBl 2012, S. 714 (714). Siehe Aufzählung bei *Thüsing/Sternberg*, AnwBl 2012, S. 714 (714), Fußnote 2: GKV-Modernisierungsgesetz (GMG), BGBl. Jahrgang 2003, Teil I, S. 2190; Vertragsarztrechtsänderungsgesetz (VÄndG), BGBl. Jahrgang 2006, Teil I, S. 3439; GKV-Wettbewerbsstärkungsgesetz (GKV-WSG), BGBl. Jahrgang 2007, Teil I, S. 378; Gesetz zur Weiterentwicklung der Organisationsstrukturen in der Gesetzlichen Krankenversicherung (GKV-OrgWG), BGBl. 2008, Teil I, S. 2426; Krankenhausfinanzierungsreformgesetz (KHRG), BGBl. Jahrgang 2009, Teil I, S. 534; GKV-Finanzierungsgesetz (GKV-FinG), BGBl. Jahrgang 2010, Teil I, S. 2309; Arzneimittelmarktneuordnungsgesetz (AMNOG), BGBl. Jahrgang 2010, Teil I, S. 2262; GKV-Versorgungsstrukturgesetz (GKV-VStG), BGBl. Jahrgang 2011, Teil I, S. 2983. Zuletzt hinzugekommen: GKV-Finanzierungsstruktur- und Qualitätsweiterentwicklungsgesetz (GKV-FQWG), BT-Drs. 18/1307.

3 Krankenkassenliste, GKV-Spitzenverband, https://www.gkv-spitzenverband.de/service/versicherten_service/krankenkassenliste/krankenkassen.jsp, (Stand: 20. März 2016).

4 Zur Versicherungsfreiheit siehe: § 6 Abs. 1 SGB V.

5 Dieser „systemische Wettbewerb", siehe: *Jacobs/Schulze*, GGW 2004, S. 7 ff., bezieht sich ausschließlich auf solche Versicherte, deren Einkommen die Versicherungspflichtgrenze des § 6 Abs. 1 Nr. 1 in Verbindung mit Abs. 6 und 7 SGB V überschreitet oder die nach § 8 SGB V von der Versicherungspflicht befreit sind. Er ist nicht Gegenstand der vorliegenden Arbeit.

Individualversicherungen – vereinfachend auch als Privatversicherungen bezeichnet[6] – bedürfen zwar einer anfänglichen Abgrenzung, sind jedoch von der vorliegenden Arbeit nicht umfasst.

Andererseits herrscht seit Einführung des freien Kassenwahlrechts im Jahr 1993 ein Wettbewerb um wahlberechtigte Versicherte auch und gerade zwischen den gesetzlichen Krankenkassen selbst.[7] Dessen Implementierung in das Sozialrecht steht vor einer besonderen Herausforderung. Er soll Triebfeder für ein attraktives Leistungsangebot der Krankenkassen bei möglichst niedrigen Preisen sein, darf dabei aber nicht den öffentlichen Auftrag der gesetzlichen Krankenversicherung gefährden, die mit circa 70 Millionen Versicherten und damit rund 90 Prozent aller Versicherten hierzulande das „Rückgrat des deutschen Gesundheitswesens"[8] darstellt und nach § 1 S. 1 SGB V den Auftrag hat, „als Solidargemeinschaft (...) die Gesundheit der Versicherten zu erhalten, wiederherzustellen oder ihren Gesundheitszustand zu verbessern". Das aktuelle Recht der gesetzlichen Krankenversicherung ist somit von einer gewissen Ambivalenz geprägt: Während einerseits Wettbewerb unter den Kassen befördert wird, existiert andererseits eine hohe Dichte an sozialversicherungsrechtlichen Vorgaben, welche die Funktionsfähigkeit des Systems und dadurch insbesondere die Versorgungssicherheit der Versicherten garantieren sollen und auf diese Weise wettbewerbslimitierend wirken. Es ergibt sich eine besondere „Wettbewerbsordnung auf der Basis des Solidarprinzips"[9], für die dennoch der Grundsatz gilt, dass praktizierter Wettbewerb als Kehrseite „zwangsläufig immer auch Verlierer"[10] mit sich bringt. Obwohl das SGB V zur Bewältigung von Liquiditätskrisen ein mehrstufiges System an Eingriffsmöglichkeiten auf Ebene der Krankenkassen sowie der jeweils zuständigen Aufsichtsbehörde vorsieht, kann auch ein Ausscheiden von Versicherungsträgern aus dem Krankenkassenmarkt im Einzelfall unausweichlich werden. Hieran knüpft die vorliegende Untersuchung an.

---

6 *Isensee*, in: FS Gitter, S. 401 (403, 410).

7 Siehe dazu: Gesetz zur Sicherung und Strukturverbesserung der gesetzlichen Krankenversicherung – Gesundheitsstrukturgesetz (GSG), BGBl. Jahrgang 1992, Teil I, S. 2266 (2291); ebenso: *Saatkamp*, KrV 2010, S. 318 (318), der auf das „Gesundheitsstrukturgesetz (1993) mit der Wahlfreiheit für Versicherte" als Ursprung des Krankenkassenwettbewerbs verweist.

8 http://www.gkv-spitzenverband.de/presse/pressemitteilungen_und_statements/pressemitteilung_2703.jsp. (Stand 17. März 2016).

9 BVerfG, Beschl. v. 18. Juli 2005, Az.: 2 BvF2/01, in: BVerfGE 113, S. 167 (233).

10 *Thüsing/Sternberg*, AnwBl 2012, S. 714 (715); Gablers Wirtschaftslexikon, V-Z, S. 3399.

Bereits seit Einführung des SGB V stehen zur Liquidation von Krankenkassen zwei Regelungsregime zur Verfügung. An der Spitze der aufsichtsbehördlichen Maßnahmen findet sich die Möglichkeit der Auflösung und anschließenden Abwicklung von gesetzlichen Krankenkassen in einem sozialrechtlichen Sonderverfahren, die sogenannte Kassenschließung. Daneben steht grundsätzlich die Durchführung eines Insolvenzverfahrens über das Vermögen von gesetzlichen Krankenkassen offen. Bei der Durchführung von Insolvenzverfahren musste bis zum 1. Januar 2010 differenziert werden. Zwar waren und sind die Kassen als juristische Körperschaften des öffentlichen Rechts im Sinne des § 11 Abs. 1 S. 1 der Insolvenzordnung (InsO) insolvenzfähig. Per Landesgesetz[11] konnte jedoch ausnahmsweise die Durchführung von Insolvenzverfahren für solche Kasse ausgeschlossen werden, die anknüpfend an ihren Zuständigkeitsbereich[12] unter der Aufsicht eines Bundeslandes standen. Da die Länder hiervon auch Gebrauch gemacht hatten,[13] bestand eine rechtliche Zweiteilung im Verhältnis zu denjenigen Krankenkassen, die nicht der Landes-, sondern der Bundesaufsicht unterlagen. Obgleich diese Unterscheidung mangels Anwendungsfall in der Praxis ohne Relevanz geblieben ist,[14] hat der Gesetzgeber mit dem Gesetz zur Weiterentwicklung der Organisationsstrukturen in der gesetzlichen Krankenversicherung (GKV-OrgWG[15]) mit Wirkung vom 1. Januar 2010 die Insolvenzfähigkeit aller[16] gesetzlichen Krankenkassen hergestellt und damit für einen „Paradigmenwechsel"[17] gesorgt. Zur Begründung, warum die Reform nötig geworden war, werden im Gesetzentwurf drei Motive angeführt: Zum einen sollten die ungleichen wettbewerblichen Ausgangspositionen zwischen den gesetzlichen Krankenkassen beseitigt werden. Zum anderen sollte die „Transparenz

11 In Verbindung mit § 12 Abs. 1 Nr. 2 InsO.

12 Siehe ausführlich: Kapitel 2, § 4 C.

13 *Cranshaw*, S. 122 Rn. 155d ff.

14 Vgl. *Bohlen-Schöning*, KrV 2009, S. 289 (289).

15 Bundesgesetzblatt (BGBl.) Jahrgang 2008, Teil I, S. 2426.

16 Dies gilt nicht für solche gesetzlichen Krankenkassen, die „gleichzeitig Träger anderer Versicherungszweige (Rentenversicherung, Unfallversicherung) sind oder mit einem Träger eines anderen Versicherungszweiges einen Verwaltungsverbund bilden", siehe: *Peters*, in: KassKomm, SGB V, § 171b Rn. 7. Betroffen sind unter den Krankenkassen im Sinne von § 4 Abs. 2 SGB V: die Sozialversicherung für Landwirtschaft, Forsten und Gartenbau als Träger der Krankenversicherung für Landwirte sowie die Deutsche Rentenversicherung Knappschaft Bahn-See als Träger der Krankenversicherung. Siehe ausführlich: Kapitel 2, § 4 A.

17 *Mühlhausen*, in: Becker/Kingreen, SGB V, § 171b Rn. 1.

in Bezug auf die tatsächliche finanzielle Situation"[18] erhöht werden. Schließlich wollte man das Organisationsrecht der gesetzlichen Krankenversicherung, das „mit den wettbewerblichen Strukturen des GKV-Systems (…) immer weniger vereinbar"[19] schien, „auf den Strukturentscheidungen des GKV-WSG" (Gesetz zur Stärkung des Wettbewerbs in der gesetzlichen Krankenversicherung)[20] aktualisieren, um hierdurch auch eine „Nachhaltigkeit der Finanzierung der gesetzlichen Krankenversicherung"[21] zu erreichen.

Abstrakt betrachtet hätten diese Reformziele nicht nur durch die Herstellung einer allgemeinen Insolvenzfähigkeit von gesetzlichen Krankenkassen, sondern gegebenenfalls auch durch eine Modifikation des bestehenden Schließungsverfahrens angestrebt werden können. Der Gesetzgeber hat sich stattdessen für einen Mittelweg entschieden und ermöglicht die Abwicklung von Krankenkassen nun grundsätzlich auf zwei Arten: wie bisher durch das Schließungsverfahren und lediglich subsidiär[22] durch ein im Zuge des GKV-OrgWG wesentlich modifiziertes Insolvenzverfahren.

Ein solches Insolvenzverfahren kann auch im sechsten Jahr nach In-Kraft-Treten der Gesetzesänderungen noch nicht verzeichnet werden. War die Reform bereits vorab als bloßer „Papiertiger"[23], tituliert worden, hat sich auch in der Zwischenzeit nicht abschließend feststellen lassen, inwieweit der Gesetzgeber mit der Herstellung der Insolvenzfähigkeit aller Kassen ein zusätzliches wirkungsvolles Instrument für deren Abwicklung zur Verfügung gestellt hat. Dies ist bemerkenswert: Denn trotz vorübergehender milliardenschwerer Überschüsse in der gesetzlichen Krankenversicherung und dem Gesundheitsfonds in den Jahren 2011 bis 2013[24] zeigt sich, dass einzelne Kassen dennoch

---

18 BT-Drs. 16/9559, S. 1.

19 BT-Drs. 16/9559, S. 1.

20 BGBl. Jahrgang 2007, Teil I, S. 378.

21 BT-Drs. 16/9559, S. 1.

22 Siehe: § 171b Abs. 3 S. 2 SGB V.

23 *Heeg/Kehbel*, ZIP 2009, S. 302 (302).

24 Bundesministerium für Gesundheit, Pressemitteilung vom 7. März 2012 „GKV-Finanzentwicklung in 2011" (http://www.bmg.bund.de/presse/pressemitteilungen/2012-01/gkv-finanzentwicklung-in-2011.html, Stand: 20. März 2016), Pressemitteilung vom 07. März 2013: Positive Lohn- und Beschäftigungsentwicklung stärkt Sozialsysteme – auch die gesetzliche Krankenversicherung erzielt 2012 Mehreinnahmen (http://www.bmg.bund.de/ministerium/presse/pressemitteilungen/2013-01/finanzentwicklung-in-der-gkv-2012.html, Stand: 20. März 2016), Pressemitteilung vom 5. März 2014, (http://www.bmg.bund.de/presse/pressemitteilungen/2014-01/vorlaeufige-finanzergebnisse-2013.html, Stand: 20. März 2016).

mit zum Teil gravierenden finanziellen Schwierigkeiten zu kämpfen hatten. Betroffen waren im Jahr 2011 die City Betriebskrankenkasse (City-BKK) und die Betriebskrankenkasse für Heilberufe (BKK für Heilberufe), die am 1. Juli 2011 beziehungsweise am 21. Dezember 2011 als erste und bisher einzige gesetzliche Krankenkassen im Verfahren nach dem SGB V geschlossen und anschließend abgewickelt werden mussten.[25] Dass in beiden Fällen Kassenschließungen statt grundsätzlich möglicher Kasseninsolvenzverfahren durchgeführt wurden, ist Anlass und Ausganspunkt dafür, die Möglichkeit der Auflösung und Abwicklung von gesetzlichen Krankenkassen aus rechtlicher Sicht zu untersuchen.

§ 2 Ziel und Gang der Untersuchung

Die Arbeit will im Folgenden dazu beitragen, Lösungswege für aktuelle Fragen zur Auflösung und Abwicklung von gesetzlichen Krankenkassen aufzuzeigen. Dabei werden in einem Grundlagenkapitel (Kapitel 2) die wesentlichen Merkmale der gesetzlichen Krankenversicherung dargestellt, um das Spannungsfeld zwischen dem Wettbewerb und dem öffentlichen Auftrag der Krankenkassen zu konturieren. Die Frage der Anwendbarkeit von wettbewerbsrechtlichen Vorschriften auf die Tätigkeit von gesetzlichen Krankenkassen wird dabei nicht Gegenstand der vorliegenden Arbeit sein. In den beiden darauf folgenden Kapiteln soll die aktuelle Rechtslage aus zwei Abwicklungsregimen, die zwar in einer gesetzlichen angelegten Konkurrenz stehen, deren Verfahrensschritte und materiell-rechtliche Regelungen sich jedoch vielfach beeinflussen, untersucht werden (Kapitel 3 und 4). Auf Basis dessen werden anschließend in einer Synopse die relevanten Unterschiede zwischen den beiden Abwicklungsmöglichkeiten herausgestellt (Kapitel 5). Dadurch soll vor allen Dingen geklärt werden, ob es dem Gesetzgeber gelungen ist, durch das GKV-OrgWG das Abwicklungsrecht für Krankenkassen so zu regeln, dass es einerseits die Besonderheiten des Krankenkassenrechts in ausreichender Form abbildet, andererseits die anvisierten Ziele „gleiche Rahmenbedingungen", „Transparenz in Bezug auf die tatsächliche finanzielle Situation" und eine „stärkere Nachhaltigkeit der Finanzierung der gesetzlichen Krankenversicherung" erreichen kann. Auf Grundlage dieser Ergebnisse versucht die Arbeit *de lege ferenda* Lösungswege aufzuzeigen, wie sich im Sinne der gesetzgeberischen Absicht Sozialrecht und Insolvenzrecht noch weiter systematisch und zielführend verknüpfen lassen (Kapitel 6). Darüber hinaus werden Reformschritte angedacht, durch die zur Stärkung eines Insolvenzvermeidungssystems für gesetzliche Krankenkassen beigetragen werden könnte.

---

25 Bundesversicherungsamt, Tätigkeitsbericht 2011, S. 12.

Kapitel 2 Die wesentlichen Merkmale der gesetzlichen Krankversicherung

Um die Regelung der Abwicklung von gesetzlichen Krankenkassen rechtlich bewerten zu können, bedarf es zunächst einer Darstellung derjenigen Merkmale, die als systemprägend für die gesetzliche Krankenversicherung angesehen werden können. Die Auflistung konzentriert sich dabei auf diejenigen rechtlichen und tatsächlichen Rahmenbedingungen, die das System der GKV bestimmen und als Anknüpfungspunkte für die späteren Ausführungen von Bedeutung sind.

§ 3 Die gesetzlichen Krankenkassen als „Träger" der GKV

So facettenreich sich der Aufbau der Verwaltungsorganisation in Deutschland auch darstellen mag[26], gilt im Grundsatz doch, dass staatliche Verwaltungsaufgaben des Bundes und der Länder auf je zwei Arten wahrgenommen werden können: Neben der unmittelbaren Ausführung durch eigene Behörden ist es innerhalb bestimmter verfassungsrechtlicher Grenzen[27] möglich, dass die Verwaltungstätigkeit von eigens gegründeten, rechtlich verselbstständigten Verwaltungseinheiten übernommen wird – als „mittelbare Staatsverwaltung".[28] Wenngleich der Begriff in dieser Form weder im Grundgesetz noch in den Landesverfassungen vorkommt[29], wird er regelmäßig verwendet, um die Abgrenzung zur eigentlichen, unmittelbaren Verwaltung durch den „Behördenapparat aus Ministerien, Mittelbehörden und Unterbehörden"[30] zu beschreiben. Gemäß der gesetzlichen Anordnung in § 29 Abs. 1 Viertes Buch Sozialgesetzbuch (SGB IV) liegt gerade die Umsetzung der sozialversicherungsrechtlichen

---

26 Dahingehend: *Krebs*, in: Isensee/Kirchhof, Bd. V, § 108 Rn. 16. Ausführlich zur staatlichen Verwaltungsorganisation siehe: *Rasch*, S. 211 ff.

27 Auf das Problem hinweisend: *Burgi*, in: Erichsen/Ehlers, § 8 Rn. 23; *Kirchhof*, in: Maunz/Dürig, Bd. V, Art. 83 Rn. 96. Verfassungsrechtliche Probleme treten unter dem Aspekt auf, dass eine ausreichende demokratische Legitimation der Verwaltungsträger gewährleistet sein muss. Zu beachten sind namentlich die Art. 83 ff GG.

28 *Detterbeck*, § 5 Rn. 176.

29 *Wolff/Bachof/Stober*, VerwR, Bd. 3, § 86 Rn. 1. Das Grundgesetz differenziert in Art. 87 Abs. 1 und 2 GG zwischen „bundeseigener Verwaltung" und „bundesunmittelbaren Körperschaften" und drückt damit den Gegensatz zwischen (bundes-)unmittelbarer und mittelbarer Verwaltung aus.

30 *Burgi*, in: Erichsen/Ehlers, § 8 Rn. 10; *Kirchhof*, in: Maunz/Dürig, Bd. V, Art. 83 Rn. 22.

Aufgaben in Deutschland nicht bei ureigenen staatlichen Behörden, sondern ruht auf selbstständigen Institutionen, den sogenannten Versicherungsträgern.[31] Im speziellen Fall der gesetzlichen Krankenversicherung sind es die 118[32] gesetzlichen Krankenkassen, die sich aktuell in sechs verschiedene, nach § 4 Abs. 2 SGB V festgelegte Krankenkassenarten gliedern lassen: Die Allgemeinen Ortskrankenkassen (11), die Betriebskrankenkassen (93), die Innungskrankenkassen (6), die Landwirtschaftliche Krankenkasse (1), die Deutsche Rentenversicherung Knappschaft-Bahn-See (1) sowie die Ersatzkrankenkassen (6)[33].

Wie sich aus § 29 Abs. 1 SGB IV ergibt, sind alle Sozialversicherungsträger als Körperschaften des öffentlichen Rechts mit Selbstverwaltung organisiert und stellen als solche neben den Stiftungen und Anstalten des öffentlichen Rechts eine Unterform[34] der juristischen Person öffentlichen Rechts dar. Charakterisierend für sie ist, dass ihre Gründung durch Gesetz oder aufgrund eines Gesetzes, das heißt durch einen Organisationsakt der Exekutive erfolgt und ihr Zweck in der Verfolgung einer öffentlichen Aufgabe liegt. Im vorliegenden Fall ist dies die Umsetzung der Sozialgesetzgebung, so wie sie im SGB V vorgesehen ist[35]. In Ausübung dieser Tätigkeit sind die Kassen im Verhältnis untereinander weitgehend dem Prinzip der Solidarität verpflichtet. Der allgemeine Grundsatz des § 86 Zehntes Buch Sozialgesetzbuch (SGB X)[36], dass Sozialleistungsträger in Erfüllung ihrer Aufgaben eng zusammenarbeiten sollen, wird durch das Kooperationsgebot des § 4 Abs. 3 SGB V konkretisiert. Demnach haben sie sowohl innerhalb als auch über ihre jeweilige Kassenart hinaus mit anderen Kassen sowie allen anderen Einrichtungen des Gesundheitswesens zusammen zu wirken. „Grundsätze und Bereiche" einer solchen Zusammenarbeit ergeben sich aus den §§ 86 ff. SGB X.[37]

---

31 *Baier*, in: Krauskopf, Bd. 1, § 29 SGB IV Rn. 3.

32 Krankenkassenliste, GKV-Spitzenverband, https://www.gkv-spitzenverband.de/service/versicherten_service/krankenkassenliste/krankenkassen.jsp (Stand: 20. März 2016).

33 http://www.bmg.bund.de/themen/krankenversicherung/grundprinzipien/aufgaben-und-organisation-der-gkv.html (Stand: 20. März 2016).

34 *Detterbeck*, § 5 Rn. 181; *Hadding*, in: Soergel, § 89 Rn. 9.

35 *Eichenhofer*, § 16 Rn. 358.

36 In Verbindung mit § 37 S. 1 SGB I.

37 Hier ist insbesondere die Bildung von Arbeitsgemeinschaften (§ 94 SGB X) sowie die Zusammenarbeit bei Planung und Forschung (§ 95 SGB X) und die gemeinsame Verwertung von Untersuchungsergebnissen (§ 96 SGB X) aufgeführt, siehe auch: *Krauskopf*, in: Krauskopf, Bd. 1, § 4 SGB V Rn. 16.

A. Das Selbstverwaltungsrecht

Der Hintergrund des dargestellten Organisationsprinzips ist so bewährt wie zielführend: Einerseits ergibt die „Pluralisierung der Verwaltungsorganisation“[38] generelle Entlastungseffekte in der Bundes- und Länderverwaltung[39]. Andererseits ist die „Versicherung (seit den achtziger Jahren des 19. Jahrhunderts) nicht als Einrichtung des Staates, sondern als Selbstverwaltungskörperschaft“[40] ausgestaltet, um dadurch die Interessen der Beteiligten effektiv zu bündeln. Das erfolgt, so legt es § 29 Abs. 1 SGB IV explizit fest, bis heute durch eigene Organe. Diese setzen sich gemäß § 29 Abs. 2 SGB IV in Verbindung mit § 44 SGB IV grundsätzlich zu gleichen Teilen aus Vertretern von Versicherten[41] und Arbeitgebern zusammen, wobei sich die Beteiligung zu einer verbandlichen Selbstverwaltung zwischen Gewerkschaften und Arbeitgebervereinigungen verfestigt hat.[42] Zu ihren Befugnissen zählt neben der Rechtsetzungszuständigkeit und Personalhoheit grundsätzlich[43] auch die Finanzhoheit.

B. Die Staatsaufsicht: Bund und Länder

Die Versicherungsträger bleiben allerdings in den „Staatsorganismus“[44] einbezogen, da sie einer Rechtsaufsicht durch den Bund beziehungsweise durch die Länder unterliegen, §§ 87 Abs. 1 S. 1, 90 Abs. 1 und 2 SGB IV: Sie stellt das Gegenstück zur Selbstverwaltung dar und macht die bereits angesprochene „staatliche Verantwortung für das Soziale“[45] deutlich. Für die Zuständigkeit der Aufsichtsbehörde muss nach dem „Territorialprinzip“[46] unterschieden werden:

---

38 *Burgi*, in: Erichsen/Ehlers, § 8 Rn. 11.

39 *Wolff/Bachof/Stober*, VerwR, Bd. 3, § 86 Rn. 1; *Burgi*, in: Erichsen/Ehlers, § 8 Rn. 7.

40 *Muckel/Ogorek*, § 1 Rn. 5; Bundesministerium für Arbeit und Soziales, Übersicht über das Sozialrecht, Ausgabe 2011/2012, S. 150.

41 Das Recht auf Teilhabe an der Selbstverwaltung ergibt sich aus dem Mitgliedschaftsverhältnis bei einer Krankenkasse und steht folglich nicht den Familienversicherten im Sinne des § 10 SGB V zu, siehe: *Bloch*, in: Schulin, Bd. 1, § 15 Rn. 4.

42 *Finkenbusch*, S. 50; so auch: *Kingreen*, in: NZS 2007, 113 (116). Zum Organisationsrecht der Krankenkassen siehe §§ 29 ff. SGB IV.

43 *Finkenbusch*, S. 53. Zur Beschränkung der Finanzhoheit in Folge der Einführung des Gesundheitsfonds siehe *Axer*, GesR 2007, S. 193 (195), anders: BT-Drs. 17/3040, S. 19.

44 *Maurer*, Verwaltungsrecht, § 23 Rn. 1.

45 *Kingreen*, S. 228. Die Aufsicht beschränkt sich auf eine Rechtmäßigkeitskontrolle, statt vieler: *Hermes*, in: Dreier, Bd. III, Art. 87 Rn. 64.

46 BSG Beschl. v. 21.04.1955, Az.: GS 1/55, in: BSGE, 1, 17 (32); *Lee*, S. 93.

Ausgehend von Art. 87 Abs. 2 Grundgesetz (GG) lassen sich die gesetzlichen Krankenkassen in die Kategorien „landesunmittelbare" und „bundesunmittelbare" Versicherungsträger einteilen. Erstreckt sich der gesetzlich festgelegte[47] Zuständigkeitsbereich einer Krankenkasse auf mehr als ein Bundesland, so liegt grundsätzlich eine bundesunmittelbare Krankenkasse vor, die der Bundesaufsicht unterfällt. Die Aufsicht über die sogenannten bundesunmittelbaren Krankenkassen steht dem Bundesversicherungsamt als zuständiger Behörde nach §§ 90 Abs. 1 S. 1, 94 SGB IV zu. Trotz der Bezeichnung „unmittelbar" handelt es sich bei der Art, wie die Krankenkasse der Verwaltung zugeordnet ist, dennoch um mittelbare Staatsverwaltung.[48] Die Differenzierung zwischen Bundes- und Landesunmittelbarkeit zeigt hier lediglich an, wem die Kassen unterstehen und wer dementsprechend die Aufsicht über sie führt.

Beschränkt sich der Zuständigkeitsbereich einer Kasse auf ein Bundesland, liegt eine Landesunmittelbarkeit vor. Nach Art. 87 Abs. 2 S. 2 GG besteht außerdem die Möglichkeit, dass im Fall einer Zuständigkeit von mehr als einem bis zu drei Bundesländern Krankenkassen fakultativ als landesunmittelbare Versicherungsträger geführt werden können. Die Aufsicht obliegt dann gemäß § 90 Abs. 2 und Abs. 3 SGB IV den „für die Sozialversicherung zuständigen obersten Landesbehörden" oder einer anderen von der Landesregierung zu bestimmenden Behörde. Bei Beteiligung von mehr als einem Bundesland ist jeweils dasjenige Land aufsichtsführend, in dessen Gebiet die Krankenkasse ihren Sitz hat.[49]

C. Der Spitzenverband Bund der gesetzlichen Krankenkassen

Durch das Gesetz zur Stärkung des Wettbewerbs in der gesetzlichen Krankenversicherung (GKV-WSG), die Vorgängerreform zum GKV-OrgWG, hat sich die Organisationsstruktur der gesetzlichen Krankenversicherung auf Bundesebene grundlegend verändert: Waren die Kassen einer bestimmten Kassenart bis dahin in Landes- und Bundesverbände gegliedert, blieben hiervon nur die jeweiligen Landesverbände[50] erhalten. Auf Bundesebene bilden alle Krankenkassen seither gemäß § 217 a SGB V einen gemeinsamen Spitzenverband Bund

47 *Ibler*, in: Maunz/Dürig, Bd. VI, Art. 87 Rn. 212.

48 *Detterbeck*, § 5 Rn. 217; *Schütte-Geffers*, in: KWS, § 90 Rn. 9.

49 Eine Bestimmung im Sinne des Art. 87 Abs. 2 S. 2 GG ist aufgrund der Regelungen im Staatsvertrag vom 1. Juni 1997 (GVBl. NW 1996, S. 566) nicht mehr erforderlich. Dort wird bestimmt, dass für die Aufsichtsführung an den Sitz des Versicherungsträgers angeknüpft wird, *Burgi*, in: v. Mangoldt/Klein/Starck, Art. 87 Rn. 85.

50 § 207 Abs. 1 S. 1, § 212 Abs. 3 und Abs. 5 S. 1 SGB V für die jeweiligen Kassenarten.

der Krankenkassen (SpiBuKK), der gemäß § 217 a Abs. 2 SGB V ebenfalls als Körperschaft des öffentlichen Rechts organisiert ist. Er führt – in Abweichung vom Gesetzeswortlaut der §§ 217 a ff. SGB V – nach § 1 Abs. 1 seiner Satzung[51] im Rechts- und Geschäftsverkehr den Namen „Spitzenverband der gesetzlichen Krankenversicherung (GKV-Spitzenverband)" und löste als Dachorganisation seit dem 1. Juli 2008 die bis dahin bestehenden einzelnen Bundesverbände ab. Ziel des Reformgesetzgebers war es, durch die Neugliederung der Krankenkassenorganisation Entscheidungswege zu straffen und Handlungsblockaden zu vermeiden[52], indem nunmehr eine zentrale Institution für die wettbewerbsneutralen, kollektivrechtlichen Rahmenbedingungen in der gesetzlichen Krankenversicherung zur Verfügung steht.[53] Durch die ihm nach § 217 f SGB V übertragenen Aufgaben nimmt der Spitzenverband im System der gesetzlichen Krankenversicherung eine zentrale Rolle ein.[54]

§ 4 Das Versicherungsprinzip

Prägend für das System der gesetzlichen Krankenversicherung ist der auch in der Privatversicherungswirtschaft begründete Gedanke der Existenzsicherung durch kollektive Risikoübernahme.[55] Die Versicherungsidee in ihrer ursprünglichen Form geht auf das Prinzip der „gemeinsamen Selbsthilfe"[56] zurück und kommt zur Umsetzung, indem ein „Zusammenschluss gleichartig Gefährdeter zu einer Gefahrengemeinschaft"[57] organisiert wird, um dadurch den finanziellen Aufwand für die Bewältigung bestimmter (individueller) Lebensrisiken auf

---

51 Satzung des GKV-Spitzenverbandes: https://www.gkv-spitzenverband.de/media/dokumente/gkv_spitzenverband/wir_ueber_uns/organisation/Satzung_GKV-Spitzenverband_20150225_genehmigt.pdf (Stand: 17. März 2016). Die Zulässigkeit der Umbenennung wird teilweise angezweifelt, siehe: *Mühlhausen*, in Becker/Kingreen, SGB V, § 217 a Rn. 1; a.A.: *v. Boetticher*, in: LPK-SGB V, § 217 e Rn. 2, der diese von der Selbstverwaltungshoheit gedeckt sieht. Im Sinne der Terminologie des Gesetzes wird in der vorliegenden Arbeit weiterhin vom Spitzenverband Bund der Krankenkassen (SpiBuKK) gesprochen.

52 BT-Drs. 16/3100, S. 90. Ob solche Schwierigkeiten im Rahmen der bis dahin geltenden Organisation der gesetzlichen Krankenversicherung vorlagen wird jedoch teilweise angezweifelt, siehe nur: *Axer*, in GesR 2007, S. 193 (199).

53 *von Boetticher*, in: LPK-SGB V, § 217 f Rn. 1.

54 *Axer*, GesR 2007, S. 193 (199).

55 *Kingreen*, S. 168.

56 *Bogs*, S. 13.

57 *Waltermann*, § 7 Rn. 113.

eine Gruppe projizieren zu können.[58] Diese Risiko*verlagerung* führt im Ergebnis zu einer Risiko*verteilung*, bei der sich die Mitversicherten zusagen, „im Schadensfall füreinander einzustehen“[59]. Die Partizipation an Versicherungsleistungen beruht dabei grundsätzlich[60] auf der Wechselwirkungsfunktion „Beiträge (beziehungsweise – im Bereich der Privatversicherung – Prämien[61]) gegen Versicherungsschutz“. Der Effekt besteht darin, dass bei Eintritt eines versicherten Schadensfalles nicht der Betroffene alleine belastet ist, sondern ihm rechtliche Ansprüche auf Leistungen aus der Versicherung zustehen.[62] Dem kommt eine existenzsichernde Funktion zu. Blickt man im speziellen Fall auf die Kostendynamik im Gesundheitswesen, so ist nicht von der Hand zu weisen, dass die Finanzierung der Krankheitsbehandlungskosten die Leistungsfähigkeit des Einzelnen in der Regel übersteigen würde.[63] Für die Gruppe ist ab einer gewissen Größe der Gefahreintritt hingegen versicherungsmathematisch betrachtet tragbar, da sich ein spezifisches Risiko zwar zufällig und im Einzelfall – nicht jedoch bei allen potentiell Betroffenen realisiert[64] und sich statistisch auch „größere Abweichungen (…) nach oben oder unten im Verlaufe eines längeren Zeitraums wieder ausgleichen (sog. Gesetz der großen Zahl)“.[65] Zu Grunde liegt der Versicherung dabei die „erwartungsgemäße Proportionalität von Leistung und Gegenleistung“[66], die letztlich den Ausschlag dafür geben soll, dass die Gesamtheit an zu erbringenden Versicherungsleistungen mit den eingezahlten Mitteln gedeckt werden kann. Für den Fall, dass ein versichertes Risiko beim Einzelnen eintritt, erhält er die volle Versicherungsleistung sogar, wenn er dadurch mehr bezieht, als er tatsächlich durch seine Zahlungen beigetragen hat, „anderenfalls

58 Vgl. *Peters*, in: KassKomm, SGB V, § 1 Rn. 5.

59 *Kingreen*, S. 177.

60 Zu den besonderen Ausprägungen des Solidaritätsprinzips im Rahmen der gesetzlichen Krankenversicherung siehe ausführlich Kapitel 2, § 5. Auch das Sozialversicherungsverhältnis ist aber grundsätzlich auf Gegenseitigkeit, das heißt: „Versicherungsschutz gegen Beitrag“ ausgelegt, BSG Urt. v. 18.04.1975, Az.: 3 RK 23/74, in: BSGE 39, 235 (236); *Bley/Kreikebohm/Marschner*, C II Rn. 330.

61 Terminologisch wird im Bereich der Sozialversicherung von Beiträgen (siehe § 20 Abs. 1 SGB IV), im Bereich der Privatversicherungswirtschaft von Prämien (siehe § 1 VVG) gesprochen.

62 Bley/Kreikebohm/Marschner, C I Rn. 281.

63 *Baier*, in: Krauskopf, Bd. 1, § 5 SGB V Rn. 4.

64 *Bley/Kreikebohm/Marschner*, C I Rn. 281.

65 *Hofmann*, § 2 Rn. 4; *Kingreen*, S. 177.

66 *Manes*, S. 119.

wäre er nicht versichert (...), sondern hätte sich durch Sparen gesichert"[67]. Auf diese Weise wird über den Mechanismus der Versicherung ein zwangsläufig unvermeidbares, finanzielles Risiko für den Einzelnen „kalkulierbar"[68] gemacht.

§ 5 Das Sozialprinzip

Bereits aus der wörtlichen Auslegung des Begriffs „Sozialversicherung" kann man ableiten, dass ihre Funktionsweise nicht lediglich einem puristischen Versicherungsgedanken folgt, sondern dass das Konstrukt aus einem weiteren Element besteht[69]: dem Sozialprinzip. Im allgemeinen Sprachgebrauch können dem Terminus „sozial" verschiedene Bedeutungsvarianten zugemessen werden, die sich allesamt in sehr allgemeiner Weise auf „Beziehungen zwischen Menschen"[70] richten. Im staatlichen Kontext ist „das Soziale" jedenfalls zu kategorisieren als „ein Handlungsziel, das bestehende ökonomische und politische Zustände zum Schutz der Schwachen und Benachteiligten verändern will."[71] Dieser Ansatz ist in seinen verschiedenen Ausprägungen charakterbildend für die gesetzliche Krankenversicherung. Das Fundament des „sozialen Staates" findet heute seinen entscheidenden[72] verfassungsrechtlichen Niederschlag im Sozialstaatsprinzip des Art. 20 Abs. 1 Grundgesetz (GG). Die hierin verankerten Staatszielbestimmungen treffen zwar zunächst nur „Aussagen zu den Grundlagen des Staatswesens"[73], indem die Werte des Grundrechtekanons der Art. 1 bis 19 GG abstrakt verfasst und leitlinienartig postuliert werden, beinhalten allerdings keine konkret-subjektiven Rechte, die für den Einzelnen gegenüber dem Staat einforderbar wären.[74] Dennoch stellen diese Bestimmungen einen Gestaltungsauftrag an den Gesetzgeber dar[75], sozialstaatliche Ziele in der Realität der Bundesrepublik auszuformen. Verkürzt man den Sozialstaatsauftrag auf seinen

---

67 *Bogs*, S. 17.
68 *Kingreen*, S. 177.
69 *Schulin*, in: Schulin, Bd. 1, § 6 Rn. 45.
70 *Fuchs-Heintritz*, in: Fuchs-Heintritz, S. 621; siehe ausführlicher: *Zimmermann*, S. 183.
71 *Kirchhof*, in: FS Steiner, S. 431 (431).
72 Sozialpolitische „Verpflichtungen und Befugnisse" folgen auch aus weiteren Bestimmungen des Grundgesetzes, siehe *Krause*, JuS 1986, S. 349 (352, Fn. 9).
73 *Sachs*, in: Sachs, Art. 20 Rn. 1.
74 BVerfG Beschl. v. 03.12.1969, Az.: 1 BvR 624/56, in: BVerfGE 27, S. 253 (283); *Becker*, in FS Steiner S. 50 (60) bezeichnet die Allgemeingültigkeit der Formulierung als „verfassungsrechtliche Lyrik".
75 *Gröschner*, in:, Bd. II, Art. 20 Rn. 32.

wesentlichen Kern, so beinhaltet er den „Abbau sozialer Ungerechtigkeit"[76] sowie den „Schutz der sozial und wirtschaftlich Schwächeren"[77]. Was im Einzelfall rechtlich noch im höchsten Maß interpretationsbedürftig ist und der politischen Ausgestaltung bedarf, ergibt in der Zusammenschau der bundesverfassungsgerichtlichen Rechtsprechung ein „Gebot der sozialen Sicherheit [...] und der sozialen Gerechtigkeit"[78] und soll für jedermann das Vorliegen eines „menschenwürdigen Existenzminimums"[79] absichern. Dem folgend ist gerade der „Schutz des Einzelnen in Fällen von Krankheit [...] eine Grundaufgabe des Staates"[80], die begrenzt wird durch die Anforderung des § 1 S. 2 Hs. 1 SGB V, dass über die staatlichen Grundleistungen hinaus jeder für seine Gesundheit mitverantwortlich ist.

Das System der gesetzlichen Krankenversicherung stellt eine Konkretisierung des Sozialstaatsgedankens dar[81] und durchbricht in Folge dessen das Versicherungsprinzip auf verschiedene Weise. Augenscheinlich wird das Element des staatlich induzierten sozialen Ausgleichs unter anderem dadurch, dass – anders als bei Privatversicherungen üblich – die individuelle Beitragshöhe nicht anhand des Risikos für die Versicherung, sondern anhand des beitragspflichtigen Einkommens (§§ 226 ff. SGB V, § 241 SGB V) bestimmt und so an die Belastungsfähigkeit des Versicherten angepasst ist.[82] Die Beitrags-Risiko-Äquivalenz wird durchbrochen, indem die Versichertengemeinschaft insgesamt dafür einsteht,

76 BVerfG, Urt. v. 17.08.1956, Az.: 1 BvB, 2/51, in: BVerfGE 5, S. 85 (198); *Schnapp*, in: von Münch/Kunig, Art. 20 Rn. 51.

77 BVerfG, Urt. v. 17.08.1956, Az.: 1 BvB, 2/51, in: BVerfGE 5, S. 85 (198); *Schnapp*, in: von Münch/Kunig, Art. 20 Rn. 51.

78 BVerfG Urt. v. 17.08.1956, Az.: 1 BvB, 2/51, in: BVerfGE 5, S. 85 (198); BVerfG Beschl. v. 12.11.1958, Az.: 2 BvL4, 26,40/56, 1,7/57, in: BVerfGE 8, S. 274 (329); BVerfG Beschl. v. 03.12.1969, Az.: 1 BvR 624/56, in: BVerfGE 27, S. 253 (283); BVerfG Beschl. v. 22.06.1977, Az.: 1 BvL 2/74, in: BVerfGE 45, S. 376 (387); *Waltermann*, § 1 Rn. 15. Ihre Begrenzung findet die „sozialstaatliche Intervention" – so *Becker/Kingreen*, in: Becker/Kingreen, SGB V, § 1 Rn. 7 – dabei jeweils im Erfordernis der Eigenverantwortung, wie es in § 1 S. 2 SGB V festgelegt ist.

79 *Waltermann*, § 1 Rn. 15.

80 BVerfG Beschl. v. 06.12.2005, Az.: 1 BvR 347/98, in: BVerfGE 115, S. 25 (43).

81 BVerfG Beschl. v. 27.05.1970, Az.: 1 BvL 22/63 und 27/64, in: BVerfGE 28, S. 324 (348); *Kingreen*, S. 167; *Becker/Kingreen*, in: Becker/Kingreen, § 1 Rn. 4.

82 *Sommer*, in: Peters, Handb KV II-SGB V, Bd. 1, § 5 Rn. 23. Siehe zur Finanzierung der GKV unter B. V. Als „Risiko" wird hier nach *Kingreen*, S. 178 bezeichnet: der „Umfang des Leistungsversprechens" sowie die „Wahrscheinlichkeit des Eintritts des Versicherungsfalles".

dass einkommensschwächere Mitglieder der Kasse trotz relativ geringerer Beiträge „die gleichen guten Leistungen“[83] wie alle Mitglieder erhalten. Hinzu kommt als weitere Sozialstaatsausprägung, dass Ehegatten und Kinder von Versicherten unter den Voraussetzungen des § 10 SGB V beitragsfrei mitversichert sind. Schließlich findet auch keine Differenzierung nach Geschlecht oder Alter statt.[84] Diese wesentlichen[85], nicht abschließend aufgezählten Ausflüsse des Sozialprinzips in der gesetzlichen Krankenversicherung heben das Versicherungsprinzip zwar nicht vollständig auf[86], machen die GKV aber doch zu einer Versicherung von besonderer Art.[87]

§ 6 Die Krankenkassenmitgliedschaft, Versicherungspflicht und Versichertenstatus

Eine weitere Besonderheit der gesetzlichen Krankenversicherung liegt darin, dass sie „im Kern eine [...] Zwangsversicherung“[88] darstellt.

§ 5 SGB V legt katalogartig den Personenkreis fest, der im System der GKV als versicherungspflichtig gilt. Die in Frage kommenden Personengruppen sind hierbei nicht trennscharf definiert, sondern vielmehr als „Typus“[89] beschrieben. Dabei stehen an erster Stelle im Gesetz Arbeiter, Angestellte und zur Berufsausbildung Beschäftigte, die gegen Arbeitsentgelt beschäftigt sind (§ 5 Abs. 1

83 *Bloch*, in: Schulin, Bd. 1, § 16 Rn. 6; *Cassel/Jacobs/Wasem*, Wirtschaftsdienst 2001, S. 187 (187).

84 *Rolfs*, S. 88.

85 *Schulin*, in: Schulin, Bd. 1, § 6 Rn. 31.

86 *Kingreen*, S. 181.

87 *Quaas/Zuck*, § 5 Rn. 11; *Bley/Kreikebohm/Marschner*, C. I Rn. 279; *Schuler*, in: LPK-SGB V, § 1 Rn. 4 spricht von einer „Doppelnatur“ der gesetzlichen Krankenversicherung.

88 *Peters*, in: KassKomm, SGB V, § 1 Rn. 6; *Merten*, in: Schulin, Bd. 1, § 5 Rn. 114. Für die gesetzliche Krankenversicherung in § 5 SGB V. Für die anderen Versicherungszweige normiert in: § 1 SGB VI (Gesetzl. Rentenversicherung), § 2 SGB VII (Gesetzl. Unfallversicherung), § 25 ff. SGB III (Arbeitsförderung). Gemäß § 1 Abs. 2 S. 1 SGB XI fällt unter den Schutz der sozialen Pflegeversicherung, wer in der gesetzlichen Krankenversicherung versichert ist, entsprechend existiert hier keine Regelung zur Versicherungspflicht. Ausnahmen von der Versicherungspflicht in der GKV sind in den §§ 6 und 7 SGB V geregelt, diese basieren nach *Just*, in: Becker/Kingreen, § 6 Rn. 1 grundsätzlich darauf, dass „eine Sicherung in einem anderen System besteht“ oder wegen der Höhe des erzielten Entgelts keine Schutzbedürftigkeit gegeben ist.

89 *Sommer*, in: Peters, Handb KV II-SGB V, Bd. 1, § 5 Rn. 30. Die Einordung unter § 5 SGB V ist auslegungsbedürftig und orientiert sich am Gesamtbild der entsprechenden Tätigkeit.

Nr. 1 SGB V). Dies ist historisch dadurch zu erklären, dass die Ursprünge der Sozialgesetzgebung dem Industriezeitalter am Ende des 19. Jahrhunderts entstammen, als die politische Bestrebung darin lag, dem Wegfall des Arbeitseinkommens der Arbeitnehmerschaft in Fällen von Krankheit, Arbeitslosigkeit, Invalidität und Alter zu begegnen.[90] Dabei wird die Schutzbedürftigkeit von einer bestimmten Einkommenshöhe, festgelegt als Jahresarbeitsentgeltgrenze („Versicherungspflichtgrenze"), abhängig gesehen, § 6 Abs. 1 Nr. 1 SGB V. Seither ist die Ausweitung der Versicherungspflicht in der gesetzlichen Krankenversicherung auf weitere Personengruppen wie Landwirte (§ 5 Abs. 1 Nr. 3 SGB V)[91] oder Künstler und Publizisten (§ 5 Abs. 1 Nr. 4 SGB V)[92] erfolgt. Ihnen allen ist gemein, dass sie „der Gesetzgeber hinsichtlich einer Absicherung des Risikos Krankheit für schutzbedürftig hält".[93]

Anders als bei einer privatrechtlichen Versicherungspflicht, beispielsweise im Bereich der Kraftfahrzeug- oder Anhängerhaftpflicht nach § 1 Pflichtversicherungsgesetz (PflVG), steht hinter § 5 SGB V nicht lediglich der Zwang, eine Versicherung abzuschließen.[94] Die sozialversicherungsrechtliche Ausprägung geht weiter und führt zu einer Zwangszugehörigkeit zur GKV, die bereits dann entsteht, wenn die tatbestandlichen Voraussetzungen von § 5 SGB V erfüllt sind.[95] Der Betroffene hat spätestens jetzt eine der nach § 173 Abs. 2 S. 1 SGB V wählbaren Kassen auszusuchen. Seine Wahl erfolgt gemäß § 175 Abs. 1 S. 1 SGB V durch öffentlich-rechtliche Willenserklärung, auf welche die willenserklärungstypischen Vorschriften[96] des Zivilrechts Anwendung finden. Die Erklärung

---

90 *Gitter/Schmitt*, § 2 Rn. 3; *Kingreen*, S. 172; *Peters*, Geschichte der sozialen Versicherung, S. 52, 53; *Becker*, in FS Steiner, S. 50 (59). Zum Umfang der sogenannten „Bismarck'schen Sozialgesetzgebung" siehe auch unter Fußnote 1.

91 Nach näherer Bestimmung des Zweiten Gesetzes über die Krankenversicherung der Landwirte, siehe: § 5 Abs. 1 Nr. 3 SGB V.

92 Nach näherer Bestimmung des Künstlersozialversicherungsgesetzes, siehe: § 5 Abs. 1 Nr. 4 SGB V.

93 *Just*, in: Becker/Kingreen, § 5 Rn. 1; *Eichenhofer*, § 12 Rn. 271. Umgekehrt ermöglicht die Versicherungspflicht schließlich, dass der Mechanismus der Sozialversicherung als Ganzes funktioniert, indem ein großes Kollektiv als Fundament der Versicherung zur Verfügung steht, *Rolfs*, S. 111; *Bogs*, S. 16. Zur verfassungsrechtlichen Rechtfertigung einer sozialstaatlichen Intervention in Form der Pflichtversicherung siehe: *Kingreen*, S. 253; *Becker/Kingreen*, in: Becker/Kingreen, § 1 Rn. 5; *Krause*, JuS 1986, S. 349 (352);

94 *Bloch*, in: Schulin, Bd. 1, § 16 Rn. 2.

95 Soweit das Gesetz hiervon keine Ausnahme vorsieht (§§ 6, 7 SGB V) oder eine Befreiung von der Versicherungspflicht auf Antrag gegeben ist (§ 8 SGB V).

96 §§ 116 ff. BGB.

ist dabei nicht als Angebot zum Abschluss eines Vertrages mit der Krankenkasse, sondern als Ausübung eines gesetzlich vorgesehenen Gestaltungsrechts zu sehen, wobei § 175 Abs. 1 S. 2 SGB V deklaratorisch festlegt, dass der gewählten Krankenkasse kein Recht auf Ablehnung zusteht.[97] Als Rechtsfolge kommt es zu einer Mitgliedschaft bei der jeweiligen Kasse. Gleichzeitig entsteht als unmittelbare Gesetzesfolge der Versicherungsschutz, das heißt: ein Anspruch auf Gesundheitsleistungen nach dem SGB V, sowie – ebenfalls aus Gesetz – eine Beitragspflicht zur gesetzlichen Krankenversicherung ein.[98] Der Wahlberechtigte ist damit Mitglied und Versicherter der Kasse. Diese ist fortan für die Betreuung des Versicherungsverhältnisses zuständig, indem sie beispielsweise die Einziehung der Krankenkassenbeiträge und die Bezahlung von erbrachten Gesundheitsleistungen regelt.

Diese Rechtsfolge ergibt sich auch für Personen, die zwar nicht als Versicherungspflichtige, jedoch als Berechtigte im Sinne des § 9 SGB V gelten, und freiwillig dem System der GKV beitreten können. In ihren Fällen ist zu beachten, dass der Versicherungsschutz erst mit dem Beitritt zur Krankenkasse nach § 188 Abs. 1 SGB V beginnt. Auch für diese Erklärung gelten die Regelungen des § 173 SGB V. Die Begründung des Versicherungsschutzes erfolgt auch bei der freiwilligen Mitgliedschaft durch Gesetz, ist also ebenfalls „nicht vertraglich fundiert".[99]

Dass der Mitgliedsstatus nicht mit dem Versichertenstatus gleichzusetzen ist, zeigt sich an den gemäß § 10 SGB V mitversicherten Familienangehörigen. Sie haben zwar einen vom Stammversicherten abgeleiteten Krankenversicherungsschutz und zählen damit zum Kreis der Versicherten, sind jedoch keine Mitglieder der jeweiligen Krankenkasse.[100] Damit haben sie im Ergebnis keinen Einfluss auf die Selbstverwaltung der Kasse. Die Familienversicherung beginnt und endet jeweils mit der Mitgliedschaft des Stammversicherten.

---

97 *Hänlein*, in: LPK-SGB V, § 175 Rn. 3.
98 *Kingreen*, ZESAR 2007, S. 139 (142).
99 *Kingreen*, ZESAR 2007, S. 139 (143).
100 *Baier*, in: Krauskopf, Bd. 2, § 186 SGB V Rn. 4.

§ 7 Das Naturalleistungsprinzip

A. Grundsatz der Sach- und Dienstleistungen im Leistungsrecht der GKV

Sozialleistungen existieren nach der Definition des § 11 S. 1 Sozialgesetzbuch, Erstes Buch (SGB I) grundsätzlich in Form von Dienst-, Sach- und Geldleistungen. Die Krankenkassen nehmen ihre gesetzliche Pflicht zur Erfüllung von Versichertenansprüchen im Wesentlichen auf Grundlage des Naturalleistungssprinzips[101] wahr. Anders als im System der Kostenerstattung müssen sich die Versicherten nicht selbst die Leistungen von Ärzten, Zahnärzten und anderen Anbieter von Gesundheitsdienstleistungen[102] „beschaffen“ und anschließend vom Versicherer einen Ausgleich in Geld verlangen – sie dürfen dies jedoch, wenn es das Gesetz ausdrücklich vorsieht.[103] Vielmehr wurde im Bereich der gesetzlichen Krankenversicherung über § 2 Abs. 2 S. 1 SGB V eine gesetzliche Grundentscheidung zu Gunsten der Erteilung von Sach- und Dienstleistungen „in natura“ getroffen. Die dahinterstehende Intention fügt sich in die Realität des „sozialstaatlichen Auftrags“ und in die Garantie eines Grundniveaus an Existenzsicherung ein. Auf diese Weise wird gewährleistet, dass sich die „Eigeninitiative bzw. – beteiligung“[104] der Versicherten darauf beschränken kann, Hilfe von Leistungserbringern in Anspruch zu nehmen, was in bestimmten Fällen auch mit Zuzahlungspflichten verbunden sein kann.[105] In welchem Umfang der Versicherte seine Leistungen von der Krankenkasse erhält, regelt das Zusammenspiel aus dem sogenannten „Leistungsrecht“, welches das Verhältnis der Krankenkassen zu den Versicherten betrifft (§§ 11 ff. SGB V), und dem sogenannten „Leistungserbringerrecht“, welches das Verhältnis der Krankenkassen zu den

---

101 *Scholz/Welti*, in: Becker/Kingreen, SGB V, § 2 Rn. 11. Siehe dort auch zur Möglichkeit der Versorgung durch „(Quasi-) Eigeneinrichtungen“ gemäß §§ 132 Abs. 1, 132 a Abs. 2 S. 10, 140 SGB V. Unscharf – weil nur teilweise zutreffend – wird das Naturalleistungsprinzip auch als „Sachleistungsprinzip“ erfasst.

102 Siehe ausführlich: *Richter*, in: Richter/Doering-Striening, § 2 Rn. 51 mit einer Gruppeneinteilung der Leistungserbringer, d.h. derjenigen „Personen oder Einrichtungen, die eine medizinische Behandlung vornehmen“, *Becker*, in: FS Steiner, S. 50 (53).

103 *Peters*, in: Peters, Handb KV II-SGB V, § 2 Rn. 12; *Scholz*, in: Becker/Kingreen, SGB V, § 2 Rn. 11. Zum Wahlrecht siehe § 13 Abs. 2 S. 1 SGB V; *Kirchhoff*, SGB 2005, S. 499 (499).

104 *Fischer*, SGB 2008, S. 461 (463).

105 §§ 61, 62 SGB V.

Leistungserbringern beschreibt (§§ 69 ff. SGB V).[106] Wie die konkrete Behandlung ausgestaltet ist, lässt sich im Gesetz zunächst nur anhand einer Ober- und Untergrenze[107] festmachen: Einerseits muss sie gemäß § 12 Abs. 1 S. 1, Hs. 1 SGB V (ebenso in § 70 Abs. 1 S. 2 SGB V) ausreichend sein, andererseits darf sie das Maß des Notwendigen im Sinne von § 2 Abs. 4 SGB V, § 12 Abs. 1 S. 1, Hs. 2 SGB V (ebenso in § 70 Abs. 1 S. 2 SGB V) nicht überschreiten. Der auf diese Weise gespannte Rahmen des „Möglichen“ muss ausgestaltet werden durch die Festlegung des „Erforderlichen“. Dies erfolgt weitgehend durch die Richtlinien des Gemeinsamens Bundesausschusses, der nach § 91 Abs. 1 S. 1 SGB V das „oberste Beschlussgremium der [...] gemeinsamen Selbstverwaltung der Ärzte, Zahnärzte, Psychotherapeuten, Krankenhäuser und Krankenkassen“[108] darstellt. Die spezifische Bestimmung der Leistungserbringung (und damit die Leistung selbst) wird unmittelbar beeinflusst durch beispielsweise das Tätigwerden eines Arztes, der sich innerhalb des auf diese Weise vorgegebenen medizinischen „Standard“[109] bewegen muss. Auf Leistungen, die darüber hinausgehen, hat der Versicherte grundsätzlich keinen Anspruch.[110] So „verdichtet sich das gesetzliche Rahmenrecht [...] zum durchsetzbaren Einzelanspruch.“[111] Nur das, was innerhalb des Leistungskatalogs liegt, hat die Krankenkasse an ihre Versicherten zu leisten.

B. Vertragsbeziehungen im Rahmen der Leistungserbringung

Da die Krankenkassen zur Erfüllung der Versichertenansprüche faktisch auf Dritte setzen, müssen sie, ein „funktionierendes System der Leistungserbringung“[112]

---

106 BSG Urt. v. 16.09.1997, Az.: 1 RK 28/95, in: BSGE 81, S. 54 (60).

107 *Richter*, in: Richter/Doering-Striening, § 2 Rn. 26.

108 *Schmidt - De Caluwe*, in: Becker/Kingreen, SGB V, § 91 Rn. 1.

109 *Engelmann*, MedR 2006, S. 245 (246). Solche Vorgaben erfolgen gemäß §§ 91 Abs. 1 S. 1, 92 SGB V durch den Gemeinsamen Bundesausschuss über Richtlinien, BSG Urt. v. 16.09.1997, Az.: 1 RK 28/95, in: BSGE 81, S. 54 (60); *Becker*, in: FS Steiner, S. 50 (55). Zur Problematik um die demokratische Legitimation des Gemeinsamen Bundesausschusses siehe: *Kingreen*, NZS 2007, S. 113 ff.; *Engelmann*, MedR 2006, S. 245 ff. Weitere Einflüsse auf die Konkretisierung des Rahmens im gesetzlichen Leistungsrecht der §§ 11 ff. SGB V siehe: *Becker/Kingreen*, in: Becker/Kingreen, SGB V, § 11 Rn. 22.

110 Zur Problematik, wann dem Versicherten ausnahmsweise ein Anspruch auf eine medizinische Behandlung unmittelbar von Verfassungs wegen zusteht, siehe: BVerfG Beschl. v. 06.12.2005, Az.: 1 BvR 347/98, in: BVerfGE 115, S. 25–51.

111 BSG Urt. v. 16.09.1997, Az.: 1 RK 28/95, in: BSGE 81, S. 54 (61).

112 *Brandts*, in: Richter/Doering-Striening, § 3,Rn. 13.

unterhalten. Um eine im Sinne des § 70 Abs. 1 S. 1 SGB V bedarfsgerechte, gleichmäßig und qualitativ auf dem allgemein anerkannten Stand medizinischer Erkenntnisse liegende Versorgung gewährleisten zu können, schließen die Krankenkassen Verträge[113] mit Leistungserbringern (§ 2 Abs. 2 S. 3 SGB V). Diese wiederum erbringen Leistungen, die den Versicherten als Anspruch gegenüber der Versicherung zustehen. Hierdurch entsteht faktisch ein „Leistungsdreieck"[114] beziehungsweise im Bereich des Vertrags(zahn)arztrechts (aufgrund der Beteiligung der Kassen(zahn) ärztlichen Vereinigung) ein „Leistungsviereck" im Sinne der §§ 82, 83 SGB V.

Rechtlich liegt dem System zunächst das anspruchsbegründende Versicherungsverhältnis zwischen den Versicherten und der Krankenkasse zu Grunde. Außerdem die vertragliche Vereinbarungen der Krankenkassen mit den Leistungserbringern[115], in welcher diese verpflichtet werden, den Versicherten Gesundheitsleistungen zu verschaffen und aus denen sich ihr Vergütungsanspruch gegenüber den Krankenkassen ergibt. Die Verträge zwischen Kassen und Leistungserbringern sind vor dem Hintergrund der Regelung des § 69 SGB V als öffentlich-rechtliche Verträge[116] einzuordnen. Das ergibt sich bereits aus der systematischen Auslegung des § 69 SGB V, der die Beziehungen von Krankenkassen zu den Leistungserbringern als „abschließend" im Vierten Kapitel des SGB V geregelt sieht und hierdurch eine Zuordnung zum Sozialrecht vornimmt. Zusätzlich erfolgt die Klarstellung in § 69 Abs. 1 S. 3 SGB V, dass allenfalls „im Übrigen" die Vorschriften des Bürgerlichen Gesetzbuches anwendbar sein können – im Grundsatz also öffentliches Recht vorliegt. Auf die umstrittene[117] Frage, wie die Beziehung zwischen dem jeweiligen Leistungserbringer und dem Versicherten rechtlich zu würdigen ist, kommt es für die vorliegende Untersuchung nicht an, da im Rahmen der Rechtsbeziehungen Leistungserbringer-Versicherter (wie gezeigt) gerade keine für den Abwicklungsfall relevanten Zahlungsflüsse stattfinden.

Die Leistungserbringer erfüllen ihre vertragliche Verpflichtung, indem sie die Versicherten angemessen versorgen.[118] Da ihnen ein Vergütungsanspruch gegen

---

113 *Theuerkauf*, NZS 2011, S. 921 (921).

114 *Brandts*, in: Richter/Doering-Striening, § 3,Rn. 13; Fastabend/Schneider Rn. 9.

115 Igl/Welti, § 18 Rn. 1. Hierbei ergeben sich spezifische Unterschiede: Zu beachten sind beispielsweise bei Leistungserbringung durch Krankenhäuser: § 109 SGB V, bei Apotheken: § 129 SGB V, bei Vertrags(zahn)ärzten: §§ 82 ff. SGB V. Ausführlich dazu: Waltermann, § 8 Rn. 220 ff.

116 *Kirchhoff*, SGB 2005, S. 499 (502).

117 Siehe statt vieler: *Vießmann*, in: Spickhoff, SGB V, § 69 Rn. 21.

118 BSG Urt. v. 16.09.1997, Az.: 1 RK 28/95, in: BSGE 81, S. 54 (60).

die Krankenkassen zusteht, werden sie vom „Risiko eines Forderungsausfalls“[119] gegen den einzelnen Versicherten befreit. Die Versicherten erhalten ihrerseits die individuell notwendigen Leistungen nach der Konzeption des SGB V „kostenfrei, vorfinanzierungs- und risikolos“.[120]

§ 8 Die Finanzierung der GKV

Die Notwendigkeit einer Kostenregulierung im Gesundheitswesen lässt sich bereits daraus ersehen, dass der einschlägige Satz für Beiträge zur gesetzlichen Krankenversicherung im Zeitraum zwischen den Jahren 1960 bis 2009 von durchschnittlich 8,43 Prozent auf durchschnittlich 14,6 Prozent der beitragspflichtigen Mitgliedereinnahmen angestiegen ist.[121] Seit In-Kraft-Treten des Gesetzes zur nachhaltigen und ausgewogenen Finanzierung der gesetzlichen Krankenversicherung (GKV-FinG)[122] wird der allgemeine Beitragssatz einheitlich in § 241 SGB V festgeschrieben. Er betrug bis zum 31. Dezember 2014 15,5 Prozent und wurde mit Wirkung ab dem 1. Januar 2015 auf 14,6 Prozent gesenkt.

A. Finanzierungsgrundlagen nach dem SGB V

Die Rechtsgrundlagen zur Finanzierung der gesetzlichen Krankenversicherung finden sich in den §§ 220 ff. des SGB V sowie in den §§ 20 ff. SGB IV.[123] Zum einen Teil bestehen die Einnahmen der gesetzlichen Krankenversicherung aus Beiträgen,[124] die bei Vorliegen eines versicherungspflichtigen Beschäftigungsverhältnisses nach § 5 Abs. 1 Nr. 1 SGB V von Arbeitnehmern und Arbeitgebern übernommen werden und deren Höhe sich an den beitragspflichtigen Einnahmen des Versicherten orientiert.[125] Durch das Gesetz zur Stärkung des Wettbewerbs in der gesetzlichen Krankenversicherung (GKV-WSG) wurde zum

---

119 BSG, SozR 4-2500, § 81 Nr. 4 Rn. 19, *Scholz*, in: Becker/Kingreen, SGB V, § 2 Rn. 11.

120 *Quaas/Zuck*, § 9. Rn. 4. Zu den Zuzahlungspflichten siehe bereits: Kapitel 2, § 7 A.

121 *Waltermann*, § 8 Rn. 146.

122 Gesetz vom 22.12.2010, BGBl. Jahrgang 2010, Teil I., S. 2309, Geltung ab 01.01.2011.

123 *Peters*, in: KassKomm, § 220 Rn. 12. Ausführlich zur GKV-Finanzierung siehe: *Axer*, GesR 2007, S. 194 ff.

124 Zu den sonstigen Einnahmen im Sinne von § 220 Abs. 1 S. 1 SGB V zählen unter anderem Bundeszuschüsse gemäß §§ 221, 221 a, 221 b SGB V, Miet- und Kapitalerträge, sowie Zinsen und Gebühren, *Muckel/Ogorek*, § 8 Rn. 155.

125 *Bley/Kreikebohm/Marschner*, C. II Rn. 455. §§ 223 Abs. 3 S. 1, 6 Abs. 7 SGB V regeln dabei eine „Beitragsbemessungsgrenze“, bis zu deren Höhe die Einnahmen des Versicherten beitragspflichtig sind. Darüber hinausgehende Einnahmen werden insofern nicht berücksichtigt.

1. Januar 2009 das Finanzierungsmodell der GKV neu geregelt und ein Gesundheitsfonds (§ 271 SGB V) eingerichtet. An diesen fließen seither die Beiträge der Versicherten sowie der Arbeitgeber und zusätzlich ein Bundeszuschuss in gesetzlich festgelegter Höhe, § 221 Abs. 1 SGB V.[126] Die Krankenkassen ziehen die Beiträge ein, fungieren dabei allerdings nur als Schaltstelle: Sie erhalten die Mittel nicht als eigenes Vermögen, sondern leiten sie gemäß § 252 Abs. 2 S. 3 SGB V und § 28 k Abs. 1 S. 1 Hs. 2 SGB IV an den Gesundheitsfonds weiter. Aus dem Fondsvermögen empfangen sie dann wiederum für jeden Versicherten eine einheitliche Grundpauschale[127], welche die standardisierten Ausgaben der Krankenkassen decken soll. Diese wird vom Bundesversicherungsamt im Voraus für ein Jahr festgelegt, indem die geschätzten gesetzlichen Leistungsausgaben durch die geschätzte Versichertenzahl geteilt werden, § 266 Abs. 2 S. 2 SGB V. Über einen morbiditätsabhängigen Risikostrukturausgleich wird die Grundpauschale nach § 266 Abs. 1 S. 1 SGB V alters-, geschlechts- und risikospezifisch durch Zu- oder Abschläge individualisiert. Darüber hinaus erhalten die Kassen Zuweisungen für sonstige Ausgaben wie etwa „Satzungs- und Ermessensleistungen (...) und Zuweisungen für Verwaltungsaufgaben“[128] nach § 270 SGB V. Einnahmen des Gesundheitsfonds, die nicht an die Krankenversicherungsträger fließen, sind gemäß § 271 Abs. 2 S. 3 SGB V der Liquiditätsreserve des Gesundheitsfonds zuzuführen.

B. Finanzielle Krisen von gesetzlichen Krankenkassen

Diese Leistungen entsprechen dem tatsächlichen Finanzbedarf der einzelnen Kasse nicht in jedem Fall:[129] Grund hierfür ist zunächst, dass nicht nur die pauschalierten Zuweisungen aus dem Gesundheitsfonds, sondern auch die Zu- und Abschläge des Risikostrukturausgleichs statisch an bundeseinheitlichen Standardwerten orientiert sind und in Folge dessen die Berücksichtigung von Einzelfallumständen keine Rolle spielen kann. Diese sind beispielsweise auch, so eine Studie der Bertelsmann Stiftung, auf regionale Unterschiede in der

---

126 BT-Drs. 17/3100, S. 170.

127 Für das Jahr 2016 das Bundesversicherungsamt gemäß § 266 Abs. 5 S. 2 SGB V als Berechnungswert für die monatliche Grundpauschale pro Versichertem rund 243 Euro bekanntgegeben, http://www.bundesversicherungsamt.de/uploads/media/Bekanntmachung_01_2016.pdf.

128 *Ellmann*, in: LPK-SGB V, § 271 Rn. 1.

129 *Baier*, in: Krauskopf, Bd. 2, § 146 a SGB V Rn. 4; *Thüsing/Traut/Pötters*, NZS 2012, S. 641 (641).

Gesundheitsversorgung[130] zurückzuführen. Am Beispiel von Erstimplantationen eines Kniegelenks lässt sich etwa für das Jahr 2011 zeigen, dass sich die entsprechenden Eingriffszahlen je nach Landkreis um teilweise das Dreifache unterscheiden. Da in wohlhabenderen Gegenden überdurchschnittlich häufig Erstimplantationen von Kniegelenken zu verzeichnen sind, wird angenommen, dass die „sozio-ökonomischen Lage“[131] ein solches Kriterium darstellen kann. Außerdem, so ein weiterer Erklärungsansatz, beeinflusst die Dichte von niedergelassenen Orthopäden, beziehungsweise die lokale medizinische und klinische Infrastruktur die Zahl der durchgeführten Operationen. Für Krankenkassen kann sich demnach auf Grund ihres Zuständigkeitsbereichs ein struktureller Mehrkostenaufwand ergeben. In den standardisierten Berechnungsmaßstäben des Gesundheitsfonds spielt diese Differenzierung keine Rolle, weswegen eine einhundertprozentige Abbildung der tatsächlichen Gegebenheiten schon aus diesen Gründen schlicht unmöglich ist.[132] Hinzu kommt, dass vor allen Dingen frühere Verbindlichkeiten als „Altlasten“[133] die Finanzsituation einer Kasse nachhaltig belasten können und diese Position bei der Berechnung der Gesundheitsfondszuweisung nicht relevant wird. Je nach dem, in welche Richtung die tatsächlichen Kassenausgaben von dem Standard abweichen, der den Zuweisungen aus dem Gesundheitsfonds zu Grunde liegt, kommt es zu einer Unterdeckung oder zu Überschüssen.[134]

C. Kassenindividueller Zusatzbeitrag

Eine mögliche negative Differenz zwischen Einnahmen- und Ausgabenseite können Krankenkassen nach den Vorkehrungen des SGB V nicht durch die Aufnahme von Krediten ausgleichen. § 220 Abs. 1 S. 2 SGB V statuiert ein Darlehensaufnahmeverbot für die Träger der gesetzlichen Krankenversicherung und

130 Bertelsmann Stiftung, Faktencheck Gesundheit Knieoperation, Regionale Unterschiede in der Gesundheitsversorgung, siehe: https://knieoperation.faktencheck-gesundheit.de/interaktive-karten/ (Stand: 1. Februar.2014).

131 Bertelsmann Stiftung, Faktencheck Gesundheit Knieoperation, Regionale Unterschiede in der Gesundheitsversorgung, siehe: https://knieoperation.faktencheck-gesundheit.de/interaktive-karten/ (Stand: 1. Februar 2014).

132 *Leopold*, WzS 2011, S. 183 (183); *Pfohl*, in: Becker/Kingreen, SBG V, § 265 Rn. 3; so auch: *Bohlen-Schöning*, in: KrV 2009, S. 289 (290).

133 *Thüsing/Traut/Pötters*, NZS 2012, S. 641 (641); *Heeg/Kehbel*, ZIP 2009, S. 302 (303).

134 So auch: *Cassel/Jacobs/Wasem*, Wirtschaftsdienst 2001, S. 187 (188).

unterstreicht damit die „beitragszentrierte Finanzierungsordnung“[135] der gesetzlichen Krankenversicherung.[136] Genügen den Kassen die Zuweisungen aus dem Gesundheitsfonds nicht, um ihren Finanzbedarf zu decken, sind sie verpflichtet, einen Zusatzbeitrag im Sinne des § 242 Abs. 1 S. 1 SGB V zu verlangen. Der in der Krankenkassensatzung festzulegende Zusatzbeitrag kann grundsätzlich ungedeckelt erhoben werden, soll jedoch so bemessen sein, dass er zusammen mit den übrigen Zuweisungen und Einnahmen der Krankenkasse die voraussichtlich zu leistenden Ausgaben und die vorgeschriebene Auffüllung der Rücklage umfasst, § 242 Abs. 1 S. 3 SGB V.[137] Es hat sich gezeigt, dass Krankenkassenmitglieder in der Vergangenheit sensibel auf entsprechende Beitragserhöhungen reagiert haben und es in Folge dessen zu einer signifikanten Zahl an Kassenwechseln gekommen ist.[138] Dadurch hat sich das Bestreben der Versicherungsträger in eine Form des Vermeidungswettbewerbs von Zusatzbeiträgen verkehrt.[139] Die positiven Finanzergebnisse in der gesetzlichen Krankenversicherung trugen dazu bei, dass seit Ende des Jahres 2012 keine Beiträge im Sinne von § 242 SGB V erhoben wurden. Seit der Absenkung des allgemeinen Beitragssatzes auf 14,6 Prozent verlangen beinahe alle gesetzlichen Krankenkassen Zusatzbeiträge, deren Höhe sich für das Jahr 2016 zwischen 0,3 Prozent und 1,5 Prozent der beitragspflichtigen Einnahmen der Krankenkassenmitglieder bewegt.[140]

§ 9 Der Wettbewerb in der gesetzlichen Krankenversicherung

Wettbewerb kann nach allgemeiner wirtschaftlicher Definition als das Auftreten von „mindestens zwei Anbietern oder Nachfragern“[141] auf einem Markt beschrieben werden, wobei diese durch ihr Auftreten ihren „Zielerreichungsgrad

---

135 BSG Urt. v. 03.03.2009, Az.: B 1 A 1/08 R, in: BSGE 102, 281 Rn. 24. So auch: *Schnapp/Rixen*, BKR 2006, S. 360 (361).

136 Dieses Prinzip wird nur dort durchbrochen, wo das SGB V selbst die Gewährung von Darlehen durch andere Kassen vorsieht, siehe: Kapitel 3, § 11.

137 Für die unter § 242 Abs. 3 S. 1 SGB V aufgeführten Gruppen ist der Zusatzbeitrag jedoch abweichend hiervon nach § 242 a SGB V zu erheben.

138 Bundesversicherungsamt, Tätigkeitsbericht 2011, S. 11, 12.

139 GKV Spitzenverband, Zusatzbeitrag 01.01.2009–31.12.2014, https://www.gkv(-)spitzenverband.de/-krankenversicherung/krankenversicherung_grundprinzipien/finanzierung/zusatzbeitrag/zusatzbeitrag_seit_2009.jsp.

140 GKV Spitzenverband, Krankenkassenliste, https://www.gkv-spitzenverband.de/krankenkassenliste.pdf (Stand: 18. März 2016).

141 Gablers Wirtschaftslexikon, V-Z, S. 3399.

zu Lasten anderer Wirtschaftssubjekte verbessern wollen"[142]. In Bezug auf den Krankenkassenmarkt bedeutet er zunächst nichts anderes als Wettbewerb um wechselwillige Mitglieder.[143]

Wie Wettbewerb mit einem von Solidarität geprägten System zu vereinbaren ist, stellt ein Dilemma der jüngeren Gesundheitspolitik dar.[144] Grund hierfür ist, dass der Gesundheitsmarkt gerade kein Markt „im üblichen Sinn"[145] ist, der sich alleine nach dem Prinzip von Angebot und Nachfrage reguliert, sondern aus verfassungsrechtlichen Gründen intensiven gesetzgeberischen Eingriffen unterliegt. Die Krankenkassen sind in einem Umfeld tätig, das durch dichte sozialrechtliche Vorgaben[146] gekennzeichnet ist und in dem ein Großteil der „Kriterien zur Inanspruchnahme und Erbringung von Gesundheitsleistungen"[147] kassenübergreifend und einheitlich durch Richtlinien des Gemeinsamen Bundesausschusses von (Zahn)Ärzten, Psychotherapeuten, Krankenhäusern und Krankenkassen festgelegt wird.[148] Der Leistungskatalog aller gesetzlichen Krankenkassen ist daher zum weit überwiegenden Teil identisch und jedenfalls insoweit austauschbar ist. Wettbewerb auf der *Leistungs*ebene findet demnach nur dort statt, wo sie in ihren jeweiligen Satzungen zusätzliche Leistungen (§ 11 Abs. 6 S. 1 SGB V), die allen Versicherten einer Kasse offen stehen, oder auch individuell abzuschließende Wahltarife (§ 53 SGB V) anbieten.[149] Auf *Beitrags*ebene kann die Zusatzbeitragserhebung einen Wettbewerbsfaktor darstellen.

Das Sozialstaatsprinzip setzt daher der „wettbewerblichen Ausgestaltung der Bereitstellung von Gesundheitsgütern Grenzen"[150]. Wettbewerb besteht dabei nicht grundlos, um seiner selbst willen, sondern ist aus sozialrechtlicher Sicht Mittel zum Zweck, um dem „zunehmend schwerer zu finanzierenden Gesundheitswesen neue Kraft zu verleihen"[151]. Jedoch muss er zwingend mit den bereits dargestellten Strukturprinzipien der GKV, vor allen Dingen mit dem gesetzlich

---

142 Gablers Wirtschaftslexikon, V-Z, S. 3399.

143 *Rixen*, in: Steuerungsinstrumente Bd. 1, S. 111 (111).

144 Ähnlich: *Thüsing/Sternberg*, AnwBl 2012, S. 714 (715); *Rauh*, EuZW 2013, S. 129 (129).

145 *Hajen*, in: Felix, S. 9 (9).

146 *Becker/Schweitzer*, in NJW-Beil. 2012, S. 82 (83).

147 *Schmidt - De Caluwe*, in: Becker/Kingreen, SGB V, § 92 Rn. 1.

148 Siehe dazu: Kapitel 2, § 7.

149 Unbestritten und wettbewerbsrelevant bleibt, dass je nach den individuellen Bedürfnissen bei der Gesundheitsversorgung auch geringe Leistungsunterschiede die Kassenwahl entscheiden konnen.

150 *Spiecker gen. Döhmann*, in: Steuerungsinstrumente Bd. 2, S. 1 (8).

151 *Rauh*, EuZW 2013, S. 129 (129).

vorgegebenen Kooperationsgebot, Leistungskatalog sowie mit dem Kontrahierungszwang und dem Versorgungsauftrag der Krankenkassen in Einklang gebracht werden.

§ 10 Zusammenfassung

In einer Gesamtschau lässt sich die gesetzliche Krankenversicherung als ein öffentlich-rechtlich organisiertes Vorsorgesystem beschreiben, das auf Versicherungszwang beruhend dem sozialen Ausgleich dient. Dass in der gesetzlichen Krankenversicherung „Gesunde für Kranke einstehen“[152], liegt – wie dargestellt – schon in der Natur des Versicherungsprinzips. Fundamentale Unterschiede zur Individualversicherung ergeben sich in Folge des verfassungsrechtlichen Einflusses durch das Sozialstaatsprinzip.

Auch im Kontext der Auflösung und Abwicklung von Krankenkassen stellt sich die „soziale“ Versicherung nach alledem als Sonderfall dar: So zeigt sich, dass die wirtschaftliche Tätigkeit der Krankenkassen wesentlich durch eine verfassungsrechtlich geschützte Ausprägung von Sozialstaatlichkeit beeinflusst wird. Dass im Ergebnis ein Markt vorliegt, in dem – wie es das Bundesverfassungsgericht in seiner Rechtsprechung ausdrückt – der Wettbewerb dort beginnt, wo die Solidarität endet[153], stellt eine zentrale Prämisse für die weitere Untersuchung dar.

152 *Kruse/Kruse*, WzS 2011, S. 7 (8).

153 BVerfG Beschl. v. 18.07.2005, Az.: 2 BvF 2/01, in: BVerfGE 113, S. 167 (233).

Kapitel 3 Die Krisenbewältigung nach dem SGB V

Zur Bewältigung finanzieller Krisen stellt das Sozialversicherungsrecht im SGB V einen Handlungskatalog bereit, der von präventiven Sanierungsmaßnahmen über Fusionsmöglichkeiten bis hin zu einem speziellen Liquidationsverfahren für Krankenversicherungsträger – der Kassenschließung – reicht. Die einzelnen Maßnahmen werden dabei entweder von den Krankenkassen (§ 11) oder von der jeweils zuständigen Aufsichtsbehörde (§ 12) gesteuert.

Um die Relevanz der sozialrechtsbasierten Eingriffsmöglichkeiten zu verdeutlichen, lohnt sich ein Blick in die Praxis: Alleine im Zeitraum der Jahre 1990 bis 2012 ist die Zahl der gesetzlichen Krankenkassen in Deutschland von 1147 – auf heute 118 zurückgegangen.[154] Da im Jahr 2011 zum ersten und einzigen Mal zwei Krankenkassen nach dem Verfahren der §§ 153, 155 SGB V vom Bundesversicherungsamt geschlossen wurden, und sich bis heute – vor und nach der Gesetzesänderung durch das GKV-OrgWG – kein Insolvenzverfahren über das Vermögen einer Krankenkasse verzeichnen lässt, kann die Verminderung der Zahl der gesetzlichen Krankenkassen im Übrigen auf Fusionsvorgänge oder freiwillige Auflösungen von kleineren Krankenkassen zurückgeführt werden.[155]

Die inzidente Untersuchung dieses und anderer Krisenbewältigungsinstrumente des SGB V ist erforderlich, da die Maßnahmen des Sozialversicherungsrechts sowohl zur Insolvenzvermeidung beitragen können als auch (in Form der Kassenschließung) alternativ zu einem Insolvenzverfahren in Betracht kommen. Zusätzlich ist das Kasseninsolvenzverfahren selbst hochgradig von den Regelungen des sozialrechtlichen Schließungsverfahrens beeinflusst, so dass eine isolierte Betrachtung der Insolvenz von Krankenkassen nicht hinreichend wäre. Die Darstellung des gesamten sozialversicherungsrechtlichen Handlungskatalogs der Aufsichtsbehörden macht schließlich auch deutlich, auf welche Art sich das bisherige Recht von dem wirtschaftsrechtlich geprägten Ansatz des

---

154 Krankenkassenliste, GKV-Spitzenverband, https://www.gkv-spitzenverband.de/service/versicherten_service/krankenkassenliste/krankenkassen.jsp, (Stand: 20. März 2016).

155 Vgl. GKV-Spitzenverband, Anzahl der Krankenkassen im Zeitablauf, https://www.gkv-spitzenverband.de/krankenversicherung/krankenversicherung_grundprinzipien/alle_gesetzlichen_krankenkassen/alle_gesetzlichen_krankenkassen.jsp#lightbox (Stand: 1. Januar 2016).

Insolvenzverfahrens unterscheidet. Erst in diesem Licht wird eine tiefgreifende Bewertung der Gesetzesänderung durch das GKV-OrgWG möglich.

§ 11 Die Steuerungsebene Krankenkasse

Die bereits dargestellte Funktionsweise der GKV-Finanzierung, die auf einem einheitlichen Beitragssatz, gesetzlich geregelten Zuweisungen sowie einem Verbot der Darlehensaufnahme beruht[156], sorgt dafür, dass die gesetzlichen Krankenkassen in ihrer Finanzautonomie weitgehend eingeschränkt sind.[157] Jedoch stellt das SGB V auf der Ebene der Krankenkassen beziehungsweise der Landesverbände einzelner Kassenarten Möglichkeiten zu finanziellen Hilfen zur Verfügung.

Die Erhebung oder Erhöhung von Zusatzbeiträgen als solche stellt dabei kein Sanierungsinstrument dar. Aus § 242 Abs. 1 S. 3 SGB V ergibt sich, dass hierdurch lediglich ein spezifischer Finanzbedarf der Krankenkassen gedeckt werden soll, der sich aus der Summe der haushaltsjährlich zu leistenden Ausgaben und der vorgeschriebenen Auffüllung der Rücklage im Sinne der §§ 261, 262 SGB V zusammensetzt. Damit findet der grundsätzlich ungedeckelte Zusatzbeitrag seine faktische Grenze in der Art seiner „Finanzierungsfunktion“: Die Krankenkassen haben den Zusatzbeitrag nach § 242 Abs. 1 S. 3 SGB V so zu bemessen, dass er zusammen mit den Zuweisungen aus dem Gesundheitsfonds und den sonstigen Einnahmen den Finanzbedarf der Kasse für das jeweilige Haushaltsjahr aufwiegt. Ein Abbau bereits bestehender Schulden durch die Erhebung von Zusatzbeiträgen ist allein aufgrund des Wortlauts dieser Norm nicht denkbar.

Stattdessen besteht die Möglichkeit, dass Kassen untereinander Sanierungshilfen (auch darlehensweise) leisten oder sich – wie in der Vergangenheit zu beobachten – aus marktstrategischen oder wirtschaftlichen Gründen vereinigen. Finanzielle Hilfen stehen dabei immer unter dem Prinzip der Freiwilligkeit und werden weit überwiegend zwischen den Kassen derselben Kassenart, insbesondere innerhalb ihrer Landesverbände[158] erbracht. § 265b Abs. 1 SGB V sieht als Zentralnorm vor, dass innerhalb einer Kassenart Verträge über die Gewährung von Hilfeleistungen geschlossen werden können, um die Leistungs- und Wettbewerbsfähigkeit von Krankenversicherungsträgern zu erhalten (Nr. 1) oder um ihre Liquidation durch die finanzielle Unterstützung einer Fusion zu

156 Siehe: Kapitel 2, § 8.
157 So auch: *Axer*, GesR 2007, S. 193 (195).
158 Soweit diese existieren, siehe: § 207 Abs. 1 SGB V.

verhindern.[159] Daneben kann ein Landesverband satzungsmäßig regeln, dass unter bestimmten Voraussetzungen Darlehen aus der beim Landesverband zu bildenden Gesamtrücklage gewährt werden, § 262 Abs. 4 S. 2 SGB V. Obwohl im Grundsatz gilt, dass eine Kasse das Risiko auch von kostenintensiven Behandlungsfällen selbst zu tragen hat[160], ermöglicht § 265 SGB V den Landesverbänden, satzungsmäßig einen vollständigen oder teilweisen Finanzausgleich – auch in Form von Darlehensverträgen – für aufwendige Leistungsfälle vorzusehen.[161] Zusätzlich zu den Maßnahmen auf Landesverbandsebene muss die Satzung des Spitzenverbandes Bund der Krankenkassen Regelungen beinhalten, dass finanzielle Hilfen für die Erleichterung solcher Kassenvereinigungen gezahlt werden, die zur Vermeidung einer Auflösung und Abwicklung notwendig sind, § 265a Abs. 1 S. 1 SGB V. Auch im Übrigen steht es den gesetzlichen Krankenkassen offen, sich freiwillig mit einer oder mehreren anderen Kassen, auch kassenartübergreifend, zu vereinigen, §§ 144 SGB V in Verbindung mit §§ 150, 160 168 a, 171 a SGB V. Die Wirksamkeit der Kassenvereinigung bedarf dabei allerdings jeweils der Genehmigung durch die zuständige Aufsichtsbehörde und unterliegt gemäß § 172 a Abs. 1 SGB V der Fusionskontrolle durch das Bundeskartellamt.

§ 12 Die Steuerungsebene Aufsichtsbehörde

Darüber hinaus bietet das „Recht der Krankenversicherung" im Sozialgesetzbuch, Fünftes Buch der zuständigen Behörde gestaffelte Eingriffsmöglichkeiten, um durch ein aufsichtsrechtliches Tätigwerden die Leistungsfähigkeit von Krankenkassen zu sichern.

A. Aufsichtsbehördliche Anordnung der Erhebung oder Erhöhung eines Zusatzbeitrags

Im Hinblick auf die Behandlung von Liquiditätsengpässen einer Krankenkasse kommt zunächst die aufsichtsbehördliche Anordnung einer Zusatzbeitragserhöhung beziehungsweise -erhebung in Betracht.

159 Die Verträge im Sinne des § 265b SGB V sind von den zuständigen Aufsichtsbehörden zu genehmigen, § 265b Abs. 2 SGB V.

160 *Pfohl*, in: Becker/Kingreen, SGB V, § 265 Rn. 3.

161 Aufwendige Leistungsfälle sind solche, die eine Kasse zu (Zusatz-)Beitragserhöhungen zwingen würden, *Peters*, in: KassKomm, SGB V, § 265 Rn. 7.

I. Voraussetzungen

Im Rahmen des § 242 SGB V gilt es zu unterscheiden: Eine Krankenkasse ist – wie gezeigt – dazu verpflichtet, im Falle der finanziellen Unterdeckung einen Zusatzbeitrag gemäß § 242 Abs. 1 SGB V zu verlangen und diesen per Satzung festzulegen. Reicht die Beitragshöhe kurzfristig nicht aus, muss der Vorstand eine Erhöhung beschließen (§ 242 Abs. 2 S. 2 SGB V). Handelt der Vorstand nicht danach, so stehen der Behörde aufsichtsrechtliche Möglichkeiten zur Verfügung: Gemäß § 242 Abs. 2 S. 3 SGB V ist sie ermächtigt, die Erhöhung des Zusatzbeitrags anzuordnen, wenn die Leistungsfähigkeit der Krankenkasse kurzfristig gefährdet ist, um bereits in einem frühen Stadium einer finanziellen Unterdeckung entgegenzuwirken.

Nicht ausdrücklich gesetzlich geregelt ist dagegen der Fall, dass die Behörde die Erhebung eines Zusatzbeitrags auch erstmalig anordnen kann. Diese Möglichkeit ergibt sich jedoch grundsätzlich daraus, dass die zuständige Behörde eine Rechtsaufsicht über den Versicherungsträger führt. Sie beinhaltet als „repressives Mittel“[162], dass rechtswidrig unterlassene Handlungen der Kasse im äußersten Fall durch die Behörde angeordnet werden können, § 89 Abs. 1 SGB IV. Würde die Krankenkasse selbst eine gesetzlich gegebene Pflichterhebung nach § 242 Abs. 1 S. 1 SGB V nicht veranlassen, könnte darauf ein aufsichtsrechtliches Tätigwerden erfolgen.

II. Rechtliche und tatsächliche Auswirkungen

Vor diesem Hintergrund ist für den Fall, dass die Aufsichtsbehörde vorübergehend die Erhöhung eines Zusatzbeitrages oder seine erstmalige Erhebung anordnen würde, allenfalls mit einem Kurzzeiteffekt zu rechnen: Wie gezeigt, kann aufgrund der gesetzlichen Ausgestaltung eine Sanierungsfunktion durch die Erhebung oder Erhöhung von Zusatzbeiträgen im Ergebnis ausgeschlossen werden.[163] Hinzu kommt, dass auch hier die Kündigungsmöglichkeiten durch die Mitglieder nach § 175 Abs. 4 S. 5 SGB V zu beachten wären. Zwar spricht der Wortlaut der Norm selbst nur von einem Tätigwerden der Krankenkasse, jedoch kann es bei einer teleologischen Betrachtung nicht darum gehen, von welcher Seite die Beitragserhöhung beziehungsweise die Erhebung initiiert wird. Letztlich liegt der Sinn und Zweck des Sonderkündigungsrechts gerade darin, dass die Krankenkassenmitglieder die Freiheit haben, sich für einen Versicherungsträger

---

162 *Schröder*, Jus 1986, S. 371 (374).

163 Siehe bereits Kapitel 3, § 11; so auch: *Thüsing/Traut/Pötters*, NZS 2012, S. 641 (646).

zu entscheiden, der so erfolgreich wirtschaftet, dass er zum relevanten Zeitpunkt ohne Zusatzbeiträge auskommt. Ob die Erhöhung durch die Kasse oder die Aufsichtsbehörde angeordnet wird, kann dabei keine Rolle spielen.

B. Aufsichtsbehördliche Anordnung einer Fusionierung

Durch Fusionen am Krankenkassenmarkt hat sich die Gesamtzahl der Versicherungsträger in den letzten Jahren auf einen Bruchteil gegenüber ihrer früheren Anzahl reduziert. Freiwillig vereinbarte Vereinigungen der Krankenkassen sind - wie gezeigt - über § 144 SGB V möglich.[164] Auch der Aufsicht steht in diesem Zusammenhang ein Instrumentarium zur Verfügung: Stellt die Behörde fest, dass die Leistungsfähigkeit einer Krankenkasse auf Dauer nur gesichert beziehungsweise die Eröffnung eines Insolvenzverfahrens nur dadurch vermieden werden kann, dass die Vereinigung mit einer anderen Kasse erfolgt, so kann sie im Bedarfsfall aufsichtsrechtlich eine Zwangsfusionierung anordnen, § 172 Abs. 3 S. 2 SGB V.[165] Da sich die Zwangsfusion als schwerer Eingriff in die Selbstverwaltungsautonomie der bedrohten Krankenkasse[166] darstellt, ist sie nur unter bestimmten gesetzlichen Voraussetzungen möglich.

I. Voraussetzungen

In der Regel setzt die angeordnete Fusion von Krankenkassen voraus, dass bereits im Vorfeld die Möglichkeiten einer Vereinigung sondiert wurden. So basiert die Entscheidung nicht nur darauf, dass vorher die Finanzverfassung der Kasse geklärt worden sein muss, sondern ebenfalls darauf, dass der Spitzenverband Bund der Krankenkassen (SpiBuKK) der Aufsichtsbehörde Vorschläge für mögliche „Kandidaten" unterbreitet hat, die ihrerseits freiwillig zur Vereinigung bereit stehen würden, § 172 Abs. 3 S. 1 SGB V. Sind diese Voraussetzungen erfüllt, so ist entscheidend, ob bei der in ihrer Leistungsfähigkeit gefährdeten Krankenkasse ein Vereinigungsbeschluss des Verwaltungsrats zu Stande kommt. Ist dies nicht der Fall, kann die Aufsichtsbehörde den Beschluss nach § 172 Abs. 3 S. 2 SGB V ersetzen.

---

164 Die Norm gilt direkt nur für die Ortskrankenkassen. Für die anderen Kassenarten sind §§ 150, 160, 168 a SGB V sowie § 171 a SGB V für kassenartübergreifende Vereinigungen zu beachten.

165 Die auf eine effektive Organisation gerichteten §§ 145, 146 SGB V im Bereich der Ortskrankenkassen spielen daneben wohl kaum noch eine Rolle, *Mühlhausen*, in: Becker/Kingreen, SGB V, § 146 Rn. 4.

166 *Becker*, in: Becker/Kingreen, SGB V, § 172 Rn. 9.

II. Rechtliche und tatsächliche Auswirkungen

Die Rechtsfolgen einer Kassenfusion sind in § 144 Abs. 4 SGB V für die Ortskrankenkassen geregelt, für die anderen Kassenarten wird hierauf Bezug genommen[167]: Die bisherigen Kassen werden mit Wirksamkeit der Vereinigung *geschlossen* und verlieren dadurch – wie in einem Schließungsverfahren nach § 155 Abs. 1 SGB V – ihre Rechtsfähigkeit. Im Gegenzug entsteht eine neue „Fusionskrankenkasse"[168] als Körperschaft des öffentlichen Rechts. Diese rückt im Wege einer umfassenden öffentlich-rechtlichen Rechtsnachfolge vollständig in die Stellung der untergegangenen Versicherungsträger ein.[169] Indem das Gesetz in § 144 Abs. 4 S. 2 SGB V von einem Eintritt in „Rechte und Pflichten" spricht, wird deutlich, dass sich durch die Vereinigung zwar das Rechtssubjekt verändert, der „Rechte- und Pflichtenstatus inhaltlich (aber) unberührt"[170] bleibt. Im Hinblick auf die Mitglieder der Krankenkasse bedeutet dies, dass die jeweiligen Mitgliedschaftsverhältnisse veränderungsfrei „bei dem neuen Rechtsträger [...] fortgesetzt"[171] werden. Auch tritt die neue Kasse in die bestehenden Beschäftigungsverhältnisse ein.[172]

III. Finanzielle Hilfen zur Vermeidung der Schließung oder Insolvenz einer Krankenkasse

Nach § 265a Abs. 1 S. 1 SGB hat die Satzung[173] des SpiBuKK vorzusehen, dass auf Antrag der Aufsichtsbehörde finanzielle Hilfen von Seiten des GKV-Systems gewährt werden können, um Vereinigungen von Krankenkassen zu ermöglichen oder zu erleichtern. Die Satzung hat die Unterstützung nach § 265a SGB V von zeitlich vorangegangenen, freiwilligen Hilfen der Kassen gleicher Kassenart nach § 265 b SGB V abhängig zu machen. Auf diese Weise wird ein Rangverhältnis der

167 Zur Einteilung der Kassenarten siehe: Kapitel 2, § 3. Die Verweisvorschriften sind § 155 Abs. 2 S. 1 SGB V (für die BKK), § 160 Abs. 1 S. 3 SGB V (für die IKK) und § 168 Abs. 1 S. 3 SGB V (für die EKK). Für die Landwirtschaftliche Krankenkasse (Anzahl: 1) und die Deutsche Rentenversicherung Knappschaft-Bahn-See (Anzahl: 1) ist dies nicht vorgesehen.

168 *Bohlen-Schöning*, KrV 2009, S. 289 (290).

169 BSG, Urt. v. 02.12.2004, Az.: B 12 KR 23/04 R, in: NJW 2005, S. 923 (924).

170 BSG, Urt. v. 02.12.2004, Az.: B 12 KR 23/04 R, in: NJW 2005, S. 923 (924).

171 *Hänlein*, in: LPK-SGB V, § 144 Rn. 12.

172 Siehe ausführlich zu den weiteren Rechtsfolgen der Vereinigung: *Hänlein*, in: LPK-SGB V, § 144 Rn. 9 ff.

173 Die Finanzhilfenordnung (FHO) nach § 265a SGB V findet sich als Anlage 2 zur Satzung des GKV-Spitzenverbandes.

zur Verfügung stehenden sozialversicherungsrechtlichen Maßnahmen gesetzlich festgelegt: Bevor es zu einer Zwangsfusion kommt, sollen zunächst die Kassen derselben Kassenart über § 265 b SGB V privatautonom vereinbarte Finanzunterstützung leisten. Wird dennoch eine Fusion notwendig, um Haftungsrisiken infolge einer Schließung oder Durchführung des Insolvenzverfahrens für andere Krankenkassen zu vermeiden, so kann sie dann mit Leistungen von Kassen aller Kassenarten ermöglicht werden.

Zusammenfassend ergibt sich, dass über § 265a SGB V anders als nach § 265 b SGB V keine Überbrückung von Liquiditätsengpässen erfolgen kann. Finanzielle Hilfen nach dieser Norm sind allein dazu bestimmt, Kassenfusionen zu erleichtern. Die Vereinigung darf seit In-Kraft-Treten des GKV-WSG gemäß § 171 a SGB V auch über die Grenze der einzelnen Kassenarten hinweg stattfinden.[174]

C. Kassenschließungsverfahren

I. Voraussetzungen

Ist die finanzielle Lage der Krankenkasse mit den oben genannten Mitteln nicht in den Griff zu bekommen, so sieht das Sozialrecht in den §§ 153 ff. SGB V ein rechtliches Instrument vor, das als sozialversicherungsrechtliches Liquidationsverfahren unter speziellen Tatbestandsvoraussetzungen zum Marktaustritt des Versicherungsträgers führen kann: die Schließung von Krankenkassen. Der Kassenvorstand ist dabei gesetzlich als Liquidator vorgesehen.

Die Aufsichtsbehörde hat eine Krankenkasse zu schließen, wenn ein normierter Schließungsgrund vorliegt – diese Verpflichtung ergibt sich aus der Formulierung „wird geschlossen, wenn" in § 153 S. 1 SGB V. Die in Frage kommenden Schließungsgründe variieren dabei je nach Kassenart: Während für die Betriebskrankenkassen in § 153 S. 1 Nr. 1, 2 SGB V und für die Innungskrankenkassen in § 163 S. 1 Nr. 1, 2 SGB zusätzliche „gründungsbezogene" Schließungstatbestände geregelt sind, wird im Rahmen der vorliegenden Arbeit allein jener Schließungsgrund relevant, der für alle Krankenkassen vorgeschrieben ist, falls „ihre Leistungsfähigkeit nicht mehr auf Dauer gesichert ist", § 153 S. 1 Nr. 3 SGB V. Er ist für die Untersuchung von Bedeutung, weil sich ausschließlich an diesem Punkt Abgrenzungsschwierigkeiten zu den gesetzlich geregelten Eröffnungsgründen für ein Insolvenzverfahren ergeben und in diesem Kontext neben

174 Zur strittigen Frage, ob kassenartübergreifende Vereinigungen einer kartellrechtlichen Fusionskontrolle unterliegen siehe: EuGH, Urt. v. 16.03.2004, Az.: C- J026/01; *Mühlhausen*, in: Becker/Kingreen, SGB V, § 144 Rn. 2 und 13.

dem Sozialversicherungsrecht auch die Anwendung der InsO-Vorschriften in Betracht kommt.[175] So spricht selbst die Begründung zum Regierungsentwurf des GKV-OrgWG rechtlich unpräzise davon, dass künftig „die Abwicklung einer *leistungsunfähigen* Krankenkasse daher auf zwei Wegen erfolgen“[176] kann. Gerade vor diesem Hintergrund gilt es den Schließungsgrund herauszuarbeiten, um das Verhältnis der beiden Regelungsregime beurteilen zu können.

1. Kriterium: Leistungsfähigkeit nicht gesichert

Der Rechtsbegriff der „Leistungsfähigkeit“ wird im SGB V an unterschiedlichen Stellen verwendet. Zum einen ist sein Vorliegen ein wesentlicher Punkt für die Bestimmung des angesprochenen Schließungsgrundes in § 153 S. 1 Nr. 2 SGB V, zum zweiten ist die Frage der Leistungsfähigkeit auch relevant für die Entscheidung darüber, ob Betriebskrankenkassen (§ 147 Abs. 1 Nr. 2 SGB V) oder Innungskrankenkassen (§ 157 Abs. 2 Nr. 2 SGB V) zulässigerweise gegründet werden dürfen. In allen Fällen fehlt es jedoch an einer gesetzlichen Definition des Tatbestandsmerkmals. Aufgrund seiner lediglich abstrakten Umschreibung bleibt es auslegungs- und interpretationsbedürftig. Was die Schließungsvorschriften in den §§ 146 a S. 1, 153 S. 1 Nr. 3, 163 S. 1 Nr. 3, 170 S. 1 SGB V angeht wird nur deutlich, dass es auf einer zweiten Stufe auch um das Zeitkriterium „auf Dauer“ geht – die Leistungsfähigkeit also nicht nur aktuell, sondern perspektivisch für die Zukunft gefährdet sein muss. Im Übrigen hat es der Gesetzgeber seit jeher „der Rechtsprechung überlassen, den unbestimmten Rechtsbegriff der Leistungsgefährdung mit Leben zu erfüllen.“[177]

a. Frühere Rechtsprechung des Bundessozialgerichts

Das Bundessozialgericht (BSG) hat in ständiger, jahrezehntelanger Rechtsprechung[178] Kriterien festgelegt, um den Aspekt der Leistungsfähigkeit von Krankenkassen zu präzisieren: In den Urteilen, die aus den Jahren 1961 bis 1995

---

175 Wenn im weiteren Verlauf der Arbeit in allgemeiner Form von einem „Schließungsgrund“ gesprochen wird, so ist bei Fehlen einer näheren Spezifizierung der Schließungsgrund im Sinne des § 153 S. 1 Nr. 3 SGB V gemeint.

176 BT-Drs. 16/9559, S. 16. Nach wie vor lautet der Grundsatz, dass die leistungsunfähige Kasse nur über das Kassenschließungsverfahren abgewickelt werden kann, während ein Eröffnungsantrag grundsätzlich nur dann gestellt wird, wenn ein isolierter Insolvenzgrund vorliegt.

177 *Engelhard*, SGB 1992, S. 534 (534).

178 BSG Urt. v. 28.02.1961, Az.: 3 RK 59/56, in: BSGE 14, S. 71 (74); BSG Urt. v. 17.07.1985, Az.: 1 RR 8/84, in: BSGE 58, S. 254 (255); BSG Urt. v. 17.04.1991, Az.: 1 RR 2/89, in:

stammen, geht es allerdings jeweils nicht konkret um die Leistungsfähigkeit als Vorfrage einer Kassenschließung. Stattdessen hatte das Gericht über den Begriff der Leistungsfähigkeit im Bereich der *Errichtung* von Betriebs- und Innungskassen zu entscheiden. Bereits zu Zeiten als das Krankenkassenrecht noch in die Reichsversicherungsordnung (RVO) inkorporiert war, galt im Bereich der Kassenorganisation, dass eine Neugründung nicht nur die eigene, dauerhafte Leistungsfähigkeit der BKK oder IKK voraussetzte, sondern darüber hinaus eine Neuerrichtung auch „den Bestand oder die Leistungsfähigkeit vorhandener Ortskrankenkassen“[179] nicht gefährden durfte. Dies beruhte darauf, dass den Ortskrankenkassen früher – sowohl unter Geltung der RVO (§ 234 Abs. 1 RVO a.F.) als auch nach dem SGB V (§ 173 SGB V a.F.) – eine „Auffangfunktion“ zufiel[180], wenn keine andere Regelung über die Kassenzuständigkeit anwendbar war. Das hierdurch kreierte Basissystem wurde als schützenswert erachtet.

Zur Klärung des Wechselwirkung zwischen Neuerrichtung (von BKK oder IKK) und Gefährdung der Leistungsfähigkeit (von OKK) stellte das Bundessozialgericht in seinen Entscheidungen darauf ab, ob die betroffene Ortskrankenkasse auch unter der entstehenden Konkurrenz in der Lage wäre, die den „vergleichbaren Kassen entsprechenden Leistungen (Regel- und Mehrleistungen) zu gewähren, sich also annähernd im durchschnittlichen Beitrags- und Leistungsniveau der Vergleichskassen halten zu können“[181]. Mit anderen Worten konnte die Gesamteinschätzung „zweigleisig“ erfolgen: wenn zur Sicherung der Finanzlage einer Kasse „das *Leistungs*niveau der Vergleichskassen erheblich unterschritten oder – zur Erhaltung des Leistungsniveaus – deren *Beitrag*sniveau erheblich überschritten“[182] werden musste, so war die auf Dauer gesicherte Leistungsfähigkeit zu verneinen. Für die Beurteilung, wann das Beitragsniveau so weit übersteigert war, dass ein Rückschluss auf die Leistungsfähigkeit gezogen werden konnte, hat das BSG prozentuale Schwellenwerte[183] entwickelt und über

BSGE 68, S. 228 (234); BSG Urt. v. 26.02.1992, Az.: 1 RR 10/91, in: BSGE 70, S. 153 (157); BSG, Urt. v. 23.11.1995, 1 RR 1 /95, in: SGB 1996, S. 114 (114).

179 Siehe § 248 Nr. 1 RVO a.F. (*Schneider*, SGB 1989, S. 461 (461)) für Betriebskrankenkassen sowie § 250 Abs. 1 a RVO a.F. (geändert durch Art. 1 § 1 Nr. 2 KVWG vom 28.12.1976, BGBl. Jahrgang 1976, Teil I, S. 3871) für Innungskrankenkassen.

180 BT-Drs. 11/2237, S. 213.

181 BSG Urt. v. 17.07.1985, Az.: 1 RR 8/84, in: BSGE 58, S. 254 (256); BSG Urt. v. 17.04.1991, Az.: 1 RR 2/89, in: BSGE 68, S. 228 (234).

182 BSG Urt. v. 17.07.1985, Az.: 1 RR 8/84, in: BSGE 58, S. 254 (256).

183 *Engelhard*, SGB 1992, S. 534 (536); *Mühlhausen*, in: Becker/Kingreen, SBG V, § 146 a Rn. 2.

die Jahre immer wieder angepasst[184]. Entscheidender Bezugspunkt waren dabei der Bedarfssatz der betroffenen Kasse sowie die durchschnittlichen Bedarfssätze von vergleichbaren Kassen. Als *Bedarfs*satz wurde und wird (im Unterschied zum *Beitrags*satz) das „Verhältnis der Ausgaben für Leistungen zur Summe der beitragspflichtigen Einnahmen der Mitglieder im abgelaufenen Geschäftsjahr"[185] bezeichnet. Als Vergleichskassen kamen nach der Rechtsprechung des Bundessozialgerichts nur solche Versicherungsträger in Betracht, die wie die betroffene Kasse selbst „nach gleichen Prinzipien strukturiert sind und in etwa vergleichbaren regionalen Einflüssen unterliegen"[186], faktisch also die Kassen der gleichen Kassenart, die im „betreffenden Wirtschaftsgebiet"[187] tätig waren. Diese Beurteilungsgrundsätze wurden und werden auch entsprechend im Kontext der Beurteilung des Schließungsgrundes „auf Dauer nicht mehr gesicherte Leistungsfähigkeit" herangezogen.[188]

b. Vorübergehende Normierung von „Gefährdungsgrenzen"

Mit In-Kraft-Treten des SGB V zum 1. Januar 1989 wurden nicht nur die angesprochenen Errichtungsvoraussetzungen „gesicherte eigene Leistungsfähigkeit" sowie „zu verhindernde Gefährdung von Ortskrankenkassen" aus der RVO in § 147 Abs. 1 Nr. 2 und Nr. 3 SGB V a. F. beziehungsweise § 157 Abs. 2 Nr. 2 und Nr. 3 SGB V a. F. überführt.[189] Vielmehr nahm der Gesetzgeber mit dem Gesundheitsstrukturgesetz (GSG)[190] zum 1. Januar 1993 auch die bis dato von der Rechtsprechung praktizierten Gefährdungsgrenzen in den Wortlaut des § 147 Abs. 1 Nr. 3 SGB V a. F. auf.[191] Lag demnach der prognostizierte Bedarfssatz der Kasse mehr als 10 Prozent über dem Landesdurchschnitt oder 12,5 Prozent über dem Bundesdurchschnitt aller Ortskrankenkassen, so war ihre Leistungsfähigkeit

---

184 Siehe: *Schneider*, SGB 1989, S. 461 (461).

185 Siehe: Legaldefinition des § 145 Abs. 3 S. 1 SGB V; BSG Urt. v. 26.02.1992, Az.: 1 RR 10/91, in: BSGE 70, S. 153 (157).

186 BSG Urt. v. 17.07.1985, Az.: 1 RR 8/84, in: BSGE 58, S. 254 (257).

187 BSG Urt. v. 17.07.1985, Az.: 1 RR 8/84, in: BSGE 58, S. 254 (262).

188 *Mühlhausen*, in: Becker/Kingreen, SGB V, § 146 a Rn. 2; *Hengst*, S. 25, 26; *Heeg/Kehbel*, ZIP 2009, S. 302 (304); dies voraussetzend auch: *Gaßner/Hager*, NZS 2004, S. 632 (632).

189 BGBl. Jahrgang1988, Teil I, S. 2477 (2520); *Hänlein/Schuler*, in: LPK SGB V, Einleitung Rn. 1.

190 BGBl. Jahrgang 1992, Teil I, S. 2266 (2289).

191 BT-Drs. 12/3608, S. 109. Die Regelung des § 157 Abs. 2 Nr. 3 SGB V hingegen wurde gestrichen, BT-Drs. 12/3608, S. 109.

gefährdet – und die Betriebs- oder Innungskasse durfte nicht errichtet werden. Mit der Einführung des freien Kassenwahlrechts zum 1. Januar 1996 entfiel die bis dahin etablierte Auffangfunktion der Ortskrankenkassen sowie ihre damit verbundene Schutzwürdigkeit. Im Zuge dessen wurde auch die Beurteilung der Gefährdung von Ortskrankenkassen als Errichtungsvoraussetzung für Innungs- und Ersatzkassen obsolet und die Vorschrift des § 147 Abs. 1 Nr. 3 SGB V a.F. gestrichen.

c. Ansätze zur Konkretisierung

Nachdem sich in der aktuellen Fassung des SGB V keinerlei Legaldefinition zur Leistungsfähigkeitsbeurteilung mehr findet, ist der gesetzlichen Regelung in den §§ 146 a S. 1, 153 S. 1 Nr. 3, 163 S. 1 Nr. 3 sowie 170 S. 1 SGB V nur zu entnehmen, dass jeweils eine Prognoseentscheidung im Einzelfall anzustreben ist.[192]

(aa) Rückgriff auf die Urteile des Bundessozialgerichts

Um die Leistungsfähigkeit von Krankenkassen im Schließungskontext zu bestimmen, wird vor diesem Hintergrund teilweise wieder auf die früher vom Bundessozialgericht erarbeiteten Vergleichsbetrachtung zurückgegriffen.[193] Dieser Ansatz kann jedoch nicht die Rechtsunsicherheit und die Zweifel in der Anwendungspraxis klären, da sich die Beurteilungskriterien der früheren Rechtsprechung nicht mehr in die geltenden Finanzierungs- und Beitragsregelungen des SGB V einfügen.[194]

Betrachtet man den Ansatz des BSG, so werden dort im Kern zwei Fragen gestellt: Wann leistet eine Versicherung im Vergleich zu wenig? Beziehungsweise: Wann ist der Mittelbedarf einer Versicherung im Verhältnis zu hoch?[195] Dabei setzt die Rechtsprechung voraus, dass sich die Wahl der Krankenkasse im Wesentlichen über die Kriterien Leistungsangebot und Beitragshöhe entscheidet. Davon mag man aus der Sicht der Versicherten auch heute noch ohne Bedenken ausgehen können. Jedoch lässt sich aus der Perspektive der Aufsichtsbehörde anhand der Aspekte „Leistungs- und Beitragsniveau" nicht mehr über die wirtschaftliche Leistungsfähigkeit einer Krankenkasse entscheiden. Zwar dürfte sich

192 So auch: *Peters*, in: KassKomm, SGB V, § 146 a Rn. 4.

193 Vgl. *Mühlhausen*, in: Becker/Kingreen, § 146 a Rn. 2; *Hengst*, S. 25, 26; *Heeg/Kehbel*, ZIP 2009, S. 302 (304); *Gutzeit*, NZS 2012, S. 361 (362); kritisch hierzu: *Gaßner/Hager*, NZS 2004, S. 632 (632).

194 *Krasney*, in: Kassenwettbewerb und Insolvenz, S. 37 (39).

195 Vgl. *Baier*, in: Krauskopf, Bd. 2, § 146 a SGB V Rn. 4.

grundsätzlich ein bestehendes *Leistungs*gefälle zwischen unterschiedlichen Kassen anhand einer objektiven Betrachtung der Leistungskataloge bemessen lassen. Zieht man allerdings in Betracht, dass die Krankenkassen in der Praxis auf ihren Leistungskatalog nur geringen Einfluss nehmen können,[196] weil dieser zum größten Teil einheitlich gesetzlich vorgeschrieben ist, so kann einem Leistungsvergleich realistisch nicht die abschließende Relevanz für eine Kassenschließung zukommen.

Auch die Frage, wann das *Beitrags*niveau einer Kasse derart übersteigert ist, dass ihre Leistungsfähigkeit insgesamt angezweifelt werden muss, kann nicht mehr in die geltenden Finanzierungsprinzipien des SGB V „übersetzt" werden. Entscheidend dafür ist die Tatsache, dass die betreffenden Urteile des Bundessozialgerichts allesamt aus einer Zeit stammen, in der die Krankenkassen noch über ihre Beitragsautonomie verfügten. Entsprechend konnte das BSG bei seiner früheren Vergleichsbetrachtung daran anknüpfen, ob die von den Kassen eigenständig festgelegten Beiträge das Beitragsniveau der Vergleichskassen erheblich überschritten hatten oder nicht. Diese Art der Beurteilung geht heute, da der allgemeine Beitragssatz einheitlich im Gesetz festgelegt ist, ins Leere. Auch die Erhebung von Zusatzbeiträgen kann nicht per se als Kriterium für die fehlende Leistungsfähigkeit herangezogen werden, immerhin sind diese durch § 242 SGB V systemimmanent geworden und die Kassen bei entsprechender Ausgangslage sogar zu einer Erhebung verpflichtet. Der Gesetzgeber hat im Rahmen der Einführung wettbewerblicher Elemente im Gesundheitswesen geradezu darauf gesetzt, dass sich ein Konkurrenzkampf zwischen den Kassen vor allen Dingen auch über das Prinzip eines festgeschriebenen Beitragssatzes im Verbund mit potentiell zu erhebenden Zusatzbeiträgen entwickeln würde.[197] Unterschiedliche Zusatzkosten sind demnach gewollt. Sie mögen – soviel ist anzuerkennen – dann ein Indiz dafür sein, dass sich eine Kasse in finanziellen Schwierigkeiten befindet, wenn es keine systematische Erhebung von Zusatzbeiträgen innerhalb der gesetzlichen Krankenversicherung gibt, beziehungsweise sich deren Höhe wesentlich unterscheidet. Die Schließungsentscheidung der Behörde kann und darf jedoch nicht daran festgemacht werden.

Gegen den Rückgriff auf die Grundsätze der BSG-Rechtsprechung spricht außerdem, dass die Festlegung der Vergleichskassen unter den aktuellen Finanzierungsbedingungen wohl anders erfolgen müsste. Das Gericht ging stets

196 *Hebeler*, NZS 2008, S. 238 (243); *Hänlein*, in: LPK-SGB V, § 4 Rn. 26; *Rixen*, in: Steuerungsinstrumente Bd. 1, S. 111 (111), der angesichts dessen den Kassenwettbewerb auf „Beitragssatz und Service reduziert" sieht.

197 BT-Drs. 16/3100, S. 1.

davon aus, dass die Leistungsfähigkeitsbewertung nicht als abstrakte Betrachtung durchzuführen sei, sondern sich eine solche Aussage nur in Relation zu den vergleichbaren Kassen treffen ließe. Dabei wurden nur Kassen der gleichen Kassenart in die Bewertung einbezogen, weil nur dann gewährleistet war, dass sie „nach gleichen Prinzipien strukturiert sind und in etwa vergleichbaren regionalen Einflüssen unterliegen."[198] Letztlich ging es bei der Prüfung um die Frage, wie sich Kassen, die unter ähnlichen Wettbewerbsbedingungen agieren, in ihrer Wirtschaftlichkeit darstellen – dies sollte die Ausgangslage sein. Mit der Einführung des Gesundheitsfonds hat der Gesetzgeber inzwischen allerdings versucht, gleiche (oder zumindest ähnliche) Startvoraussetzungen für sämtliche Kassen zu schaffen, auf deren Grundlage sich dann – insbesondere über den Zusatzbeitrag – ein Wettbewerb entfalten sollte.[199] Demnach wäre es heute nicht mehr gerechtfertigt nur auf die Kassen derselben Kassenart abzustellen, es müssten vielmehr alle Kassen desselben Wirtschaftsraumes in die Vergleichsbetrachtung mit einbezogen werden.[200]

Insgesamt ergibt sich, dass die beschriebene BSG-Rechtsprechung zwar vor dem 1. Januar 2009 als Beurteilungsmaßstab herangezogen werden konnte. Ein Festhalten an diesen Grundsätzen führt unter der geltenden Gesetzeslage jedoch kaum mehr zu einem aussagekräftigen Ergebnis.

(bb) Bezugnahme auf die Insolvenzgründe

Gaßner/Hager haben zur weiteren Klärung des Rechtsbegriffs „auf Dauer nicht mehr gesicherte Leistungsfähigkeit" vorgeschlagen, bei dessen Beurteilung auf die Insolvenzordnung, namentlich die Kriterien zur Bestimmung der Insolvenzeröffnungsgründe zurückzugreifen.[201] Andere Stimmen aus der einschlägigen Fachliteratur gehen ebenfalls unter Bezugnahme auf die §§ 17–19 InsO davon aus, dass der Schließungsgrund jedenfalls bei der gesicherten Feststellung eines Insolvenzgrundes gegeben sei.[202] Teilweise wird dieser Ansatz dahingehend ergänzt, dass zusätzlich auch die Sanierung der Krankenkasse in einem

198 BSG Urt. v. 17.07.1985, Az.: 1 RR 8/84, in: BSGE 58, S. 254 (257).

199 *Hänlein*, in: LPK-SGB V, § 4 Rn. 26.

200 So auch: *Engelhard*, in: Hauck/Noftz, SGB V, § 146 a Rn. 4.

201 *Gaßner/Hager*, NZS 2004, S. 632 (638).

202 *Peters*, in: KassKomm, SBG V, § 146a Rn. 4; *Bultmann*, MedR 2009, S. 25 (31); mit Einschränkungen auch *Lundberg/Sänger*, ZInsO 2012, S. 1556 (1560) sowie *Bohlen-Schöning*, KrV 2009, S. 289 (293).

Insolvenzplanverfahren unmöglich erscheinen müsse.[203] Allen Ansichten ist gemein, dass sie für ihre Bewertung der Leistungsfähigkeit einer Kasse Anleihen aus dem Insolvenzrecht nehmen ohne eine weitere Klärung der Schließungsvoraussetzung zu versuchen.

Gegen eine Gleichsetzung der Schließungsvoraussetzungen mit den Insolvenzgründen spricht die Methodenlehre der Gesetzesauslegung: Sie beruht darauf, dass vor allem der Gesetzeswortlaut den Ausgangspunkt und die Grenze der Auslegungsmöglichkeiten von Normen bestimmt.[204] Lässt der „mögliche Wortsinn und der Bedeutungszusammenhang des Gesetzes Raum für verschiedene Auslegungen“[205], so ist anhand weiterer Kriterien (Entstehungsgeschichte, historisches Umfeld, Gesetzessystematik, Zweck und Ziel des Gesetzes)[206] der Wille des Gesetzgebers zu bestimmen. Stellt also der Wortlaut die Grenze der Auslegung dar, so ist bei der Ermittlung des Normgehaltes denklogisch zu berücksichtigen, dass eine Regelung nicht so eng ausgelegt werden darf, dass sie sinnentleert, mithin obsolet wäre.[207]

Die Interpretation, dass bei Vorliegen eines Insolvenzgrundes auch der Schließungsgrund des § 153 S. 1 Nr. 3 SGB V gegeben ist, würde zu einem Gleichlauf der Eröffnungsmöglichkeiten für zwei verschiedene, vom Gesetzgeber alternativ vorgesehene Verfahren führen. Damit wäre nicht nur die Regelung zur Anwendungskonkurrenz von Schließung und Insolvenz in § 171b Abs. 3 S. 2 SGB V hinfällig. Letztlich würde damit auch die Ausdehnung der Insolvenzfähigkeit auf alle gesetzlichen Krankenkassen durch das In-Kraft-Treten des GKV-OrgWG im Zuge der Gesetzesauslegung untergraben. Wenn regelmäßig der Schließungsgrund durch einen Insolvenzgrund erfüllt wäre, das Gesetz aber bei gleichzeitigem Vorliegen den Vorrang des Schließungsverfahrens anordnet (§ 171b Abs. 3 S. 2 SGB V), käme ein Verfahren nach der Insolvenzordnung allenfalls ausnahmsweise in Betracht, falls sachliche Gründe eine Abweichung von diesem Schließungsautomatismus rechtfertigen.[208] Eine echte Verfahrensalternativität, wie sie im Gesetzentwurf angekündigt wird, läge nicht vor. Dass es Sachverhalte geben wird, die sowohl die Voraussetzungen des Schließungs- als auch des

---

203 *Hänlein*, in: LPK-SGB V, § 146 a Rn. 2; zur Problematik der Sanierung von Krankenkassen im Insolvenzverfahren siehe: Kapitel 4, § 18.

204 *Savigny*, S. 23; *Larenz/Canaris*, S. 163; *Jochum*, NJW 2004, S. 568 (572).

205 Larenz/Canaris, S. 164.

206 *Maurer*, Staatsrecht I, § 1 Rn. 49.

207 Vgl. BVerfG, Beschl. v. 25.01.2011, Az.: 1 BvR 918/10, in: BVerfGE 128, S. 193 (210).

208 BT-Drs. 16/9559, S. 20.

Insolvenzverfahrens erfüllen können, bleibt unbestritten.[209] Die Abgrenzung beider Eröffnungsgründe wird auch im Folgenden zu untersuchen sein. Eine pauschale Annahme, dass der Schließungsgrund ein „Minus" zum Insolvenzgrund darstellt, kann jedoch – weil sie zu stark vereinfacht – nicht zur Bestimmung des Schließungsgrundes beitragen.

(cc) Scheitern der übrigen sozialversicherungsrechtlichen „Vorfeldmaßnahmen" als Maßstab

Mangels anderweitiger Anhaltspunkte wird zur Bestimmung der Leistungsfähigkeit teilweise ohne weitere Konkretisierung darauf abgestellt, dass „Beiträge und Einnahmen auch unter Einsatz der Rücklage [...] die Ausgaben der Kasse auf längere Sicht nicht mehr decken können."[210] Lediglich *Hänlein* nennt als zusätzliches Indiz für eine Leistungsunfähigkeit die „Inanspruchnahme finanzieller Hilfe in besonderen Notlagen (§ 265a SGB V) über mehrere Haushaltsjahre".[211]

Der Ansatz, die sozialrechtlichen Handlungsmaßnahmen und ihre Wirkungsdauer als Bestimmungskriterium heranzuziehen, wird auch in der vorliegenden Arbeit vertreten und fortgeführt. Ausgangspunkt dieser Überlegung muss die Frage sein, was „Leistungsfähigkeit" im Kontext des Schließungsrechts bedeutet. Anhand der bisher aufgezeigten Wesensmerkmale des Krankenkassenrechts wird ersichtlich, dass eine wirtschaftliche Betrachtungsweise der Leistungsfähigkeit, die sich rein auf die Vermögenslage der Kasse reduziert, der Regelung des SGB V nicht gerecht wird. Denn der Gesetzgeber hat im Rahmen der Reformierung des Gesundheitswesens einen Weg vorgesehen, der auf eine besondere Form der „solidarischen Wettbewerbsordnung"[212] hinführt. Die Entfaltung eines freien Wettbewerbs ist dabei nur innerhalb strikt festgelegter gesetzlicher

209 So auch: *Lundberg/Sänger*, ZInsO 2012, S. 1554 (1559).

210 *Hänlein*, in: LPK-SGB V, § 146 a Rn. 2; lediglich leicht modifiziert auch: *Lundberg/Sänger*, ZInsO 2012, S. 1556 (1559) und *Baier*, in: Krauskopf, Bd. 2, § 153 SGB V Rn. 9.

211 *Hänlein*, in: LPK-SGB V, § 146 a Rn. 2. Zieht man dabei in Betracht, dass § 265a SGB V gerade nicht Überbrückung von Liquiditätsengpässen konzipiert ist, sondern eine Fusionshilfe darstellt, müsste stattdessen ein Verweis auf § 265b SGB V (freiwillige finanzielle Hilfen) erfolgen.

212 *Gaßner/Eggert*, NZS 2011, S. 249 (250); BVerfG, Beschl. v. 18. Juli 2005, Az.: 2 BvF2/01, in: BVerfGE 113, S. 167 (233).

Vorgaben möglich[213] und schließlich bis einem Punkt „verzerrt“[214], an dem die Kassen sich gegenseitig finanzielle Hilfen zukommen lassen (§§ 265a, b SGB V) und im Schließungsfall unter bestimmten Umständen sogar für die Verpflichtungen früherer Wettbewerber mithaften müssen. Trotz wettbewerblicher Ansätze im Recht der Krankenkassen sollen diese nach wie vor primär ihrem ureigenen öffentlichen Auftrag nachkommen und „im Interesse einer zweckmäßigen, wirtschaftlichen und qualitativ hochwertigen medizinischen Versorgung zusammen [...] arbeiten.“[215] Führt man diese systemischen Grundlagen fort und nimmt ernst, dass hier im Grunde ein Binnenmarkt vorliegt, der einerseits einer hohen gesetzlichen Vorgabendichte unterliegt, in Kompensation jedoch ein besonderes System an internen Maßnahmen zur Stabilisierung von Marktteilnehmern aufweist, kann nicht eine isolierte betriebswirtschaftliche Bewertung den Ausschlag für die Kassenschließung geben. Das hatte letztlich auch das Bundessozialgericht durch seine Rechtsprechung der „Vergleichsbetrachtung“ zum Ausdruck gebracht.

Entscheidend ist demnach bei einer sozialversicherungsrechtlichen Betrachtung, dass Finanzprobleme vorliegen, die sich durch die „gesetzlich vorgesehenen Selbstregulierungsmechanismen des SGB V“[216] nicht mehr korrigieren lassen. Alleine hierdurch trägt man dem Regelungskonzept des Krankenkassenrechts Rechnung. Der Maßnahmenkatalog im SGB V ist als konsekutives System konzipiert, das sowohl den Kassen, als auch der Aufsichtsbehörde Handlungsmöglichkeiten zur Verfügung stellt, die in ihrer „Eingriffsstärke“ jeweils aufeinander aufbauen[217]: Innerhalb dieser Abfolge stehen Mittel zur Verfügung, um die Verbesserung der Liquidität zu gewährleisten (Erhebung oder Erhöhung eines Zusatzbeitrags), um finanzielle Engpässe zu überbrücken (freiwillige Hilfen nach § 265 b SGB V), oder um die Leistungsfähigkeit zu sichern (Vereinigung mit anderen Kassen). Bleiben diese ohne Wirkung, steht den Behörden als

---

213 Nach BVerfG, Beschl. v. 18. Juli 2005, Az.: 2 BvF2/01, in: BVerfGE 113, S. 167 (233) beginnt der Wettbewerb erst dort, wo die Solidarität aufhört; *Becker/Kingreen*, NZS 2010, S. 417 (418) betonen, dass das Sozialrecht Grenzen ziehen muss, um Versorgungssicherheit zu garantieren. Kritisch zum Wettbewerb in der GKV auch: *Bultmann*, MedR 2009, S. 25 (32).

214 *Ramsauer*, NZS 2006, S. 505 (505).

215 BSG Urt. v. 24.01.2003, Az.: B 12 KR 19/01 R, in: BSGE 90, S. 231 (265); *Gaßner/Eggert*, NZS 2011, S. 249 (250).

216 SG Stuttgart, Beschl. v. 20.07.2007, Az.: S 6 A 5427/07 Rn. 33 [juris].

217 Davon geht auch die Begründung zum Gesetzentwurf der Bundesregierung für das GKV-OrgWG aus, BT-Drs. 16/9559, S. 16 f.

Möglichkeit zur Vermeidung von Kassenschließungs- oder Insolvenzverfahren unter gewissen Umständen die Anordnung einer Zwangsfusionierung zu. Scheitern auch diese Bemühungen, so stellt das Kassenschließungsverfahren die letzte „Eskalationsstufe" in der Reihe sozialrechtlicher Maßnahmen dar.

Eine erste Aussage zur Leistungsfähigkeit einer Krankenkasse ließe sich dann treffen, wenn erkennbar wird, dass sie nur noch durch die finanzielle Unterstützung anderer Versicherungsträger weiterwirtschaften kann – die Kasse also haushälterisch auf Finanzhilfen, seien es Zahlungen oder Darlehen, angewiesen ist. Alleine hierauf kann die Beurteilung jedoch nicht gestützt werden. Denn § 172 Abs. 3 SGB V sieht als weiteres Mittel vor, dass unter gewissen Umständen über eine aufsichtsbehördlich angeordnete Zwangsfusionierung noch Abhilfe geschaffen werden kann. Dafür setzt § 172 Abs. 3 S. 1 SGB V eine Art „bedingte" Leistungsunfähigkeit voraus, die sich aus dem Scheitern aller bisherigen Maßnahmen der Kasse beziehungsweise der Behörde ergibt, gegebenenfalls aber noch durch die behördliche Kassenvereinigung zu vermeiden sein kann. Bringt auch die Fusionierungs-Option keinen Erfolg und verfestigt sich die finanziell schlechte Situation der Krankenkasse auf diese Weise weiter, ist eine „echte" Leistungsunfähigkeit nach dem SGB V gegeben.[218]

(dd) Stellungnahme

Die vorliegende Untersuchung kommt zu dem Schluss, dass die tatbestandlichen Voraussetzungen des Schließungsgrundes einer isolierten, sozialversicherungsrechtlichen Beurteilung unterliegen müssen. Bezüglich der Verfahrenseröffnung ist eine Orientierung an den Maßstäben der Insolvenzordnung nicht zielführend. Grenzt man die beiden Verfahren nicht voneinander ab, fehlen der Aufsichtsbehörde die Entscheidungskriterien dafür, ob sie statt der Einleitung eines Kassenschließungsverfahrens den Antrag auf Eröffnung eines Insolvenzverfahrens[219] stellen muss. Nimmt man im Zweifel immer das Vorliegen der Schließungsvoraussetzungen an, führt dies zu einer Beliebigkeit in der Wahl der Abwicklungsregeln, die weit über den Ermessenspielraum in § 171b Abs. 3 S. 2 SGB V hinausgeht. Die Leistungsunfähigkeit muss sich demnach alleine „sozialversicherungsrechtlich" definieren, indem man erstens feststellt, dass die Krankenkasse

---

218 Die entsprechenden Schritte (Verhandlungen über finanzielle Hilfen nach § 265b SGB V, Suche nach Fusionspartnern im Sinne des § 172 Abs. 3 S. 1 SGB V) sind von der Aufsichtsbehörde zu dokumentieren, um ein Scheitern nachweisen zu können.

219 Seit dem Gesetz zur weiteren Erleichterung der Sanierung von Unternehmen (ESUG), BGBl. Jahrgang 2011, Teil I, S. 2582 nicht mehr „Insolvenzantrag", sondern „Eröffnungsantrag", siehe: § 15 a Abs. 1 S. 1 InsO.

ihre vorgesehenen Leistungspflichten und finanziellen Vorsorgepflichten nicht mehr erfüllen kann und zweitens die Hilfsmaßnahmen nach dem SGB V ausgeschöpft sind. Gerade hierin manifestiert sich, dass die Kasse nach den Maßstäben des Sozialversicherungsrechts nicht mehr am Markt zu halten ist. In diesem Stadium ist sie leistungsunfähig. Dass die Unterscheidung zu den Insolvenzgründen in der Praxis schwer fallen dürfte[220], macht eine eigenständige Definition nicht entbehrlich.

2. *Das Kriterium: Auf Dauer*

In Bezug auf die einschlägige Dauer des Beurteilungszeitraums gibt das Gesetz keinerlei Anhaltspunkte, jedoch erscheint eine feste zeitliche (Ober-)Grenze im Hinblick auf die effektive und rechtssichere Krisenbewältigung erforderlich. In der Kommentarliteratur[221] wird überwiegend nur darauf hingewiesen, dass die Aufsichtsbehörde an dieser Stelle eine Prognoseentscheidung zu treffen hat. Nach dem oben Gesagten muss dem hinzugefügt werden: Einerseits sollte ein ausreichendes zeitliches Fenster gegeben sein, um das volle Spektrum aufsichtsrechtlicher Möglichkeiten zur Anwendung bringen zu können. Andererseits ergibt sich aus dem Gesetz, dass die Präventionsmechanismen nicht ohne zeitliches Limit anwendbar sind, sondern eine Kasse zu schließen ist, wenn ihre Leistungsfähigkeit auf Dauer nicht mehr gesichert ist. Im Sinne einer praktikablen Lösung bietet es sich deshalb an, (ausschließlich) den Beurteilungszeitraum dem Prognosezeitraum für die Beurteilung der Insolvenzgründe anzugleichen, und diesen auf die kommenden zwei Geschäftsjahre zu begrenzen.[222] Dadurch bleibt einerseits ausreichend Zeit für die Aufsichtsbehörden, im Rahmen ihrer Befugnisse tätig zu werden, andererseits ist eine Finanzplanung für einen darüberhinausgehenden Zeitraum wohl nicht realistisch durchzuführen. Darüberhinaus ist dieser zeitliche Abschnitt auch für die Überprüfung des Vorliegens der Insolvenzgründe „drohende Zahlungsunfähigkeit" (§ 18 InsO) und „Überschuldung" (§ 19 InsO) üblich, die gegebenenfalls zeitgleich zu untersuchen sind.

II. Rechtliche und tatsächliche Auswirkungen

Wie die Entstehung einer juristischen Person des öffentlichen Rechts, kann deren Beendigung nur durch oder auf Grundlage eines Gesetzes vorgenommen

---

220 Siehe: Kapitel 4, § 19.

221 Siehe nur: *Peters*, in: KassKomm, SGB V, § 146a Rn. 4; *Baier*, in: Krauskopf, Bd. 2, § 146 a SGB V Rn. 4; *Mühlhausen*, in: Becker/Kingreen, SGB V, § 146 a Rn. 2.

222 *Uhlenbruck/Gundlach*, in: Gottwald, § 6 Rn. 19.

werden. Liegt ein endgültiger Schließungsgrund vor, verfügt die Aufsichtsbehörde die Schließung der Krankenkasse durch einen Verwaltungsakt.[223] Darin legt sie den Zeitpunkt fest, zu dem die Schließung wirksam werden soll.[224] Für diesen Fall regelt § 155 Abs. 1 bis 3 SGB V die allgemeinen Abwicklungsmodalitäten, während § 155 Abs. 4 und 5 SGB V die Haftung für Verpflichtungen der Kasse bestimmt. In direkter Anwendung gilt die Norm nur für Betriebskrankenkassen. Über § 146 a S. 3 SGB V (Ortskrankenkassen), § 164 Abs. 1 S. 1 und 6 SGB V (Innungskrankenkassen) sowie § 171 S. 1 und 2 SGB V (Ersatzkassen) gelten die Vorschriften im dort bestimmten Umfang für die jeweilige Kassenart, wobei für den Einzelfall Sonderregelungen zur Haftung bestehen. Der Schließungszeitpunkt muss gemäß § 153 S. 2 SGB V wenigstens acht Wochen nach der Zustellung des Schließungsbescheids liegen. Nachfolgend werden die wesentlichen Konsequenzen einer Schließung dargestellt.

1. *Der Verlust des ursprünglichen öffentlichen Auftrags*

Der Schließungsbescheid als Verwaltungsakt im Sinne von § 35 Verwaltungsverfahrensgesetz (VwVfG) stellt den *actus contrarius* zur ursprünglichen Errichtung des Versicherungsträgers durch einen staatlichen Hoheitsakt[225] dar. Mit Wirksamkeit der Schließung verliert die Kasse zunächst diejenigen Aufgaben und Befugnisse, die ihr mit Gründung übertragen wurden. Jedoch steht auch im Falle einer juristischen Person des öffentlichen Rechts der Schließungsbescheid nicht gleichbedeutend mit der tatsächlichen Beendigung der rechtlichen Existenz der Krankenkasse.[226] Zur Regulierung der noch bestehenden Rechtsverhältnisse bedarf es zunächst der Durchführung eines Abwicklungsverfahrens. Erst mit dessen Abschluss ist die Krankenkasse beendet.

2. *Die Krankenkasse in Abwicklung*

Für die Liquidationsphase – bis die Gläubiger befriedigt sind und das Kassenvermögen abgewickelt ist – wird über § 155 Abs. 1 S. 2 SGB V das Fortbestehen der Kasse zum Zweck ihrer Abwicklung angeordnet. Sie besteht als Abwicklungskasse

---

223 Dagegen steht der betroffenen Krankenkasse Rechtsschutz zu, so auch: *v. Lewinski*, S. 127.

224 *Hänlein*, in: LPK-SGB V, § 146a Rn. 1.

225 Das gilt auch, wenn die „staatliche Beteiligung“ bei der Krankenkassenerrichtung wie im Falle der Betriebs- und Innungskrankenkassen nicht über einen gebundenen Genehmigungsakt hinausgeht, so: *Schnapp*, in: Schulin, Bd. 1, § 49 Rn. 99; ebenso: *Wolff/Bachof/Stober/Kluth*, Verwaltungsrecht Bd. 1, § 34 Rn. 6.

226 *v. Lewinski*, S. 206; *Engelsing*, S. 143.

fort. Welche Auswirkungen sich für ihre Rechtsfähigkeit sowie das Verhältnis zur geschlossenen Krankenkasse ergeben, ist umstritten. Unter Betrachtung der rechtlichen Besonderheiten bei juristischen Personen des öffentlichen Rechts wird sich jedoch zeigen lassen, dass die Kasse in Abwicklung trotz einer ab dem Schließungszeitpunkt eingeschränkten Rechtsfähigkeit als Gesamtrechtsnachfolgerin des früheren Versicherungsträgers zu sehen ist.

a. Rechtsnachfolge des ursprünglichen Versicherungsträgers

Bereits aus dem Wortlaut des § 155 Abs. 1 S. 2 SGB V ist abzuleiten, dass zwischen dem durch Verwaltungsakt beendeten Versicherungsträger und der Kasse in Abwicklung eine Kontinuität der Rechtssubjekte vorliegt.[227] Die Vorschrift regelt, dass „*die* Krankenkasse als fortbestehend" gilt, soweit es für die Durchführung der Liquidationsgeschäfte erforderlich ist. Dabei ergibt sich aus der gesetzlichen Anordnung, dass das Abwicklungssubjekt „trotz der Verschiedenheit seines Zweckes [...] keiner Neugründung bedarf"[228]. Es wird hier vielmehr die „Identität"[229] der beendeten Kasse und des Rechtsträgers in Liquidation festgestellt. In Anlehnung daran geht auch das Arbeitsgericht Düsseldorf in seinem Urteil vom 12. Januar 2012 davon aus, dass die Abwicklungskasse im Grundsatz so zu behandeln sei, als würde der ursprüngliche Versicherungsträger noch bestehen.[230] Richtigerweise wird darauf verwiesen, dass sich die kraft Gesetzes vorgeschriebene Existenz des Rechtsträgers qualitativ nicht von der Gründung einer Körperschaft des öffentlichen Rechts durch oder auf Grund eines Gesetzes unterscheidet. Die vorliegende Abwicklungskasse kann also grundsätzlich in vollem Umfang Trägerin von Rechten und Pflichten der beendeten Krankenkasse sein. Dieses Ergebnis wird zunächst bestätigt durch eine Vergleichsbetrachtung der Auseinandersetzungsphase für Vereine nach den §§ 48–53 des Bürgerlichen Gesetzbuches (BGB) sowie der Liquidationsverfahren von Personen- und Kapitalgesellschaften. Auch in diesen Fällen gilt der Grundsatz, dass der Rechtsträger in Liquidation als mit dem beendeten Rechtsträger identisches Rechtssubjekt fortbesteht und die (bereits begründeten) Rechte und Pflichten auf ihn übergehen.[231]

227 So auch: LArbG Düsseldorf, Urt. v. 07.09.2012, Az.: 6 Sa 138/12 Rn. 55 [juris].
228 So für die Liquidation des rechtsfähigen Vereins: *Weick*, in: Staudinger, § 49 Rn. 16.
229 *Weick*, in: Staudinger, § 49 Rn. 16.
230 ArbG Düsseldorf, Urt. v. 12.01.2012, Az.: 4 Ca 5507/11 Rn. 32 [juris].
231 Vgl. *Hadding*, in: Soergel Bd. 1, § 49 Rn. 1.

b. Reduzierung auf den Abwicklungszweck

Welche Folgen die Reduzierung auf den Abwicklungszweck für die Rechtsfähigkeit der Kasse während der Liquidationsphase hat, wird unterschiedlich beurteilt und soll im Folgenden untersucht werden. Ausgangspunkt der Problematik ist die Geltung der *„ultra-vires-Doktrin"* für juristische Personen des öffentlichen Rechts.

(aa) Die *„ultra-vires-Doktrin"*

Diese vor allem aus dem anglo-amerikanischen Rechtskreis bekannte Lehre[232] geht davon aus, dass die Rechts- und Handlungsfähigkeit eines Verbandes durch seinen Gründungszweck begrenzt wird[233], findet jedoch zumindest im deutschen Recht für die juristischen Personen des Privatrechts keine Beachtung.[234] Dort sind individuelle Beschränkungen der Rechts- und Handlungsfähigkeit gegenüber Dritten nicht wirksam zu vereinbaren, um eine Gefährdung des Rechtsverkehrs zu vermeiden. Angesichts der Schwierigkeit, eine tragfähige Einzelfallabgrenzung zwischen den vom Gründungszweck erfassten und den nicht erfassten Geschäften aufzustellen, wäre es für den Vertragspartner schlicht nicht abzuschätzen, ob sich die juristische Person im spezifischen Fall rechtswirksam verpflichten dürfte.

Anders stellt sich die Situation im Bereich der juristischen Personen des öffentlichen Rechts dar, wo die *„ultra-vires-Doktrin"* anerkannt ist.[235] Hier wird die Fähigkeit, sich als öffentlich-rechtlich errichteter Verwaltungsträger rechtsverbindlich zu betätigen, auf den Umfang der übertragenen Kompetenzen beschränkt.[236] Die dadurch vorbestimmten Grenzen des Wirkungskreises gelten nicht nur für hoheitliches Tätigwerden, sondern auch für die Fälle, in denen Verwaltungsträger ihre Aufgaben privatrechtlich erledigen, beziehungsweise fiskalische Hilfsgeschäfte tätigen.[237] Die Folge ist eine bloße Teilrechtsfähigkeit der juristischen Person, die sich an ihrer öffentlichen Aufgabe orientiert.[238]

---

232 *K. Schmidt*, § 8 V, S. 214; *Merkt/Göthel*, S. 208.

233 *Wade/Forsyth*, Administrative Law, S. 35; *Ehlers*, S. 37.

234 *K. Schmidt*, AcP 1984, S. 529 (530); *Michalski/Funke*, in: Michalski, GmbHG, § 13 Rn. 38.

235 BGH, Urt. v. 28.02.1956, Az.: I ZR 84/54, in: BGHZ 20, S. 119 (124); *Ehlers*, S. 17; *Michalski/Funke*, in: Michalski/Funke, § 13 Rn. 37.

236 Grundlegend: BGH, Urt. v. 28.02.1956, Az.: I ZR 84/54, in: BGHZ 20, S. 119 (126).

237 *Badura*, Staatsrecht, Seite 676 Rn. 17.

238 BGH, Urt. v. 28.02.1956, Az.: I ZR 84/54, in: BGHZ 20, S. 119 (124); *Badura*, Staatsrecht, Seite 676 Rn. 17.

Rechtliche Handlungen, die über den Rahmen der erteilten Rechtsfähigkeit hinaus vorgenommen worden sind, blieben nicht zurechenbar und müssten ebenfalls als „rechtlich nicht existent angesehen“[239] werden.

(bb) Das Sonderproblem eines Erlöschensautomatismus für liquidationsfremde Rechte und Pflichten

Bohlen-Schöning argumentiert, dass der Ansatz, die ehemalige Krankenkasse bestehe in der Körperschaft in Abwicklung fort, demnach insgesamt abzulehnen sei.[240] Die Abwicklungskasse unterscheide sich so deutlich von dem ursprünglichen Versicherungsträger, dass von einem Fortbestand zu Liquidationszwecken nicht gesprochen werden dürfe. In Weiterführung dieser Ausgangsthese kommt sie zu dem Schluss, dass für bestehende Dauerschuldverhältnisse durch „den Untergang des alten Trägers und die nur partielle Rechtsfähigkeit der KöR i.A.“[241] nunmehr der Vertragspartner abhanden gekommen sei. Diese Rechtsgeschäfte müssten dann bereits als allgemeine Folge der Schließung unwirksam sein.

Auch wenn die Ansicht auf den Grundsätzen der „ultra-vires-Theorie“ aufbaut und insofern von korrekten Prämissen ausgehen mag, kann ihr im Ergebnis nicht zugestimmt werden. In ihrer vollen rechtlichen Aussage widerspricht sie nicht nur dem insoweit eindeutigen Wortlaut des § 155 Abs. 1 S. 2 SGB V. Sie wird darüber hinaus nicht der *ratio* der „*ultra-vires-Doktrin*“ gerecht. Anzuerkennen ist zwar, dass die Kasse im Auseinandersetzungsstadium nur noch als teilrechtsfähige Körperschaft des öffentlichen Rechts angesehen werden *kann*.[242] Deswegen drängt sich die entscheidende Frage hinter *Bohlen-Schönings* Konklusion geradezu auf: Ist es möglich, dass die Kasse in Abwicklung in vollem Umfang Rechtsträger der bisher bestehenden Verpflichtungen bleibt, wenn diese nicht vom Abwicklungszweck erfasst sind und insoweit nach dieser Auffassung keine Rechtsfähigkeit (mehr) besteht?

Orientiert man sich ausschließlich an der Definition der Rechtsfähigkeit, so muss man zu dem Schluss kommen, dass „die Fähigkeit, Träger von Rechten und Pflichten“[243] zu sein, jedenfalls für solche Rechte und Pflichten, die als liquidationsfremd zu bezeichnen sind, nicht mehr gegeben ist. Damit wäre denknotwendig auch eine „Vollidentität“ der Rechtssubjekte vor und nach der Schließung zu

239 *Ehlers*, S. 23.
240 *Bohlen-Schöning*, KrV 2012, S. 101 (102).
241 *Bohlen-Schöning*, KrV 2012, S. 101 (102).
242 *Ehlers*, S. 22, m.w.N.
243 Vgl. *Schmitt*, in: MüKo-BGB, § 1 Rn. 6.

verneinen. Von einer Gesamtrechtsnachfolge könnte in der Konsequenz nicht mehr ausgegangen werden. Der bloße Verweis auf den Fortbestand der Rechtsfähigkeit im vereins- und gesellschaftsrechtlichen Liquidationsverfahren[244] vermag diesen Schluss nicht zu entkräften, da hierin nicht die Besonderheiten der Krankenkasse als Körperschaft des öffentlichen Rechts abgebildet sind. Immerhin ist im gesamten Zivilrecht mangels Geltung der *„ultra-vires-Doktrin"* nicht von einer Beschränkbarkeit der Rechtsfähigkeit auszugehen – weder innerhalb noch außerhalb der Auseinandersetzungsphase. Aus diesem Grund ist auch weitestgehend anerkannt, dass entgegen der in § 49 Abs. 2 BGB angeordneten, dem § 155 Abs. 1 S. 2 SGB wortgleichen Formulierung für die Liquidation von Vereinen, zwar eine Zweckreduzierung auf die Abwicklung erfolgt, diese aber keine Auswirkung auf ihre Rechtsfähigkeit haben soll.[245]

Dennoch ist aus der bloßen Teilidentität der beiden Rechtsträger nicht zu folgern, dass solche Rechtsverhältnisse, für die im Liquidationsstadium keine Rechtsfähigkeit mehr besteht, „schon nach allgemeinen Grundsätzen ipso iure entfallen"[246]. Dadurch würde die Existenz der *„ultra-vires-Doktrin"* im öffentlichen Recht missinterpretiert: Sie impliziert nicht ein automatisches Erlöschen bestehender Rechte und Pflichten, sondern sorgt bereits dafür, dass diese nicht wirksam entstehen können. Die Vermögensliquidation wiederum gehört „zum Kern der Abwicklung".[247] Der Zweck des § 155 SGB V liegt gerade darin, die laufenden Geschäfte, das heißt: die Geschäftstätigkeit insgesamt zu beenden.[248] Dabei ist die Aufgabe der Liquidatoren insbesondere darin zu sehen, Leistungen aus bereits bestehenden Verträgen ganz oder noch teilweise zu erbringen sowie (Dauer)Schuldverhältnisse zum nächstmöglichen Zeitpunkt zu kündigen.[249] Auch der BGH hat in seinem Urteil vom 22. März 2001 betreffend die Rechtsfähigkeit eines Vereins in Abwicklung auf diese Weise differenziert und angenommen, dass die Rechtsträgerschaft für bestehende Rechte des Vereins in jedem Fall unberührt bleibt, selbst wenn man von einem Verlust der Rechtsfähigkeit ausgehen wollte. Die Reduzierung auf den Abwicklungszweck könne sich allenfalls

244 *Arnold*, in: MüKO-BGB, § 49 Rn. 11; *Michalski/Funke*, in: Michalski/Funke, § 13 Rn. 41 (für die GmbH).

245 Statt vieler: *Weick*, in: Staudinger, § 49 Rn. 17.

246 *Gutzeit*, NZS 2012, S. 361 (365).

247 BGH, Versäumnisurt. v. 22.03.2001, Az.: IX ZR 373/98, in: NJW RR 2001, S. 1552 (1553).

248 *Haas*, in: Baumbach/Hueck, GmbHG, § 70 Rn. 4.

249 *Haas*, in: Baumbach/Hueck, GmbHG, § 70 Rn. 4.

isoliert auf den Erwerb neuer Rechte auswirken.[250] Diese Wertung muss ebenso für die Frage nach dem rechtlichen Schicksal von liquidationsfremden Rechten und Pflichten im Fall einer Kassenschließung gelten.[251] Ein Erlöschensautomatismus kann nicht angenommen werden.

3. *Beendigung der Beschäftigungsverhältnisse*

In Bezug auf die Behandlung der Beschäftigungsverhältnisse sieht das Krankenkassenrecht eine Reihe von Besonderheiten vor, die sich vor allen Dingen durch die Anordnung eines Unterbringungsverfahrens (§ 164 Abs. 3 SGB V) und eines gesetzlichen Beendigungstatbestandes (§ 164 Abs. 4 S. 1 SGB V) ausdrücken. Was die Beendigung von Beschäftigungsverhältnissen anbelangt, wurde diese in direkter Anwendung nur für den Bereich der Innungskrankenkassen geregelt. Dabei wird unterschieden zwischen den dienstordnungsmäßigen Angestellten (DO-Angestellten)[252] mit beamtenähnlichem Status, sowie den sonstigen Angestellten und Arbeitern.[253] Sind andere Kassenarten betroffen, wird vollständig oder teilweise über Verweisungsvorschriften hierauf Bezug genommen. Ihre Systematik soll im Folgenden untersucht werden.[254]

a. Das Unterbringungsverfahren

Ausgangspunkt für die rechtliche Behandlung der Vertragsverhältnisse von Krankenkassenbeschäftigten ist ein gesetzlich angeordnetes sogenanntes Unterbringungsverfahren.[255] Es legt fest, dass allen im Sinne des § 351 Abs. 1 RVO dienstordnungsmäßigen Angestellten der Krankenkasse (§ 164 Abs. 1 S. 1 SGB V), sowie den übrigen Arbeitnehmern (§ 164 Abs. 3 S. 3 SGB V) eine Chance auf Alternativbeschäftigung beim Landesverband oder einer anderen Kasse der

---

250 BGH, Versäumnisurt. v. 22.03.2001, Az.: IX ZR 373/98, in: NJW RR 2001, S. 1552 (1553).

251 BAG Urt. v. 21.11.2013, Az.: 2 AZR 598/12 Rn. 42 [juris],

252 Die dienstordnungsmäßigen Angestellten der Krankenkassen sind trotz der weitgehend öffentlich-rechtlichen Ausgestaltung ihres Anstellungsverhältnisses dennoch wie die übrigen Arbeitnehmer auf Grundlage eines privatrechtlichen Vertrages beschäftigt, siehe: BAG, Urt. v. 20.02.2008, Az.: 10 AZR 440/07, in: NZA 2008, S. 1095 (1095).

253 *Mühlhausen*, in: Becker/Kingreen, SGB V, § 164 Rn. 12.

254 Hierbei wird nicht auf die Verfassungsmäßigkeit des § 164 Abs. 4 S. 1 SGB V eingegangen.

255 Näher dazu: *Grau/Sittard*, KrV 2012, S. 6 ff.

jeweiligen Kassenart anzubieten ist.[256] Das „Stellenprofil" muss dabei in beiden Fällen bestimmten, im Gesetz umschriebenen Anforderungen entsprechen.

b. Die gesetzliche Beendigung der Beschäftigungsverhältnisse nach § 164 Abs. 4 SGB V

Können Betroffene nicht auf einer anderen Stelle untergebracht werden – hierzu kommt es wegen des „Angebotszwangs"[257] aus § 164 Abs. 3 SGB V nur bei einer Weigerung der Beschäftigen – regelt § 164 Abs. 4 S. 1 SGB V in einer zweiten Stufe, dass ihre Vertragsverhältnisse mit dem Tag der Schließung enden.[258] Bis zu den Urteilen des Bundesarbeitsgerichts vom 21. November 2013[259] waren Regelungscharakter und die tatbestandlichen Voraussetzungen des § 164 Abs. 4 SGB V nicht einheitlich geklärt. Beide Streitpunkte können nun abschließend unter Heranziehung der höchstrichterlichen Rechtsprechung beurteilt werden (aa). Ebenso hat das Gericht festgestellt, dass die gesetzliche Beendigung der Beschäftigungsverhältnisse nach § 164 Abs. 4 S. 1 SGB V auch für die ordentlich kündbaren Beschäftigten der Betriebs- und Ersatzkrankenkassen gilt (bb).[260]

(aa) Der Regelungscharakter von § 164 Abs. 4 SGB V

Gutzeit[261] und *Bohlen-Schöning*[262] sprachen sich übereinstimmend dafür aus, dass die Beendigung der Beschäftigungsverhältnisse bereits eine automatische Folge der bloßen Teilrechtsfähigkeit der Krankenkasse in Liquidation sei.[263] Insoweit habe § 164 Abs. 4 S. 1 SGB V lediglich deklaratorischen Charakter. Einen eigenständigen, „überschießenden" Regelungsgehalt der Vorschrift gebe es nur mit Blick auf die Beschäftigungsverhältnisse derjenigen, die noch zur Abwicklung

---

256 Zur bislang strittigen Frage, ob für die Erfüllung des § 163 Abs. 3 S. 1 und 3 SGB V ein Unterbringungserfolg nötig ist oder ein ordnungsgemäß durchgeführtes Angebot ausreicht siehe: LArbG Baden-Württemberg, Urt. v. 21.05.2012, Az.: 1 Sa 2/12 Rn. 51 [juris].

257 BAG, Urt. v. 21.11.2013, 2 AZR 495/12 Rn. 63 [juris].

258 Zur Problematik der Verfassungsmäßigkeit des § 164 Abs. 1 S. 2 SGB V siehe: LArbG Baden-Württemberg, Urt. v. 18.05.2012, Az.: 7 Sa 13/12 Rn. 56 ff. [juris].

259 BAG, Urt. v. 21.11.2013, Az.: 2 AZR 474/12 Rn. 38 ff. [juris] und Az.: 2 AZR 495/12 Rn. 38 ff. [juris].

260 BAG, Urt. v. 21.11.2013, Az.: 2 AZR 966/12 Rn. 39 ff. [juris] und Az.: 2 AZR 598/12 Rn. 49 ff. [juris].

261 *Gutzeit*, NZS 2012, S. 361 (366).

262 *Bohlen-Schöning*, KrV 2012, S. 101 (103).

263 Siehe ausführlich: Kapitel 3, § 12 C. II. 2.

gebraucht würden.[264] Wenngleich vom Liquidationszweck erfasst, müssten dabei auch ihre Verträge zum Zweck einer maximalen Handlungsfreiheit für die Kasse beendet werden.

Einer „automatischen" Beendigung in Folge der Kassenschließung kann jedoch – wie gezeigt – trotz Geltung der „*ultra-vires-Doktrin*" nicht zugestimmt werden.[265] Dagegen spricht außerdem, dass der Gesetzgeber das Zwei-Stufen-Verfahren im SGB V als sozialrechtliches *lex specialis* zur Abwicklung der Beschäftigungsverhältnisse – damit vorrangig vor den allgemeinen Kündigungsvorschriften – eingeführt hat. Dabei ging er gerade nicht davon aus, dass die Arbeitsvertragsverhältnisse zu einem gewissen Teil schon *ipso iure* beendet sein würden. § 164 Abs. 4 S. 1 SGB V setzt vielmehr voraus, dass der Beendigungsprozess über den Erfolg oder Misserfolg des Unterbringungsverfahrens zu strukturieren ist.

Dieses Ergebnis lässt sich nun auch der Rechtsprechung des Bundesarbeitsgerichts entnehmen. Die Beendigung der Beschäftigungsverhältnisse wird dort explizit nur am Maßstab des § 164 Abs. 3 und 4 SGB V gemessen und damit impliziert, dass der Vorschrift mehr zukommt als nur ein deklaratorischer Regelungscharakter.[266]

(bb) Sonderproblematik für Betriebs- und Ersatzkrankenkassen

Bemerkenswert ist die Verweisung des § 155 Abs. 4 S. 9 SGB V im Bereich der Betriebskrankenkassen sowie diejenige des § 171 S. 1 SGB V im Bereich der Ersatzkrankenkassen. Beide Normen nehmen zwar grundsätzlich auf das Zwei-Stufen-Verfahren von § 164 SGB V Bezug. Es wird jedoch jeweils angeordnet, dass das *Unterbringungs*verfahren des § 164 Abs. 3 S. 3 SGB V für nur außerordentlich kündbare Beschäftigte gelten soll. Dadurch werden der betroffene Landesverband sowie seine Mitgliedskassen von der Pflicht befreit, den ordentlich kündbaren Beschäftigten ein Angebot auf Weiterbeschäftigung machen zu müssen.

Gutzeit argumentierte, nur nach einem „naiven Normverständnis"[267] könne davon ausgegangen werden, die ordentlich kündbaren Beschäftigten von Betriebs- und Ersatzkassen seien insgesamt von den Rechtsfolgen des Beendigungsverfahrens

264 *Gutzeit*, NZS 2012, S. 361 (366).

265 LArbG Düsseldorf, Urt. v. 07.09.2012, Az.: 6 Sa 138/12 Rn. 71 [juris]; LArbG Baden-Württemberg, Urt. v. 21.05.2012, Az.: 1 Sa 2/12 Rn. 50 [juris].

266 BAG Urt. v. 21.11.2013, Az.: 2 AZR 474/12 Rn. 38 ff. [juris] und Az.: 2 AZR 495/12 Rn. 38 ff. [juris].

267 *Gutzeit*, NZS 2012, S. 361 (365).

ausgeschlossen. Er stellt darauf ab, dass die Gesamtverweisung auf § 164 Abs. 2 bis 4 SGB V nicht in Folge der Unanwendbarkeit des § 163 Abs. 3 S. 3 SGB V für ordentlich kündbare Beschäftigte aufgehoben sei. Sie werde vielmehr nur „partiell zurückgenommen“[268]. Auch die 7. Kammer des Landesarbeitsgerichts Baden-Württemberg geht in ihrem Urteil vom 18. Mai 2012 davon aus, dass der Gesetzgeber in einer bewussten Entscheidung von der Aufnahme der ordentlich kündbaren Arbeitnehmer in das Unterbringungsverfahren abgesehen habe, eine Beendigung ihrer Beschäftigungsverhältnisse aber nach § 164 Abs. 4 S. 1 SGB trotzdem gewollt sei.[269] Sie beruft sich dabei unter anderem auf eine Fragestunde in der Sitzung des Bundestages vom 11. Mai 2011, in der die Parlamentarische Staatssekretärin die Position der Bundesregierung zur Ausnahmeregelung der §§ 155 Abs. 4 S. 9, 171 S. 1 SGB V erläuterte. Dabei wurde die nur teilweise Bezugnahme auf das Unterbringungsverfahren damit begründet, dass auch bisher „keine gesetzlichen Schutzbestimmungen für die Beschäftigten von Betriebskrankenkassen und Ersatzkrankenkassen, deren Arbeitsplatz durch Schließung ihrer Krankenkasse weggefallen war“[270] bestanden hätten. Die nun nach dem GKV-OrgWG erfolgte Teilverweisung sei „einer Abwägung zwischen den Interessen der Betroffenen an einer Weiterbeschäftigung einerseits und dem Interesse der verbleibenden Krankenkassen der betroffenen Kassenart andererseits“[271] geschuldet. Damit – so folgerte das Gericht – sei die strittige, isolierte Anwendbarkeit der gesetzlichen Beendigungsfolge in § 164 Abs. 4 S. 1 SGB V „belegt“[272]. Die trotz Prüfung im Gesetzgebungsverfahren[273] unterlassene, weitere Klarstellung der Streitfrage im Gesetz zur Verbesserung der Versorgungsstrukturen in der gesetzlichen Krankenversicherung (GKV-VStG[274]) wurde außerdem dahingehend gedeutet, dass der Gesetzgeber sich eindeutig für die Beendigung ohne Unterbringungsverfahren ausgesprochen habe. Unabhängig davon und darüber hinausreichend sei „der Schutz eines bezahlbaren und funktionierenden sozialen Krankversicherungsschutzes“[275] Rechtfertigung für eine gesetzliche Beendigung auch dieser Arbeitsverhältnisse.

Die Gesetzesgenese vermag diesen Schluss jedoch nicht zu bestätigen. Im Ergebnis muss man dazu kommen, dass der Ausschluss vom Unterbringungsverfahren

268 *Gutzeit*, NZS 2012, S. 361 (365).
269 LArbG Baden-Württemberg, Urt. v. 18.05.2012, Az.: 7 Sa 13/12 Rn. 53, 54 [juris].
270 Plenarprotokoll 17/107, S. 12273, 12274.
271 Plenarprotokoll 17/107, S. 12273, 12274.
272 LArbG Baden-Württemberg, Urt. v. 18.05.2012, Az.: 7 Sa 13/12 Rn. 32 [juris].
273 Gesetz vom 22.12.2011, BT-Drs. 17/7274, S. 33.
274 BGBl. Jahrgang 2011, Teil I, S. 2983.
275 LArbG Baden-Württemberg, Urt. v. 18.05.2012, Az.: 7 Sa 13/12 Rn. 70 [juris].

auch die Nichtanwendbarkeit der Beendigungsfolge des § 164 Abs. 4 S. 1 SGB V bedingt. Ein nur teilweiser Ausschluss der ordentlich kündbaren Beschäftigten von der Regelung kann nicht vertreten werden, wenn man die Struktur des § 164 SGB V insgesamt betrachtet: Die Konzeption der Vorschrift ist der Systematik von §§ 16 bis 18 Beamtenstatusgesetz (BeamtStG) nachgebildet,[276] die im Grundsatz das „Lebenszeitprinzip als ein wesentliches Prinzip des Berufsbeamtentums"[277] schützt. Verliert eine Körperschaft des öffentlichen Rechts ihre Rechtsfähigkeit durch Eingliederung in eine andere, so gehen die Dienstverhältnisse *ipso iure* auf den neuen Dienstherren über, §§ 16 Abs. 1, 17 Abs. 1 BeamtStG. Eine Versetzung in den Ruhestand kann, wenn die vorhandene Zahl der Beamten den Bedarf übersteigt, nur als *ultima ratio* unter den zusätzlichen Voraussetzungen des § 18 Abs. 2 BeamtStG erfolgen. Für die dienstordnungsmäßigen Angestellten der Innungskrankenkassen, deren Rechte und Pflichten aus dem Beschäftigungsverhältnis beamtenähnlich gestaltet sind, sowie die übrigen Arbeitnehmer entfaltet § 164 SGB V einen wirkungsgleichen Schutzmechanismus[278], der dadurch entsteht, dass die gesetzliche Beendigung nach Absatz 4 rechtlich durch die erfolglose Unterbringung nach Absatz 3 der Norm bedingt wird. Wörtlich legt § 164 Abs. 4 S. 1 SGB V fest, dass nur die „Vertragsverhältnisse der Beschäftigten enden sollen, die nicht nach Absatz 3 untergebracht werden". Beide Regelungsteile sind in ihrer Systematik als einheitliches Konzept zu betrachten.[279] Gerade die erste Stufe des Verfahrens stellt die Rechtfertigung für eine drohende gesetzliche Beendigung der Beschäftigung dar und konkretisiert die schwierige Abwägung zwischen den Interessen der Beschäftigten einerseits und dem eines effizienten, kostensparenden Abwicklungsprozesses andererseits. Die einseitige Schwerpunktsetzung auf einen Beendigungsautomatismus liefe dem grundgesetzlich in Art. 12 GG verankerten Prinzip des Arbeitnehmerschutzes zuwider, welches seine Ausprägung nicht ausschließlich, aber insbesondere auch in den Kündigungsschutzvorschriften findet.[280] Anzuerkennen ist, dass die Funktionsfähigkeit der Sozialsysteme für die Gesundheitsversorgung der Bevölkerung und damit für das Gemeinwohl eine besonders hohe Bedeutung einnimmt.[281] Dies alleine kann jedoch nicht ein endgültiges Entfallen der Vertragsverhältnisse rechtfertigen. Im Rahmen einer Güterabwägung ist dem Schutz des GKV-Systems das Recht der Berufsfreiheit nach Art. 12 Abs. 1 GG

276 LArbG Baden-Württemberg, Urt. v. 21.05.2012, Az.: 1 Sa 2/12 Rn. 60 [juris].
277 BVerwG, Urt. v. 15.05.2009, Az.: 2 C 66/08 Rn. 16 [juris].
278 Vgl. *Grau/Sittard*, KrV 2012, S. 6 (6).
279 Vgl. LArbG Berlin-Brandenburg, Urt. v. 31.01.2013, Az: 5 Sa 1789/12 Rn. 36, 37 [juris].
280 *Schmidt*, in: ErfK, Art. 12 GG Rn. 36.
281 Beschl. v. 20.03.2001, Az.: 1 BvR 491/96, in: BVerfGE 103, Sa 172 (184, 185).

gegenüberzustellen, das vom Gesetzgeber jedenfalls die Schaffung eines Mindeststandards an arbeitnehmerschutzrechtlicher Vorschriften verlangt.[282] Vor diesem Hintergrund muss die Normverweisung dahingehend interpretiert werden, dass ordentlich kündbare Beschäftigte der Betriebs- und Ersatzkrankenkassen insgesamt und absolut vom Verfahren des § 164 SGB V auszunehmen sind. Ein anderslautender gesetzgeberischer Wille ist nicht ersichtlich. Die Begründung zum Regierungsentwurf des GKV-OrgWG lässt für sich genommen nur den Schluss zu, dass durch die Verweisung auf die § 164 Abs. 2 bis 4 SGB V die Sicherung der Beschäftigungsverhältnisse von DO-Angestellten und unkündbaren Beschäftigten verbessert, das heißt dem Standard bei Innungskrankenkassenschließungen angepasst werden sollte.[283] Jedoch kann aus der Nichtbeteiligung der ordentlich kündbaren Arbeitnehmer am Konzept des § 164 SGB V nicht auf eine bewusste Schlechterstellung dieser Beschäftigtengruppe geschlossen werden. Anhaltspunkte für eine solche Gegenfolgerung gibt die Gesetzesbegründung nicht. Die Äußerungen der Parlamentarischen Staatssekretärin in der Bundestagssitzung vom 11. Mai 2011 mögen Ausdruck der Sichtweise innerhalb der Bundesregierung sein, sind jedoch nicht geeignet, einen Akt der Legislative inhaltlich zu konkretisieren.[284] Das Nicht-Tätigwerden des Gesetzgebers trotz einer entsprechenden Anregung aus dem Bundesrat ist vor dem Hintergrund der unterschiedlichen Interpretationsmöglichkeiten zu bedauern, hat jedoch per se – ohne eine weitere Einlassung zum Thema – keinen Erklärungswert.

In seinen Urteilen vom 21. November.2013[285] hat das Bundesarbeitsgericht diese Normauslegung ausdrücklich bestätigt. Dass die ordentlich kündbaren Beschäftigten dadurch übervorteilt werden, dass § 164 Abs. 4 S. 1 SGB V für sie keine Anwendung findet, trifft nicht zu. Während die dienstordnungsmäßigen Angestellten und ordentlich unkündbare Beschäftigte die Chance auf Weiterbeschäftigung erhalten müssen, droht allen anderen ohne die Beteiligung am Unterbringungsverfahren und angesichts der Krankenkassenschließung jedenfalls mittelfristig ein Verlust des Arbeitsplatzes aufgrund einer betriebsbedingten Kündigung.[286]

282 BVerfG Urt. v. 24.04.1991, Az.: 1 BvR 1341/90, in: BVerfGE 84, S. 133 (147); LSG Hamburg, Urt. v. 28.06.2012, Az.: L 1 KR 148/11 Rn. 38 [juris].

283 BT-Drs. 16/9559, S. 19.

284 LArbG Baden-Württemberg, Urt. v. 21.05.2012, Az.: 1 Sa 2/12 Rn. 72 [juris].

285 BAG, Urt. v. 21.11.2013, Az.: 2 AZR 966/12 Rn. 39 ff. [juris] und Az.: 2 AZR 598/12 Rn. 49 ff. [juris].

286 BAG, Urt. v. 21.11.2013, Az.: 2 AZR 598/12 Rn. 61 [juris].

4. Beendigung der Mitgliedschaftsverhältnisse

Blickt man auf die Frage, wie sich die Kassenschließung konkret auf die Situation der Versicherten auswirkt, so muss zwischen dem Versicherungsverhältnis und dem Mitgliedschaftsverhältnis der Betroffenen unterschieden werden. Wie bereits dargestellt erwächst der Krankenversicherungsschutz in der GKV kraft Gesetzes, wenn eine Tatbestandsvariante des § 5 SGB V erfüllt ist.[287] Dagegen kann die Mitgliedschaft bei einer bestimmten Krankenkasse erst beginnen, wenn der Versicherte sein Kassenwahlrecht ausgeübt hat.[288] Sie stellt dabei nicht nur die „korporationsrechtliche"[289] Ebene des Versicherungsverhältnisses dar, sondern konkretisiert dieses auch, indem erst durch sie die Leistungs- und Beitragspflichten gegenüber einer bestimmten Kasse ausgelöst werden.[290]

Für das Kassenschließungsverfahren bedeutet die Unterscheidung, dass der Versicherungsschutz in Folge seiner Begründung durch Gesetz „unabhängig vom rechtlichen und wirtschaftlichen Schicksal der konkreten Krankenkasse"[291] existiert, die Betroffenen also zu keiner Zeit versicherungslos sind. Berührt sind alleine der Aspekt der Mitgliedschaft sowie die Frage, gegenüber wem die Rechtsbeziehungen aus dem Versicherungsverhältnis bestehen. Die Mitgliedschaften enden dabei nicht bereits als automatische Folge der Verfahrenseröffnung, sondern erst durch die Ausübung des Sonderwahlrechts nach § 175 Abs. 3a SGB V.[292] Gemäß § 155 Abs. 2 S. 6 SGB V muss der Abwicklungsvorstand die Mitglieder auf die besonderen Fristen für die Ausübung des Kassenwahlrechts und die Konsequenzen einer Fristversäumung hinweisen, § 175 Abs. 3a SGB V. Danach sind die Betroffenen verpflichtet, innerhalb von sechs Wochen nach Zustellung des Schließungsbescheids eine Meldebescheinigung über die Mitgliedschaft bei einer neuen Kasse vorzulegen. Tun sie dies nicht, so werden sie in einer Art „Auffangverfahren" gemäß §§ 175 Abs. 3a S. 2, 175 Abs. 3 S. 2 SGB V innerhalb von zwei Wochen bei derjenigen Krankenkasse angemeldet, bei der zuvor – das heißt: vor dem Wechsel zu der geschlossenen Kasse – eine Mitgliedschaft bestanden hatte.[293] Insgesamt soll die Kassenneuwahl damit innerhalb der acht Wochen

287 Siehe ausführlich: Kapitel 2, § 6.

288 *Baier*, in: Krauskopf, Bd. 2, § 186 SGB V Rn. 3.

289 *Leitherer*, in: Schulin, Bd. 1, § 19 Rn. 2.

290 *Michels*, in: Becker/Kingreen, SGBV, § 186 Rn. 1.

291 *Kingreen*, ZESAR 2007, S. 139 (143).

292 Anders: *Gutzeit*, NZS 2012, S. 361 (366).

293 Für die Fälle, in denen auch diese Meldung nicht vorgelegt wird, bestimmt nach § 175 Abs. 3 S. 3 SGB V der Spitzenverband Bund der Krankenkassen die Regeln über die Zuständigkeit.

erfolgt sein, die mindestens zwischen der Zustellung des Schließungsbescheids und der Wirksamkeit der Schließung liegen müssen. Bis zu diesem Moment hat die Kasse damit alle ihre Mitglieder verloren. Mit Beendigung der juristischen Person, das heißt, spätestens bei Wirksamwerden der Schließung laufen zwangsläufig sowohl die Leistungsansprüche (siehe § 19 Abs. 1 SGB V) als auch die Beitragspflichten aus.[294] Darum kommt es bei der Kassenschließung entscheidend darauf an, dass der Versicherungsschutz „durch die freie Wahl einer neuen Krankenkasse"[295] konkretisiert wird. Die Auswirkungen eines Kassenwechsels werden dadurch abgemildert, dass gemäß § 19 Abs. 1 a S. 1 SGB V die bereits getroffenen Leistungsentscheidungen der zu schließenden Kasse grundsätzlich[296] auch für die übernehmende Kasse gelten.

5. *Verträge mit Leistungserbringern*

Verträge mit den Leistungserbringern bestehen – falls keine vertraglichen Kündigungsrechte vereinbart sind und ausgeübt werden – so lange fort, bis die Kasse vollständig abgewickelt und aufgelöst ist. Neue Ansprüche aus den Leistungserbringungsverträgen entstehen allerdings dann nicht mehr, wenn in Folge der Mitgliedschaftsbeendigungen keine Gesundheitsleistungen zu Lasten der Kassen in Anspruch genommen werden können.

6. *Verträge mit anderen Gläubigern*

Angesichts fehlender Sonderregelungen im Abwicklungsrecht des SGB V bleibt, wenn keine Kündigungsmöglichkeiten vereinbart sind, höchstens die Lösung, einen Aufhebungsvertrag zu schließen oder sich vergleichsweise zu einigen.[297] Im Übrigen bestehen die Verpflichtungen fort, bis die Kasse vollständig abgewickelt ist.

294 Zu beachten sind die §§ 192, 193 SGB V über das Fortbestehen der Mitgliedschaft, so auch: *Nebendahl*, in: Spickhoff, SGB V, § 186 Rn. 5; *Bohlen-Schöning*, KrV 2012, S. 101 (102). Siehe zur Fortgeltung von Leistungsentscheidungen: § 19 Abs. I SGB V.

295 *Kingreen*, ZESAR 2007, S. 139 (143). Siehe zum gesetzgeberischen Bestreben, eine rechtswidrige Einschränkung des freien Kassenwahlrechts so weit als möglich zu vermeiden: BT-Drs. 17/6906, S. 93, 94.

296 Dies gilt jedoch nicht für Satzungsleistungen, *Michels*, in: Becker/Kingreen, SGB V, § 19 Rn. 3 a.

297 Allgemein dazu: *Helm/Haaf*, in: Müller/Winkeljohann, § 16 Rn. 40.

7. Haftungssystematik im Kassenschließungsverfahren

Im Rahmen der Abwicklungsvorschriften sieht das Krankenkassenrecht eine besondere sozialrechtliche Haftungsgarantie vor, welche die Verpflichtung zur Erfüllung der noch bestehenden Kassenverbindlichkeiten kaskadenförmig verteilt.[298] Die Untersuchung zeigt, dass sich im Rahmen beständiger Gesetzesreformen zwar die Träger der Ausfallhaftung im Sinne von § 155 Abs. 4 S. 4 ff. SGB V geändert haben (a.), das ursprüngliche Konzept einer Garantiehaftung[299] jedoch bis heute unberührt geblieben ist (b.).

a. Entstehungsgeschichte

Grundlage der Haftung für Verpflichtungen, die von der geschlossenen Krankenkasse nicht mehr erfüllt werden können, bilden die bereits unter Geltung der RVO bestehenden Regelungen zur Schließung von Betriebskrankenkassen. Sie wurden durch das Gesundheitsstrukturgesetz (GSG) vom 21. Dezember 1992 in § 155 Abs. 4 a.F. SGB V übernommen und finden sich im aktuellen Gesetzestext in § 155 Abs. 4 S. 1 bis 3 SGB V wieder.[300] Umfasst wird der „klassische Fall" einer Betriebskrankenkasse, die durch einen Arbeitgeber gemäß § 147 Abs. 1 SGB V für einen oder mehrere seiner Betriebe errichtet wurde, und nach dem früher geltenden § 245 Abs. 3 RVO nur für Betriebsbeschäftigte zugänglich war.[301] Auch wenn Betriebskrankenkassen nach nunmehr geltendem Recht eine satzungsmäßige Klausel vorsehen können, die sie für jedermann wählbar macht, galt früher und gilt im gegenteiligen Fall bis heute: Falls das Vermögen der in diesem Sinne *geschlossenen* Kasse nicht ausreicht, um alle Gläubiger zu befriedigen, trifft den Arbeitgeber eine gesetzliche Ausfallhaftung, die weder nach der Art der Verbindlichkeit unterscheidet noch der Höhe nach begrenzt ist.

Bereits durch das Gesundheits-Reformgesetz (GRG) vom 20. Dezember 1988 wurde dieser Haftungsmodus durch eine Garantieträgerschaft des Landesverbandes ergänzt. Um den „Insolvenzschutz der Gläubiger zu verstärken"[302], sollte der Landesverband künftig für solche Verbindlichkeiten haften, die durch das Vermögen

---

298 Vgl. *Uwer*, GesR 2009, S. 113 (118), der im Rahmen von § 171d SGB V von einer Haftungskaskade spricht.

299 *Felix*, NZS 2005, S. 62. Ein Überblick über die Abwicklung juristischer Personen des öffentlichen Rechtsfindet sich bei *v. Lewinsky*, S. 191 ff.

300 BT-Drs. 11/2237, S. 211.

301 *Hänlein*, in: LPK-SGB V, § 4 Rn. 15; BSG, Urt. v. 20.12.1962, Az. 3 RK 31/58, in: BSGE 18, S. 190 (195).

302 BT-Drs. 11/2237, S. 211. § 164 SGB V des Gesetzesentwurfs steht für § 155 SGB V im späteren Gesetzestext.

des Arbeitgebers nicht abgedeckt waren. Im Zuge einer weiteren Gesetzesänderung wurde durch das GSG eine zusätzliche Ausfallhaftung des BKK-Bundesverbandes für die Konstellation eingeführt, dass ein Landesverband nicht bestand oder die Betriebskrankenkasse einem Landesverband nicht angehörte. Diese Ausweitung der Haftungsregelungen war nach der Einführung des freien Kassenwahlrechts nötig geworden, um der Öffnung der Krankenkasse, sprich: der potentiellen Wählbarkeit der Kasse für alle Versicherten in ihrem jeweiligen örtlichen Zuständigkeitsbereich, zu begegnen.[303] Der Gesetzgeber hatte damit darauf reagiert, dass im Fall der Mitgliedschaft von „betriebsfremden" Personen bei der Betriebskrankenkasse eine Haftung des ursprünglichen Trägerbetriebs nicht mehr in Betracht kommen konnte[304] und deswegen die bereits dargestellte Defizithaftung dem Landesverband beziehungsweise dem Bundesverband auferlegt, § 155 Abs. 4 S. 4 ff. SGB V.[305] Mit dem GKV-WSG, in Kraft getreten am 1. April 2007, wurde die „Verbandshierarchie"[306] im Bereich der gesetzlichen Krankenversicherung in weitreichendem Umfang geändert und dementsprechend die organisatorische Abwicklung der Haftung dem neu gegründeten GKV-Spitzenverband übertragen. Adressaten der Haftungsverpflichtung nach § 155 Abs. 4 S. 4 SGB V sollten in Fortführung „des alten Rechts" zwar nach wie vor die übrigen Betriebskrankenkassen bleiben, jedoch wurde nunmehr die Unterscheidung zwischen Landes- und Bundesverband zu Gunsten einer „kassenartzentrierten" Haftung aufgegeben.[307] In einem abschließenden Schritt wurde durch das GKV-OrgWG der § 155 Abs. 4 S. 6 SGB V eingefügt, welcher unter den weiteren Voraussetzungen des § 171d Abs. 2 S. 1 SGB V eine nachrangige Haftung aller anderen gesetzlichen Kassen im GKV-System anordnet, falls die eigene Kassenart nicht zur vollständigen Erfüllung in der Lage ist. Für die Haftung im Fall der Schließung einer Ortskrankenkasse beziehungsweise von Ersatz- sowie Innungskrankenkassen wird entsprechend auf den Inhalt des § 155 SGB V verwiesen.[308]

303 BT-Drs. 12/3608, S. 110, 111.

304 BT-Drs. 12/3608, S. 111.

305 Zur früheren Kritik an dem Prinzip der Landesverbandshaftung siehe: *Felix*, NZS 2005, S. 57 (61).

306 *Hänlein*, in: LPK-SGB V, vor §§ 207–219 a Rn. 1.

307 BT-Drs. 16/4247, S. 50.

308 Siehe § 146a S. 3 (Ortskassen), § 164 Abs. 1 S. 6 (Innungskassen), § 171 S. 2 SGB V (Ersatzkassen).

b. Prinzip der Garantiehaftung

Insgesamt ist die Vorschrift des § 155 Abs. 4 SGB V „einer gesetzlich angeordneten Bürgschaft vergleichbar“[309]ausgestaltet.

(aa) Feststellung der Haftungssumme

Hat der Vorstand die Auflösung der Kasse öffentlich bekannt gemacht, müssen die Gläubiger ihre Forderungen anmelden. Das Gesetz macht selbst nicht deutlich, wem gegenüber die Gläubiger die Anmeldung zu betreiben haben. Da gemäß § 155 Abs. 1 S. 1 SGB V der Vorstand einer geschlossenen Kasse zur Abwicklung berufen ist, muss aber die Berücksichtigung der Forderung im Auseinandersetzungsverfahren denknotwendig ihm gegenüber angezeigt werden. § 155 Abs. 2 S. 2 SGB V enthält eine Präklusionsfrist von sechs Monaten, die jedoch nur zum Tragen kommt, wenn darauf in der Bekanntmachung hingewiesen wurde. Wird die Anmeldefrist versäumt, *kann* die Erfüllung gemäß § 155 Abs. 2 S. 2 SGB V verweigert werden. Konkretisierende Angaben zum Ablehnungsermessen finden sich weder in den Materialen zum Gesetzgebungsverfahren noch in der sozialrechtlichen Kommentarliteratur. Jedoch sollte im Sinne einer gerechten Abwägung zwischen den Gläubigerinteressen und dem Ziel einer Haftungsminimierung dafür eingetreten werden, dass der Hinweis auf die Präklusion nicht nur fakultativ, sondern in jedem Fall mit der Bekanntmachung öffentlich gemacht wird. Bekannte[310] Gläubiger sind ohnehin hiervon in Kenntnis zu setzen. Haben auch alle anderen Kenntnis von der Ausschlussfrist und sind sie demnach in der Lage, ihre Forderungen entsprechend rechtzeitig anzumelden, so müssen ihre Belange als ausreichend berücksichtigt gelten. Bei Nichteinhaltung der Frist sollte angesichts einer drohenden Dritthaftung für Arbeitgeber oder andere Krankenkassen dann aber ohne Ausnahme die Möglichkeit („kann“) der Erfüllungsverweigerung erfolgen.

Bemerkenswert ist, dass innerhalb des § 155 Abs. 4 SGB V weder nach Art noch Umfang der Ansprüche differenziert wird. Das Gesetz spricht vielmehr im höchsten Grad der Verallgemeinerung von „Verpflichtungen“ und legt damit eine vollumfassende Haftung für alle Verbindlichkeiten fest, die im Zeitpunkt der Schließung bestanden haben und während der Abwicklungsphase entstehen.[311]

309 *Felix*, NZS 2005, S. 57 (59); so auch: *Mühlhausen*, in: Becker/Kingreen, SGB V, § 155 Rn. 17.

310 Vor allen Dingen die Vertragspartner, so: *Felix*, NZS 2005, S. 62.

311 So auch: *Bultmann*, MedR 2009, S. 25 (32); *Felix*, NZS 2005, S. 57 (58).

(bb) Haftungskaskade

Reicht das Vermögen der Kasse bei Schließung nicht aus, um alle Gläubiger zu befriedigen, so haftet für den Fall, dass die Krankenkasse nur für Betriebsangehörige errichtet ist, der Betriebsträger gemäß § 155 Abs. 4 S. 1 SGB V und subsidiär die übrigen Betriebskrankenkassen. Haben sich Betriebskrankenkassen durch Satzungsbeschluss im Sinne des § 173 Abs. 2 S. 1 Nr. 1 SGB V *geöffnet* und sind von allen wahlberechtigten Versicherungspflichtigen wählbar, so bestimmt sich der Haftungsmodus – wie für die anderen Krankenkassen – ohne die Beteiligung des Arbeitgebers nach § 155 Abs. 4 S. 4 und 5 SGB V. In diesem Fall wird die Einstandspflicht für Fehlbeträge kaskadenförmig verteilt. Als originär zuständiger Haftungsverbund sind danach die Kassen derselben Kassenart zur Erfüllung verpflichtet. Sind sie dazu „nicht in der Lage", haftet insoweit subsidiär das System der gesetzlichen Krankenkassen insgesamt, § 155 Abs. 4 S. 6 SGB V. Wann die Haftungsobergrenze der Gesamtheit von Betriebskrankenkassen erreicht ist, regelt eine Rechtsverordnung des Bundesministeriums für Gesundheit, die auf Grund des § 171d Abs. 2 S. 1 SGB V mit Zustimmung des Bundesrates erlassen wurde.[312] Die Verordnung zur Aufteilung und Geltendmachung der Haftungsbeträge durch den Spitzenverband Bund der Krankenkassen bei Insolvenz oder Schließung einer Krankenkasse (KKInsOV) sieht in § 3 Abs. 1 S. 1 vor, dass die Maximalhaftung der betroffenen Kassenart auf eine Summe von 2,5 Prozent jenes Geldbetrags limitiert sein soll, der jährlich an Zuweisungen aus dem Gesundheitsfonds an die Kassenart fließt.[313] Die tatsächliche Umsetzung der Ausfallhaftung obliegt dem Spitzenverband Bund der Krankenkassen (SpiBuKK). Kann die Krankenkasse ihre Verpflichtungen also nicht selbst erfüllen, hat sich der Abwicklungsvorstand im Schließungsverfahren an den Spitzenverband zu wenden.[314] Dieser stellt der geschlossenen Krankenkasse zunächst die erforderlichen Mittel zur Verfügung, damit sie ihre Zahlungsverpflichtungen erfüllen kann.

Dieses Vorgehen lässt sich jedoch nicht direkt dem Gesetz entnehmen. § 155 Abs. 4 S. 5 bis 7 SGB V beschreibt die Rolle des Spitzenverbandes nur insofern, als er für die Ermittlung der Haftungsbeträge und deren Geltendmachung bei

---

312 Verordnung zur Aufteilung und Geltendmachung der Haftungsbeträge durch den Spitzenverband Bund der Krankenkassen bei Insolvenz und Schließung einer Krankenkasse (KKInsoV), BGBl. Jahrgang 2010, Bd. I, S. 2.

313 Zur Ermittlung des Gesamtbetrags siehe § 3 Abs. 2 KKInsoV sowie *Rehm*, KrV 2013, S. 12 (13ff.).

314 *Baier*, in: Krauskopf, Bd. 2, § 155 SGB V Rn. 23.

den jeweils verpflichteten Kassen zuständig ist. Dass dieser der geschlossenen Kasse vorab auch Mittel zur Verfügung stellt, ergibt sich jedoch indirekt aus der Systematik der KKInsoV. Sie legt fest, dass sich der Spitzenverband Bund bei den verpflichteten Haftungskassen refinanziert, indem er per Bescheid die an den empfangenen Zuweisungen aus dem Gesundheitsfonds orientierten Beträge rückwirkend geltend macht. § 5 Abs. 2 S. 1 der Verordnung sieht vor, dass die Kassen diese spätestens innerhalb von zwei Monaten an den Spitzenverband zu zahlen haben. Klagen gegen die Geltendmachung der Beträge und ihre Vollstreckung haben keine aufschiebende Wirkung, § 155 Abs. 4 S. 7 SGB V.

Obwohl bereits im Gesetzgebungsverfahren zum GKV-WSG der gemeinsame Gesetzesentwurf der Bundestagsfraktionen von CDU/CSU und SPD ausdrücklich eine Abänderung der bisher geltenden Haftungsregeln bei Kassenschließungen vorgesehen war, hat der Gesetzgeber die schon unter Geltung der RVO bestehenden Grundsätze beibehalten. Von den Entwurfsverfassern war gefordert worden, das Haftungsregime im Krankenkassenrecht an die neuen wettbewerblichen Strukturen im Recht der Krankenkassen anzupassen und die solidarische Haftung zugunsten der insolvenzrechtlichen Abwicklungsvorschriften im Fünften Teil der Insolvenzordnung aufzugeben.[315] Obgleich das Sozialrecht insgesamt eine wettbewerbliche Prägung erfahren hat, wurde eine Anpassung im Bereich des Organisationsrechts der gesetzlichen Krankenkassen, hier: im Schließungsrecht, nicht vorgenommen. Vielmehr entschied der Gesetzgeber auf Entschlussempfehlung des Ausschusses für Gesundheit vom 1. Februar 2007 hin, das geltende Recht übergangsweise, bis zur angestrebten Einführung der Insolvenzfähigkeit aller Krankenkassen, zu übernehmen.[316] Das *Konzept* der Krankenkassenschließung und ihrer Haftungsregelungen hat jedoch auch nachträglich durch diesen Reformschritt keine Änderung erfahren. Kritisch zu betrachten ist dabei die nach wie vor bestehende Dimension der Ausfallhaftung nach § 155 Abs. 4 S. 1 SGB V. Dadurch, dass undifferenziert eine Haftung für „die Verpflichtungen" der geschlossenen Krankenkasse normiert wird, scheint das Verfahren der Kassenschließung zwar den Anspruch zu erfüllen, eine systemrelevante Körperschaft „nach sozialstaatlichen Maßgaben"[317] abzuwickeln. Jedoch werden in Folge des Wortlauts von § 155 Abs. 4 S. 1 SGB V nicht nur „versicherungsrelevante" Forderungen erfasst, sondern auch die Forderungen von Arbeitnehmern und anderen nicht-privilegierten Gläubigern.

315 BT-Drs. 16/3100, S. 154.

316 BT-Drs. 16/4247, S. 50.

317 *Lundberg/Sänger*, ZInsO 2012, S. 1556 (1560).

Zu hinterfragen ist, warum alle bestehenden Verpflichtungen einer geschlossenen Kasse in identischer Weise erfüllt werden müssen, obwohl ihre unterschiedlich starke Prägung durch das Prinzip der Sozialstaatlichkeit unverkennbar ist. Nach hier vertretener Auffassung muss es für die Behandlung der Forderungen im „sozialstaatlichen" Schließungsverfahren eine Rolle spielen, inwiefern sie tatsächlich mit Art. 20 Abs. 1 GG in Verbindung gebracht werden können und deswegen im Vergleich zu anderen Forderungen als privilegiert anzusehen sind. Entsprechend der verfassungsrechtlich verankerten Aufgabe des Gesetzgebers, ein Mindestmaß an staatlicher Gesundheitsfürsorge zu etablieren, sind im Schließungsfall denknotwendig Forderungen von Versicherten sowie von Leistungserbringern zu garantieren. Dass allerdings das Sozialstaatsprinzip auch die volle Ausfallshaftung für alle rechtfertigen soll, ist im Ergebnis nicht erklärbar. Eine qualitative Abstufung der bestehenden offenen Forderungen anhand der verfassungsrechtlichen Hintergründe der gesetzlichen Krankenversicherung wäre im Sinne einer Haftungsminimierung für die haftenden Kassen erstrebenswert. § 155 Abs. 4 S. 1 SGB V nimmt eine solche Differenzierung nicht vor.

§ 13 Abschließende Bewertung

Bei der Untersuchung des Krankenkassenorganisationsrechts wird deutlich, dass sich die Maßnahmen der Kassen und die Handlungsmöglichkeiten der Aufsichtsbehörden zentral auf das Prinzip der Stabilität durch Solidarität stützen. Ihr Ziel ist es, die Funktionsfähigkeit des GKV-Systems insgesamt aufrechtzuerhalten. Dabei lassen sie sich in ein dreistufiges Konzept aus (finanzieller) Sanierung, Fusionierung und Schließung einteilen.

Muss die gesetzliche Krankenversicherung bereits im Hinblick auf ihre sozialrechtlich weitgehend vorgegebenen Einnahme- und Leistungsvorschriften als geschlossenes System angesehen werden, so setzt sich diese Grundausrichtung im Bereich des Organisationsrechts fort: Möglichkeiten zur finanziellen Unterstützung bieten sich nur im Verhältnis der Krankenkassen untereinander – gleich, ob sie privatautonom vereinbart oder unter Mitwirkung beziehungsweise auf Initiative der zuständigen Aufsichtsbehörde begründet worden sind. Diese präventiven Maßnahmen entsprechen zwar einerseits der Logik einer solidarischen Wettbewerbsordnung. Andererseits führt das „Solidarkonzept" unter den Bedingungen einer wettbewerblichen Konkurrenz zwischen den Kassen nicht immer zu passenden Lösungen. Der sozialrechtliche Handlungskatalog und der Wettbewerbsgedanke im Krankenkassenrecht stoßen nicht nur dort an die Grenzen ihrer Vereinbarkeit, wo ehemalige Konkurrenten für die nicht erfüllten Verpflichtungen eines anderen Versicherungsträgers nach dessen Marktaustritt haften müssen. Zusätzlich ist es die GKV-interne Gewährung von finanziellen Hilfen, die nicht mehr uneingeschränkt mit den heterogenen Interessen der einzelnen Krankenkassen kompatibel ist.[318] Insgesamt muss man zu dem Fazit kommen, dass im Gegensatz zum übrigen SGB V der Wettbewerbsgedanke noch nicht im Organisationsrecht der Krankenkassen angekommen ist. Stattdessen sind die dortigen Regelungen konsequent im solidarischen System verhaftet. Das sollte sich nach der gesetzgeberischen Absicht durch die Herstellung der Insolvenzfähigkeit aller gesetzlichen Krankenkassen ändern.[319]

318 *Bohlen-Schöning*, KrV 2009, S. 289 (290).
319 BT-Drs. 16/9559, S. 15.

Kapitel 4 Das Krankenkasseninsolvenzverfahren

Abstrakt betrachtet stellt die „Insolvenz“ einen wirtschaftlichen Zustand dar, der im Gesetz durch die Eröffnungsgründe der Zahlungsunfähigkeit, der drohenden Zahlungsunfähigkeit sowie der Überschuldung erfasst wird, und dem Grundsatz nach ein gerichtliches Insolvenzverfahren nach sich zieht.[320] Durch die Reform des Krankenkassenorganisationsrechts können die Vorschriften der InsO nun auch bei einer finanziellen, insolvenzbegründenden Krise von Krankenversicherungsträgern zur Anwendung kommen. Die rechtlichen Besonderheiten, die sich in Folge der Insolvenzfähigkeit (§ 14) aller gesetzlichen Krankenkassen ergeben, sind Gegenstand des folgenden Kapitels. Dabei soll nicht nur der sich ergebende *Methoden*konflikt (§ 15) zwischen dem Krankenkasseninsolvenzverfahren und den Schließungsvorschriften untersucht werden. Es wird vor allen Dingen auch zu zeigen sein, wie sich die als *Ziel*konflikt (§§ 16, 17) zu bezeichnenden Friktionen zwischen insolvenz- und sozialversicherungsrechtlichen Vorschriften darstellen und welche rechtlichen Schritte zu ihrer Behebung erforderlich sind. Die Untersuchung orientiert sich dabei am Ablauf eines Regelinsolvenzverfahrens (§§ 18 ff.).

§ 14 Die Insolvenzfähigkeit von Krankenkassen

Die Insolvenzfähigkeit ist eine Eröffnungsvoraussetzung, die am Beginn jedes Insolvenzverfahrens durch das Insolvenzgericht überprüft wird. Mit den §§ 11, 12 InsO sind den allgemeinen Eröffnungsvorschriften zwei Normen vorangestellt, die im Speziellen die „Zulässigkeit des Insolvenzverfahrens“ regeln, und gemäß der Begründung zum Regierungsentwurf der Insolvenzordnung[321] festlegen sollen, welche Rechtsträger und Vermögensmassen Subjekt des Verfahrens sein können.[322] Terminologisch wird diese Beteiligtenfähigkeit am Insolvenzverfahren

320 Vgl. *Pape*, in: Uhlenbruck, § 1 Rn. 2. Unter bestimmten Voraussetzungen ist auch eine Eigenverwaltung möglich, siehe: Kapitel 4, § 20 D. III.

321 BT-Drs. 12/2443, Entwurf einer Insolvenzordnung (RegE InsO 1992), S. 112, wobei der heutige § 11 InsO dort im Regierungsentwurf als § 13 RegE gelistet ist. So auch: *Hirte*, in: Uhlenbruck, § 11 Rn. 1; *Ehricke*, in: Jaeger, § 11 Rn. 1.

322 Die Regelungen der §§ 11, 12 InsO verdrängen dabei als speziellere Normen im Kontext des Insolvenzverfahrens die Vorschriften des § 50 Zivilprozessordnung (ZPO), der die Parteifähigkeit im Zivilprozess regelt, *Uhlenbruck/Gundlach*, in: Gottwald, § 5 Rn. 2.

auch als Insolvenzverfahrensfähigkeit des Schuldners – verkürzt: Insolvenzfähigkeit – umschrieben.[323] Die gesetzlichen Krankenkassen sind als Körperschaften des öffentlichen Rechts von §§ 11 Abs. 1 S. 1 InsO umfasst. Sie konnten und können damit grundsätzlich Schuldner in einem Insolvenzverfahren sein. Die Regelung des § 11 InsO erfährt allerdings durch den nachfolgenden § 12 Abs. 1 InsO im Hinblick auf juristische Personen des öffentlichen Rechts eine Restriktion, um – nach der Begründung zum Regierungsentwurf für die Insolvenzordnung – die „Funktionsfähigkeit der öffentlichen Verwaltung"[324] aufrecht zu erhalten. Zum einen ist nach § 12 Abs. 1 Nr. 1 InsO die Verfahrensdurchführung für Bund und Länder ausgeschlossen. Zum anderen enthält § 12 Abs. 1 Nr. 2 InsO die Möglichkeit, dass die Länderparlamente für solche juristischen Personen, die der Aufsicht eines Landes unterstehen, das Insolvenzverfahren für unzulässig erklären. Enthält das Landesrecht eine entsprechende Regelung, wird selbst bei Vorliegen eines Insolvenzgrundes kein Gesamtvollstreckungsverfahren nach der Insolvenzordnung durchgeführt. Die Gläubiger können, beziehungsweise müssen ihre Forderungen gegebenenfalls im Einzelzwangsvollstreckungsverfahren nach § 882a ZPO durchsetzen. Hatten bis zur Reform alle Bundesländer hiervon Gebrauch gemacht[325] und die ihrer Aufsicht unterliegenden gesetzlichen Krankenkassen für insolvenzunfähig erklärt, ist diese Möglichkeit für Krankenkassen ab dem 1. Januar 2010 ausgeschlossen. Dies zieht unmittelbare Rechtsfolgen nach sich. Einerseits unterliegen auch die landesunmittelbaren Kassen seither der Beitrags- und Umlagepflicht nach § 10 Abs. 1 Betriebsrentengesetz (BetrAVG) und § 358 Abs. 1 Sozialgesetzbuch, Drittes Buch (SGB III) zur Insolvenzsicherung. Die frühere „Folgehaftung" der Länder aus § 12 Abs. 2 InsO ist mit der Reform entfallen, so dass nunmehr die Mittel für die Durchführung einer gesetzlichen Insolvenzsicherung von Altersversorgungsansprüchen sowie für die Zahlung von Arbeitnehmerinsolvenzgeld von den Krankenversicherungsträgern selbst aufzubringen sind.[326] Bezüglich ungedeckter Altersversorgungszusagen, für welche die Kassen in der Vergangenheit „keine finanzielle Vorsorge"[327] getroffen haben, werden sie zur stufenweisen Bildung eines Deckungskapitals

323 *Ehricke*, in: Jaeger, § 11 Rn. 1.

324 BT-Drs. 12/2443, Entwurf einer Insolvenzordnung (RegE InsO 1992), S. 112, wobei der heutige § 12 InsO dort im Regierungsentwurf als § 14 RegE gelistet ist.

325 Siehe Kapitel 1, § 1. *Cranshaw*, S. 122 Rn. 155d ff.

326 Beide Normen konkretisieren die europäische Richtlinie 2008/94/EG zum Schutz der Arbeitnehmer bei Zahlungsunfähigkeit ihres Arbeitgebers, siehe: Amtsblatt L 283 v. 28.10.2008, S. 36 (36).

327 *Heeg/Kehbel*, ZIP 2009, S. 302 (304).

verpflichtet, § 171e SGB V. Über einen Zeitraum von 40 Jahren muss danach ein Guthaben aufgebaut werden, das die bereits bestehenden Verpflichtungen auf seinem Endstand wertmäßig ausgleicht[328], um eine mögliche Ausfallhaftung der anderen Kassen zu verhindern beziehungsweise deren Umfang zu reduzieren.

§ 15 Die Subsidiarität des Kasseninsolvenzverfahrens

Im Zuge des Gesetzesänderung durch das GKV-OrgWG hat der Gesetzgeber zwar die Insolvenzfähigkeit der gesetzlichen Krankenkassen angeordnet, hat es allerdings unterlassen, das konkurrierende Kassenschließungsverfahren abzuschaffen. So wurde ein rechtliches Nebeneinander von sozial- und insolvenzrechtlichen Abwicklungsvorschriften kreiert. Eine grundsätzliche gesetzliche Regelung erfährt dieser *Methoden*konflikt im Krankenkassenorganisationsrecht durch die Vorschrift des § 171b Abs. 3 S. 2 SGB V. Die Norm sieht vor, dass im Fall des gleichzeitigen Vorliegens von Schließungs- und Insolvenzgründen die Aufsichtsbehörde vorrangig ein Schließungsverfahren betreiben und nur subsidiär einen Eröffnungsantrag beim Insolvenzgericht stellen *soll*. Durch die Ausgestaltung als Soll-Vorschrift bleibt die Aufsicht grundsätzlich dazu verpflichtet, bei gleichzeitigem Vorliegen von Insolvenz- und Schließungsgründen ein Schließungsverfahren einzuleiten, kann hiervon allerdings abweichen, wenn im konkreten Einzelfall eine atypische Situation vorliegt, die eine andere Entscheidung zulässt.[329] Hier gilt es zu klären, welches die Ansatzpunkte für die gesetzliche Subsidiarität des Insolvenzverfahrens sind und welche Abweichungsgründe vorliegen können.

A. Ansatzpunkte für die Vorrangregelung

Aus dem Gesetz selbst lässt sich keine Erklärung für diese Anordnung herleiten. Auch in der Gesetzesbegründung zu § 171b Abs. 3 S. 2 SGB V wird allein davon gesprochen, dass „im Einzelfall sachliche Gründe *für* die Stellung eines Eröffnungsantrags sprechen“[330] könnten, wobei nicht klargestellt wird, was hierunter zu verstehen sei. Lediglich der *Allgemeine Teil* der Gesetzesbegründung zum

---

328 BT-Drs. 16/9559, S. 22. Die Einzelheiten zum Aufbau des Deckungskapitals werden durch die Verordnung zur Bildung von Altersrückstellungen durch die gesetzlichen Krankenkassen und ihre Verbände (Krankenkassen-Altersrückstellungsverordnung – KK AltRückV), BGBl. Jahrgang 2011, Teil I, S. 1396, geregelt.

329 *Maurer*, Verwaltungsrecht, § 7 Rn. 6.

330 BT-Drs. 16/9559, S. 20.

GKV-OrgWG bietet einen Ansatzpunkt. Demnach sei es „sachgerecht“[331] der Schließung den Vorrang einzuräumen, da die Abwicklung einer Krankenkasse – gleich auf welchem Weg – „insbesondere wegen ihrer Auswirkungen auf die Beschäftigen und die Versicherten nur *ultima ratio* sein soll.“[332] Behalte die Aufsichtsbehörde im Rahmen des Schließungsverfahrens die „Verfahrenshoheit“[333], bleibe es bis zu dem von ihr festgelegten Schließungszeitpunkt möglich, Maßnahmen zur Krisenbewältigung nach dem SGB V zu organisieren.[334] Zweck der Ermächtigungsnorm ist damit die Verlängerung der Sanierungs- oder Fusionsmöglichkeiten für betroffene Krankenkassen.[335] Als Folge hieraus sieht § 175 Abs. 3a S. 4 SGB V vor, dass die Mitgliedschaften, wenn eine Kasse nach Erlass des Schließungsbescheids doch nicht geschlossen wird, erhalten bleiben. Wer auf dieser Rechtsgrundlage für die Rückabwicklung des Kassenwechsels zuständig sein soll – die Mitglieder, die betroffenen Kassen, die zur Meldung verpflichteten Stellen oder gegebenenfalls die Aufsichtsbehörde – bleibt unbeantwortet. Praktikabilitätsgründe sprechen dafür, dass die Herstellung des *status quo ante* auf Ebene der Krankenkassen ablaufen muss. Dies dürfte weniger zeitaufwendig sein, als alle Mitglieder erneut zur Abgabe einer Erklärung aufzufordern. Da ihnen kein eigentliches Wahlrecht zusteht, sondern hier nur der Wechsel zum vorherigen Versicherungsträger vollzogen wird, würden dadurch auch nicht ihre Interessen verletzt werden. Dass ein solches Szenario mit einem außergewöhnlichen Verwaltungsaufwand verbunden wäre und bei den Mitgliedern ein hohes Maß an Verunsicherung auslösen dürfte, steht außer Frage.[336]

Darüber hinaus erscheint die Begründung des Schließungsvorrangs insgesamt zweifelhaft. Es wurde bereits dargelegt, dass es zu einem Schließungsbescheid nur unter hohen Voraussetzungen kommen kann, unabhängig davon, welchen Schließungsbegriff man vertritt.[337] Wenn die Aufsichtsbehörde feststellt, dass eine „Leistungsfähigkeit auf Dauer nicht mehr gesichert“ ist, ist dies gleichbedeutend damit, dass keine Chancen mehr auf eine Sanierung oder eine Fusionierung bestehen.[338] Dass sich innerhalb der „Schließungsfrist“, die gemäß § 153 S. 2 SGB V nicht kürzer als acht Wochen sein darf, doch noch nachträgliche

331 BT-Drs. 16/9559, S. 16.
332 BT-Drs. 16/9559, S. 16.
333 BT-Drs. 16/9559, S. 16.
334 BT-Drs. 16/9559, S. 16.
335 Vgl. BT-Drs. 16/9559, S. 16.
336 So auch: *Peters*, in: KassKomm, SGB V, § 175 Rn. 33.
337 Siehe ausführlich: Kapitel 3, § 12 C.
338 So im Ergebnis auch: *Krasney*, NZS 2010, S. 443 (448).

Finanzhilfen organisieren lassen, ist angesichts der zu diesem Zeitpunkt vorangegangenen Verhandlungen zwar nicht ausgeschlossen, jedoch nur schwer vorstellbar.[339] Gleiches gilt für ein potentielles, kurzentschlossenes Einlenken einer fusionswilligen anderen Krankenkasse. So bleibt der Begründungsansatz für die Vorrangregelung zwar rechtlich möglich, ist angesichts der praktischen Probleme jedoch nicht überzeugend.

B. Sachliche Gründe für eine Abweichung vom Schließungsvorrang

Die Ausgestaltung des § 171b Abs. 3 S. 2 SGB V als „Soll-Vorschrift" zeigt, dass der Behörde ein reduzierter Ermessenspielraum bleibt, um sich bei Vorliegen spezifischer Umstände gegen die Schließung zu entscheiden. § 40 VwVfG bestimmt im Hinblick auf Ermessensentscheidungen, dass neben den gesetzlichen Ermessensgrenzen vor allen Dingen der Zweck der Ermächtigung zu beachten ist. Die Bestimmung des Ermächtigungs*zwecks* hat dabei durch die Auslegung der Ermächtigungs*norm*[340], hier: der Vorranganordnung in § 171b Abs. 3 S. 2 SGB V, zu erfolgen. Die privilegierte Anwendbarkeit der Schließung führt der Gesetzgeber auf die vermeintlich erhöhte Chance zurück, eine leistungsunfähige Kasse gegebenenfalls doch nicht abwickeln zu müssen. Dies sei „insbesondere wegen ihrer Auswirkungen auf die Beschäftigten und die Versicherten"[341] erforderlich. Diese Begründung überzeugt jedoch nicht und kann kein Orientierungspunkt für die Ermessensentscheidung der Aufsichtsbehörde sein.

Betrachtet man abstrakt den Zweck jeder staatlichen Aufsicht, so liegt dieser im öffentlichen, nicht im privaten Interesse.[342] Sie soll die Erfüllung öffentlicher Aufgaben sichern. Damit geht es bei der Aufsicht über die Träger der Krankenversicherung nur darum, die Funktionsfähigkeit des GKV-Systems durch entsprechende Maßnahmen zu erhalten.[343] Schützenswert sind zwar auch die Interessen der Arbeitnehmer und der Versicherten sowie der darüber hinaus betroffenen, nicht erwähnten übrigen Kassengläubiger. Ihr Schutz obliegt allerdings dem Gesetzgeber, der durch die Ausgestaltung der Abwicklungsregeln für einen gerechten Interessenausgleich sorgen muss. Wenn sich die Aufsichtsbehörde aus sachlichen Gründen gegen die Durchführung eines Schließungsverfahrens und für die Stellung eines Insolvenzeröffnungsantrags entschließt,

339 So auch: *Krasney*, NZS 2010, S. 443 (448).

340 *Sachs*, in: Stelkens/Bonk/Sachs, VwVfG, § 40 Rn. 62.

341 BT-Drs. 16/9559, S. 16.

342 *v. Lewinski*, S. 537.

343 LSG Hamburg, Urt. v. 28.06.2012, Az.: L1KR148/11, in: KrV 2012, S. 217 (221).

ändert dies in keiner Weise die Schutzrichtung ihrer Tätigkeit.[344] Auch die EröffnungsAntragstellung ist insofern ein Teil des aufsichtsrechtlichen Instrumentariums.[345] Wird die Ermessensentscheidung für oder gegen ein bestimmtes Verfahren jedoch am „Systemschutz" festgemacht, so kann ihre Begründung nur auf Zweckmäßigkeitserwägungen beruhen, die auf den Erhalt der Funktionsfähigkeit der gesetzlichen Krankenversicherung zielen. Im Insolvenzverfahren müssen sich also Vorteile für das System der gesetzlichen Krankenversicherung ergeben, die im Rahmen einer Schließung nicht zu erreichen sind. Der Erhalt einzelner Krankenkassen mag dabei *ein* Aspekt sein – einen „Existenzschutz um ihrer selbst willen"[346] gibt es allerdings nicht. Welche sachlichen Gründe darüber hinaus für die Anwendung der insolvenzrechtlichen Vorschriften sprechen können, wird sich in den folgenden Paragraphen zeigen. Erst ein abschließender Vergleich der rechtlichen und tatsächlichen Unterschiede zwischen dem Schließungs- und dem Insolvenzverfahren (Kapitel 5, § 30) lässt eine präzise Aussage darüber zu, was mit sachlichen Gründen zur Abweichung vom Schließungsvorrang des § 171b Abs. 3 S. 2 SGB V gemeint sein kann.[347] „Finanzielle und soziale Interessen"[348] Einzelner – so viel steht bereits jetzt fest – kommen dafür nicht in Frage.

§ 16 Die wesentlichen Ziele des Insolvenzverfahrens

Ausgehend vom Gesetzeswortlaut des § 1 S. 1 InsO dient jedes Insolvenzverfahren dem Zweck, die Gläubiger eines Schuldners gemeinschaftlich zu befriedigen. Die Insolvenzordnung stellt dabei den rechtlichen Rahmen zur Verfügung, um innerhalb eines staatlichen Gesamtvollstreckungsverfahrens in haftendes Vermögen des Schuldners einzugreifen und es nach einer Verwertung gleichmäßig unter den Gläubigern zu verteilen.[349]

---

344 *Heeg/Kehbel*, NZS 2011, S. 8 (9); für den Bereich der Bankenaufsicht: *Binder*, WM 2005, S. 1781 (1789). Unabhängig davon läuft ein eröffnetes Insolvenzverfahren aber nach normalen (gläubigerschützenden) Grundsätzen ab, so *Weber*, ZInsO 2009, S. 628 (632) für den Fall der Insolvenz von Kreditinstituten.

345 So auch: *Pfohl/Sichert/Otto*, NZS 2011, S. 8 (9).

346 *v. Lewinski*, S. 203.

347 Siehe ausführlich: Kapitel 5, § 30.

348 So auch: *Lundberg/Sänger*, ZInsO 2012, S. 1556 (1558).

349 Vgl. *Gundlach/Frenzl/Jahn*, NZI 2009, S. 839 (840). Das zusätzliche Verfahrensziel, dem „redlichen" Schuldner gemäß § 1 S. 2 InsO die Restschuldbefreiung zu ermöglichen, ist für die vorliegende Arbeit ohne Bedeutung, da als begünstigter

Eine Haftung des Schuldners kann im Insolvenzverfahren zum einen dadurch erfolgen, dass sein Vermögen entsprechend den Vorschriften der Insolvenzordnung verwertet und der Erlös verteilt wird (Regelverfahren). Gleichberechtigt steht daneben die Möglichkeit, in einem Insolvenzplan eine von den gesetzlichen Vorschriften abweichende Regelung zur Insolvenzabwicklung zu treffen (Planverfahren). Für die Art, wie die *Insolvenz*abwicklung, sprich: die Bewältigung des Insolvenzzustandes, geschehen soll, macht das Gesetz keine zwingenden Vorgaben. Vielmehr wird in § 1 S. 1 InsO vom Gesetzgeber leitlinienartig vorgegeben, dass hierfür gleichberechtigt die *Unternehmens*abwicklung (Liquidation) oder die Unternehmenssanierung zur Verfügung stehen.[350] Dieser Ansatz stellt ein Kernelement der 1999[351] in Kraft getretenen Insolvenzordnung dar und markiert gleichzeitig die Abkehr von der Konzeption der abgelösten Konkursordnung (KO). Im Insolvenzfall sollte das „neue Recht" einen reinen Liquidationsautomatismus verhindern und für die Verfahrensbeteiligten die Möglichkeit bieten, andere Wege der Masseverwertung und Masseverteilung zu beschreiten.[352] Dabei sind die Rettung der Schuldnerexistenz sowie „öffentliche Zwecke – insbesondere sozial-, struktur- oder arbeitsmarktpolitische, fiskalische oder solche des Umweltschutzes –"[353] auch unter Geltung der Insolvenzordnung nicht als Hauptziele des Insolvenzverfahrens anzusehen, sondern stellen lediglich einen (erwünschten) Nebeneffekt dar.

§ 17 Das Insolvenzverfahren im Lichte des Sozialstaatsprinzips

Der Konflikt, der durch die Einführung von „Mechanismen des privaten Wirtschaftsrechts"[354] in ein grundsätzlich von Solidarität geprägtes System entsteht, kann als *Zielkonflikt* bezeichnet werden und stellt eine wesentliche Spannungsebene der vorliegenden Arbeit dar. Zwar trägt auch das Insolvenzrecht „soziale Züge", vor allen Dingen dort, wo es um die Insolvenzsicherung von Arbeitnehmeransprüchen geht. Besonderheiten des Krankenversicherungsrechts sind als solche jedoch nicht in der InsO berücksichtigt. Dabei ist die gesetzliche Krankenversicherung mehr als nur eine Versicherung – sie ist, nach

---

Personenkreis nur natürliche Personen in Betracht kommen, § 1 S. 2 in Verbindung mit § 286 InsO.

350 *Gottwald*, in: Gottwald, § 1 Rn. 39.

351 Gesetz vom 05.10.1994, BGBl. Jahrgang 1994, Teil I, S. 2866.

352 *Pape*, in: Uhlenbruck, § 1 Rn. 9; BT-Drs. 12/2443, S. 108.

353 *Kirchhof*, in: HK-InsO, § 1 Rn. 3.

354 *Mühlhausen*, in: Becker/Kingreen, SGB V, § 171b Rn. 2.

der Formulierung des Bundesverfassungsgerichts, auch ein „Instrument der Daseinsfürsorge“[355] und als solches schützenswert. Trotz der inhaltlichen Unbestimmtheit des Sozialstaatsprinzips, das in Artikel 20 Abs. 1 GG verankert ist, wird hieraus ein Gestaltungsauftrag[356] sowie ein daran anknüpfender Gewährleistungsauftrag[357] an den Gesetzgeber gelesen. Ersterer umfasst, dass ein allgemeines System der Krankenversicherung etabliert wird. Daran anschließend geht es bei der Gewährleistung darum, dieses System, das als Pflichtversicherung ausgestaltet ist, entsprechend aufrecht zu erhalten. Beide Aspekte sind auch im Zusammenhang mit der Einführung einer allgemeinen Insolvenzfähigkeit für Krankenkassen von Bedeutung: Die Verpflichtung, legislativ für einen Schutz im Krankheitsfall zu sorgen, ist Teil des sozialstaatlichen Ziels, „Mindestvoraussetzungen für ein menschenwürdiges Dasein“[358] zu garantieren.[359] Gerade weil sich dem verfassungsrechtlichen Prinzip keine detaillierten Vorgaben entnehmen lassen, stellt Art. 20 Abs. 1 GG dem Staat hier eine Aufgabe, ohne klarzustellen, wie sie zu erfüllen ist.[360] Im Umkehrschluss ergibt sich, dass der Mindestinhalt an Gesundheitsschutz nicht von einer bestimmten „Systemarchitektur“[361] abhängig sein kann und dem Gesetzgeber bei der Konzipierung eines sozialen Krankenversicherungssystems ein weiter Spielraum zur Verfügung steht. Da sein Funktionieren für die Gesundheitsversorgung der Bevölkerung und damit für das Gemeinwohl eine besonders hohe Bedeutung einnimmt[362], findet die Gestaltungsfreiheit des Gesetzgebers dort ihre Grenzen, wo ebendiese Funktionsfähigkeit sowie die finanzielle Stabilität des Systems gefährdet werden.[363] Im Übrigen sind Eingriffe in das aktuell existierende Krankenversicherungssystem sowie

355 *Wasem*, in: Schulin, Bd. 1, § 3 Rn. 48.
356 *Wittreck*, in: Dreier, Bd. II, Art. 20 Rn. 31; *Herzog/Grzeszick*, in: Maunz/Dürig, Bd. III, Art. 20 Rn. 25.
357 *Schmidt-Aßmann*, NJW 2004, S. 1689 (1695).
358 BVerfG Beschl. v. 29.05.1990, Az.: 1 BvL 20, 26, 184, und 4/86, in: BVerfGE 82, S. 60 (80).
359 *Becker*, in: FS Steiner, S. 50 (64).
360 BVerfG Beschl. v. 13.01.1982, Az.: 1 BvR 848, 1047/77, 916,1307/78, 350/79 und 475, 902, 965, 1177, 1238, 1461/80, in: BVerfGE 59, S. 231 (263).
361 *Becker*, in: FS Steiner, S. 50 (66).
362 BVerfG Beschl.v. 14.05.1985, Az.: 1 BvR 449, 523, 700, 728/82, in: BVerfGE 70, S. 1 (30); BVerfG Beschl. v. 20.03.2001, Az.: 1 BvR 491/96, in: BVerfGE 103, S. 172 (184, 185).
363 BVerfG, Beschl. v. 18. Juli 2005, Az.: 2 BvF2/01, in: BVerfGE 113, S. 167 (215); *Becker/Schweitzer*, NJW-Beil. 2012, S. 82 (82).

die Möglichkeit zu seiner Neukonzipierung grundsätzlich möglich.[364] Insbesondere sind die gesetzlichen Krankenkassen als Körperschaften des öffentlichen Rechts selbst nicht grundrechtsfähig.[365] Sie können sich in Folge dessen nicht auf grundrechtliche Gewährleistungen, respektive einen „Bestandsschutz" des Krankenversicherungswesens in seiner aktuellen Form berufen.[366] Dennoch muss das Krankenkasseninsolvenzverfahren an verschiedenen Stellen Regelungen enthalten, die teilweise auf sozialrechtliche Grundsätze, teilweise auf „Vorgaben aus dem verfassungsrechtlichen Würde- und Sozialstaatsprinzip"[367] zurückzuführen sind. Diese sind insbesondere bei den möglichen Verwertungsarten (§ 18), bei der Frage der Verfahrensbeantragung (§ 19) sowie bei den Wirkungen der Verfahrenseröffnung (§ 21), dort vor allen Dingen im Bereich der Haftungsmodalitäten, zu erkennen.

§ 18 Die Verwertungsarten der InsO im Krankenkasseninsolvenzverfahren

Das Insolvenzrecht ist in erster Linie Haftungsrecht[368], wobei in einem (rechtlich) gleichgewichteten Nebeneinander von Liquidation und Sanierung – mit oder ohne Aufstellung eines Insolvenzplans – ein „Wettbewerb um die beste Verwertungsart"[369] herrschen soll. Je nach dem, wofür sich die Gläubigerversammlung nach § 157 InsO entscheidet, kann dem Schuldner oder Schuldnerunternehmen entweder die Chance zur Bewältigung der Krise ermöglicht werden oder muss mit der Abwicklung das Ausscheiden aus dem Markt erfolgen.[370] Im Lichte des SGB V betrachtet ergibt sich, dass eben diese Wahlfreiheit im Insolvenzverfahren über das Vermögen einer Krankenkasse nicht existiert.

A. Grundsatz

§ 171b Abs. 1 S. 1 SGB V ist die Zentralnorm für die Einführung der allgemeinen Insolvenzfähigkeit von Krankenkassen. Sie eröffnet die Anwendbarkeit der insolvenzrechtlichen Vorschriften auf gesetzliche Krankenkassen und schränkt

---

364 BVerfG, Beschl. v. 18. Juli 2005, Az.: 2 BvF2/01, in: BVerfGE 113, S. 167 (219).

365 BVerfG, Beschluss, vom 11.12.2008, 1 BvR 1665/09, in: NVwZ-RR 2009, S. 361 (361).

366 *Ramsauer*, NZS 2006, S. 505 (511).

367 *Spiecker gen. Döhmann*, in: Steuerungsinstrumente Bd. 2, S. 1 (1).

368 *Häsemeyer*, S. 16; *Uhlenbruck*, in: Pape/Uhlenbruck/Voigt-Salus, Insolvenzrecht, Kapitel 2 Rn. 3.

369 *Kießner*, in: Braun, § 1 Rn. 8.

370 *Pape*, in: Uhlenbruck, § 1 Rn. 1.

diese zunächst rechtlich nur insoweit ein (§ 171b Abs. 1 S. 2 SGB V), als die Vorschriften des sogenannten Krankenkasseninsolvenzrechts im Sechsten Kapitel, Achter Titel des SGB V (§§ 171 a – 172 SGB V) Abweichungen vom Regelverfahren beinhalten. Grundsätzlich gilt also auch hier die programmatische Vorgabe des § 1 InsO.

B. Konkludenter Sanierungsausschluss

Mit In-Kraft-Treten der Insolvenzordnung zum 1. Januar 1999 wollte der Gesetzgeber einen Weg aus der Zerschlagungsmentalität, sprich: einer schier alternativlosen Insolvenzabwicklung durch die Liquidation, weisen. Stattdessen sollte und soll das „rechtliche Instrumentarium"[371] der Insolvenzordnung auch die Unternehmenssanierung in Gestalt der übertragenden Sanierung oder einer Plansanierung zur Insolvenzbewältigung zur Verfügung stellen. Im Fall einer Krankenkasseninsolvenz hat der Gesetzgeber diese Möglichkeit „verbaut"[372], was nachfolgend dargestellt wird.

I. Auflösung der Krankenkasse

Der Sanierungsausschluss ist auf die Anordnung des § 171b Abs. 5 SGB V zurückzuführen. Dort wird festgelegt, dass eine Krankenkasse mit dem Tag der Eröffnung des Insolvenzverfahrens (oder dem Tag der Rechtskraft des Beschlusses, durch den die Eröffnung des Insolvenzverfahrens mangels Masse abgelehnt wird) *geschlossen* ist. Das bedeutet zwar nicht, dass die insolvente Krankenkasse nun „auf Umwegen" einem Schließungsverfahren zugeführt werden soll. Dementsprechend fügt § 171b Abs. 5 Hs. 2 SGB V deklaratorisch hinzu, die Anordnung gelte nur „mit der Maßgabe, dass die Abwicklung (...) nach den Vorschriften der Insolvenzordnung erfolgt". Die Konsequenzen dieser Regelung, die in der Literatur verbreitet als „Schließungsfiktion"[373] bezeichnet wird, sind aus dem Gesetz nicht unmittelbar ersichtlich.[374] Aufschluss gibt die Gesetzesbegründung. Demnach liegt der Zweck der Vorschrift darin, den Zeitpunkt zu bestimmen, in dem die Krankenkasse „ihre Eigenschaft als Körperschaft des öffentlichen Rechts verliert und zur Abwicklungskörperschaft wird."[375] Dies führt – entsprechend

371 *Gottwald*, in: Gottwald, § 1 Rn. 40.
372 *Lundberg/Sänger*, ZInsO 2012, S. 1556 (1560).
373 *Pfohl/Sichert/Otto*, NZS 2011 Rn. 94.
374 Vgl. *Hänlein*, in: LPK-SGB V, § 171b Rn. 23.
375 BT-Drs. 16/9559, S. 20.

dem, was bereits im Kassenschließungsverfahren herausgefunden wurde[376] – zu ihrer Auflösung. Die Notwendigkeit einer solchen Regelung wird auch aus der Systematik der Insolvenzordnung ersichtlich. Sie ist zwar eine eigene Verfahrensordnung[377], die zudem spezifische materiell-rechtliche Regelungen beinhaltet. Für den Bestand der juristischen Person ergeben sich allerdings mit der Insolvenzverfahrenseröffnung keine Auswirkungen. Im Privatrecht wird deshalb die Auflösungsentscheidung im jeweiligen Fachrecht[378] geregelt und tatbestandlich an die Verfahrenseröffnung beziehungsweise die Abweisung des Eröffnungsantrags durch das zuständige Insolvenzgericht angeknüpft.[379] In der Insolvenz juristischer Personen des öffentlichen Rechts stellt sich die Situation ebenso dar. Dies liegt zum einen daran, dass anders als im „klassischen Fall" der Kassenschließung, eine Auflösung des Versicherungsträgers nicht durch Verwaltungsakt erfolgt. Eine Auflösung in Folge der Insolvenzverfahrenseröffnung ergibt sich zudem nicht über § 89 Abs. 2 Bürgerliches Gesetzbuch (BGB). Dieser verweist zwar im Fall von insolvenzfähigen Körperschaften des öffentlichen Rechts auf die Vorschriften zur Insolvenz von eingetragenen Vereinen, erfasst aber ausdrücklich nur die Regelung des § 42 Abs. 2 BGB. Mangels Verweisung auf § 42 Abs. 1 BGB, der die Auflösung des Vereins durch entweder die Insolvenzverfahreneröffnung oder die rechtskräftige Abweisung eines entsprechenden Antrags regelt, kommt man auch hier zu dem Ergebnis, dass die rechtliche Existenz der juristischen Person des öffentlichen Rechts unberührt bleibt. Eine spezialgesetzliche Auflösungsregelung war damit erforderlich und hat in § 171b Abs. 5 SGB V ihren Niederschlag gefunden.

II. Keine Fortsetzungsmöglichkeit nach der Auflösung

Findet sich *vor* Beginn des Insolvenzverfahrens eine Möglichkeit, die Kasse zu retten, so ergibt sich aus § 175 Abs. 3a S. 4 SGB V, dass die Mitgliedschaftsverhältnissen bei der alten Kasse in diesem Fall bestehen bleiben. § 175 Abs. 3a S. 4 SGB V bezieht sich seinem Wortlaut („Wird die Kasse nicht geschlossen") nach vermeintlich nur auf das Schließungsverfahren. Aus der systematischen

---

376 Siehe: Kapitel 3, § 12 II.

377 *Madaus*, S. 361.

378 So zum Beispiel für die Gesellschaft Bürgerlichen Rechts (GbR) in § 728 Abs. 1 S. 1 BGB, für die Offene Handelsgesellschaft (OHG) in § 131 Abs. 1 Nr. 3 HGB, für die Kommanditgesellschaft (KG) in § 161 Abs. 2 i.V.m. § 131 Abs. 1 Nr. 3 HGB, für die Gesellschaft mit beschränkter Haftung (GmbH) in § 60 Abs. 1 Nr. 4, Hs. 1 GmbHG, für die Aktiengesellschaft (AG) in § 262 Abs. 1 Nr. 3 AktG.

379 BT-Drs. 16/9559, S. 20; so auch: *v. Lewinski*, S. 191.

Auslegung der Norm ergibt sich jedoch, dass auch der Insolvenzfall erfasst wird. Dafür spricht zunächst, dass über § 171b Abs. 5 SGB V die Kasse auch mit Eröffnung des Insolvenzverfahrens beziehungsweise der rechtskräftigen Ablehnung des Eröffnungsantrags als *geschlossen* gilt. Dem folgend wird auch in den Gesetzesmaterialien davon gesprochen, dass § 175 Abs. 3a S. 4 SGB V für alle Fälle gelten solle, in denen die Krankenkasse „trotz Insolvenzantrag oder aus sonstigen Gründen"[380] nicht geschlossen wird. Diese Auslegung lässt sich weiterhin darauf stützen, dass die Vorschrift des § 175 Abs. 3a SGB V in Satz 1 insgesamt auf die „Schließung oder Insolvenz" Bezug nimmt und für beide Abwicklungsfälle ein Sonderwahlrecht zu Gunsten der Krankenkassenmitglieder vorsieht sowie dessen Ausübungsmodalitäten normiert. Dass der Regelungsgleichlauf dort unterbrochen wird, wo sich vor der Verfahrenseröffnung eine Rettungsmöglichkeit für die angeschlagene Krankenkasse ergibt, ist nicht mit dem *ultima ratio*-Charakter der Kassenliquidation in Einklang zu bringen. Soll die Auflösung und Abwicklung eines Krankenversicherungsträgers nur das letzte Mittel sein, muss § 175 Abs. 3a S. 4 SGB V die Rückabwicklung der Krankenkassenwechsel aus rechtlicher Sicht[381] auch für den Fall der Stellung eines Eröffnungsantrags ermöglichen.

1. Fehlende Rechtsgrundlage

Anders als im Fall der Auflösung von juristischen Personen des Privatrechts[382] fehlt bei einer gesetzlichen Krankenkasse jedoch die Möglichkeit, ihre Fortsetzung *nach* der Auflösung zu beschließen. Rechtlich konsequent ist zwar, dass die Gläubiger nicht über den Erhalt des Rechtsträgers bestimmen können – immerhin gilt für die Auflösung wie die Errichtung von juristischen Personen des öffentlichen Rechts, dass jeweils ein hoheitlicher Akt erforderlich ist. Paradox mutet dennoch an, dass die Insolvenzordnung hier im Ergebnis auf die Verwertungsart der Liquidation reduziert wird. *Hänlein* spricht sich deswegen beispielsweise für eine analoge Anwendung der aktienrechtlichen Fortsetzungsvorschrift in § 274 Abs. 2 Nr. 1, Alt. 2 AktG aus.[383]

---

380 BT-Drs. 17/8005, S. 123.

381 Zu den praktischen Problemen siehe bereits: Kapitel 4, § 15 A.

382 Siehe für die Gesellschaft Bürgerlichen Rechts (GbR) in § 728 Abs. 1 S. 2 BGB, für die Offene Handelsgesellschaft (OHG) in § 144 HGB, für die Kommanditgesellschaft (KG) in § 161 Abs. 2 i.V.m. § 144 HGB, für die Gesellschaft mit beschränkter Haftung (GmbH) in § 60 Abs. 1 Nr. 4, Hs. 2 GmbHG, für die Aktiengesellschaft (AG) in § 274 Abs. 2 AktG.

383 *Hänlein*, in: LPK-SGB V, § 171b Rn. 23. Dabei legt er zu Grunde, dass Krankenkassen in einem Insolvenzplanverfahren saniert werden können.

Eine Analogie, die eine vergleichbare Interessenlage sowie eine planwidrige – also unbeabsichtigte – Regelungslücke voraussetzen würde[384], kommt jedoch nicht in Betracht.[385] In der Zusammenschau der gesetzlichen Regelung in § 175 Abs. 3a S. 1 SGB V und der dazugehörigen Gesetzesbegründung muss man zu dem Schluss kommen, dass das Fehlen einer Fortsetzungsvorschrift im SGB V vom Gesetzgeber so anvisiert war. Dies wird zwar nicht ausdrücklich formuliert. Bemerkenswert ist dennoch, dass die Begründung zum Gesetzesentwurf der Bundesregierung einseitig und zielgerichtet davon spricht, dass Krankenkassen im Insolvenzverfahren „abgewickelt"[386] werden können – dagegen die Sanierungsvariante an keiner Stelle eine Erwähnung findet. Zwar kann unter dem Begriff der „Abwicklung" allgemein gesprochen auch die Insolvenzabwicklung, das heißt: die Bewältigung des Insolvenzzustandes, gemeint sein. Diese könnte dann wiederum per Liquidation *oder* Sanierung erfolgen. Häufiger jedoch wird „Abwicklung" als Synonym für die Verwertung des schuldnerischen Vermögens durch eine Liquidation mit anschließender Ausschüttung des erzielten Erlöses sowie der Beendigung des Rechtsträgers verwendet. Dass die Entwurfsverfasser im weiteren Verlauf ihrer Begründung von einer „Insolvenzquote"[387], die nur im Regelverfahren nach der Insolvenzordnung anfällt, beziehungsweise von der Krankenkasse als „Abwicklungskörperschaft"[388] sprechen, bestätigt diese Annahme. Das bloße Verschweigen der Sanierungsoption im Insolvenzverfahren mag freilich nur ein Indiz und kein endgültiger Beweis für die Motive des Gesetzgebers sein. Die hier angenommene, eindimensionale Sichtweise des Gesetzgebers lässt sich jedoch auch mit dem Argument stützen, dass der Schließungsvorrang des § 171b Abs. 3 S. 2 SGB V gerade dadurch begründet wird, dass im aufsichtsrechtlichen Verfahren Rettungschancen für die angeschlagene Krankenkasse bestehen. Eine Sanierungsmöglichkeit im Insolvenzverfahren wird nicht in Erwägung gezogen.

2. *Faktischer Sanierungsausschluss durch Wegfall der Versicherungsverhältnisse*

Die Liquidationsperspektive des Insolvenzverfahrens für Krankenkassen wird mit letzter, abschließender Gültigkeit jedoch durch eine weitere Regelung

384 BGH, Urt. v. 16.07.2003, Az.: VII ZR 274/02, in: BGHZ 155, S. 380 (389).
385 So auch: *Hengst*, S. 158.
386 BT-Drs. 16/9559, S. 16.
387 BT-Drs. 16/9559, S. 16.
388 BT-Drs. 16/9559, S. 20.

des SGB V bestätigt. Den Versicherungs*pflichtigen*[389] soll „bei Schließung oder Insolvenz einer Krankenkasse" nach § 175 Abs. 3a SGB V ein Sonderwahlrecht für einen Kassenwechsel zustehen. Dieses Wahlrecht der Versicherten entsteht allerdings nicht erst mit der Eröffnung des Insolvenzverfahrens oder dem Tag, an dem der Beschluss über die Ablehnung der Insolvenzverfahrenseröffnung mangels Masse rechtskräftig wird. Auslöser hierfür ist vielmehr die Eröffnungsantragstellung. Dadurch soll sichergestellt werden, dass der Wechsel der versicherungspflichtigen Mitglieder möglichst ausnahmslos vollzogen ist, bevor es zur Eröffnung des Insolvenzverfahrens kommt.[390]

Die Sanierung im Insolvenzverfahren ist auch faktisch dadurch versperrt, dass mit dem Wegfall der Versicherungsverhältnisse die Sanierungsgrundlage fehlt. Wie bereits dargestellt wurde sind die Mitgliedschaften ein konstituierendes Merkmal einer Körperschaft des öffentlichen Rechts. Ohne Mitglieder kann sie als solche nicht weiter existieren.[391] Hinzu kommt, dass praktisch die gesamte Finanzierung einer gesetzlichen Krankenkasse an das Bestehen von Mitgliedschafts- beziehungsweise Versicherungsverhältnissen geknüpft ist. Mit eben diesem Argument vertritt *Holzer*, dass die Krankenkassen geradezu idealtypisch für eine Sanierung auf Grundlage eines Insolvenzplans geeignet seien, weil ihnen durch die Zuweisungen aus dem Gesundheitsfonds „Einnahmen in stabiler Höhe zur Verfügung"[392] stünden. Er übersieht dabei allerdings, dass die Mitgliedschaften, die die Rechtsgrundlage der Zuweisungen darstellen, in Folge der Wahlrechtsausübung nach der EröffnungsAntragstellung entfallen. Dadurch kann mit den Mitteln des Insolvenzrechts unter der aktuellen Rechtslage keine Sanierung durchgeführt werden. Diese ist nach der Regelungssystematik des SGB V nur präventiv, im Stadium vor der Insolvenzeröffnung möglich.

---

389 Versicherungs*berechtigte* müssen selbstständig innerhalb von drei Monaten tätig werden, § 175 Abs. 3a S. 6 SGB V. Eine Anmeldung durch eine Meldestelle ist hier nicht möglich. Gegebenenfalls kann, wenn die Insolvenzeröffnung vor Ablauf von drei Monaten nach Antragstellung erfolgt und bis dahin das Wahlrecht nicht ausgeübt wurde, eine Leistungsaushilfe durch eine andere Kasse notwendig werden, siehe: BT-Drs. 17/8005, S. 123. Die Entscheidung hierüber trifft der Spitzenverband Bund der Krankenkassen gemäß § 217 f Abs. 6 SGB V.

390 Bei einer frühzeitigeren Eröffnung liegt es auch hier beim Spitzenverband Bund der Krankenkassen, eine aushilfsweise Leistungsgewährung durch andere Kassen zu organisieren, § 271 f Abs. 6 SGB V.

391 So auch: *Lundberg/Sänger*, ZInsO 2012, 1556 (1562).

392 *Holzer*, InsBüro 2009, S. 12 (15).

§ 19 Die Verfahrensbeantragung

A. Die Bestimmung der Insolvenzgründe im Kasseninsolvenzverfahren

Die Durchführung eines Insolvenzverfahrens setzt voraus, dass ein Grund zur Verfahrenseröffnung gegeben ist, § 16 InsO. Als in Betracht kommende tatbestandliche Voraussetzungen sind die Insolvenzgründe „Zahlungsunfähigkeit", „drohende Zahlungsunfähigkeit" und „Überschuldung" im Gesetz festgelegt.

I. Zahlungsunfähigkeit

Der Insolvenzgrund der Zahlungsunfähigkeit ist in § 17 InsO geregelt und wird in § 17 Abs. 2 S. 1 InsO legal definiert. Nach dem Gesetzeswortlaut ist ein Schuldner zahlungsunfähig, wenn er nicht in der Lage ist, seine fälligen Zahlungspflichten zu erfüllen. Zur Beurteilung werden dabei „im Rahmen einer Liquiditätsbilanz die aktuell verfügbaren und kurzfristig verfügbar werdenden Mittel in Beziehung gesetzt zu den an demselben Stichtag fälligen und eingeforderten Verbindlichkeiten".[393] Was die Fälligkeit der Gläubigerforderungen betrifft, so wird sie anders als im Zivilrecht nicht alleine anhand gesetzlicher oder individualvertraglich vereinbarter Fälligkeitszeitpunkte bestimmt. Vielmehr ist es im Insolvenzrecht nach der Rechtsprechung des Bundesgerichtshof (BGH) erforderlich, dass der Gläubiger angesichts seiner fälligen Forderung ein Erfüllungsverlangen im Sinne eines „ernsthaften Einforderns"[394] deutlich macht.

Auf weitere objektive Kriterien wie „Dauer" und „Wesentlichkeit" zur Konkretisierung des Insolvenzgrundes hat der Gesetzgeber verzichtet.[395] Die Gesetzesbegründung nimmt dazu Stellung, indem sie als selbstverständlich voraussetzt, dass nur kurze Liquiditätsprobleme keine Zahlungsunfähigkeit begründen können.[396] Im Gegenzug dürfe aber durch ein konkret festgelegtes Zeitelement im Tatbestand des § 17 InsO auch nicht das Risiko von Verzögerungen bei der Antragstellung befördert werden und eine „über Wochen oder gar Monate vorliegende Illiquidität"[397] als bloße Zahlungsstockung cachiert werden können. Denn nach der Zielrichtung der Insolvenzordnung sollte gerade durch eine möglichst rechtzeitige Eröffnung des Insolvenzverfahrens ein besserer Gläubigerschutz

---

393 *Harz*, ZInsO 2001, S. 193 (196).

394 BGH, Beschl. v. 19. Juli 2007, Az.: IX ZB 36/07, in: BGHZ 173, S. 286 (293).

395 *Uhlenbruck/Gundlach*, in: Gottwald, § 6 Rn. 8; *Häsemeyer*, S. 149.

396 BT-Drs 12/2443, S. 114.

397 BT-Drs. 12/2443, S. 114.

erreicht werden als zu Zeiten der abgelösten Konkursordnung. Angesichts dieser weitgehend abstrakten Lösung im Gesetz hat der BGH Kriterien entwickelt, um eine Handhabung des Begriffs für die Praxis zu ermöglichen[398], hat dabei allerdings berücksichtigt, dass die Einführung starrer Zeit- und Wertgrenzen vom Gesetzgeber gerade nicht gewollt war. Das Gericht hat eine marktkonforme Lösung dadurch etabliert, dass es Schwellenwerte festlegte, die statt einer „absolute(n) Grenze"[399] nur eine widerlegbare Vermutung für die Zahlungsunfähigkeit darstellen. Dabei steht die Abgrenzung zwischen einer Zahlungsstockung, die keine Verfahrenseröffnung begründen kann, und dem Tatbestand der Zahlungsunfähigkeit im Vordergrund. Zunächst berücksichtigt die höchstrichterliche Rechtsprechung, dass lediglich eine Zahlungsstockung gegeben ist, wenn sich der Schuldner innerhalb kurzer Zeit die benötigten Mittel leihen kann. Als Konkretisierung wurde in Anlehnung an die frühere Rechtsprechung zur Konkursordnung und unter Beachtung des gesetzgeberischen Ziels einer rechtzeitigen Verfahrenseröffnung ein Zeitraum von drei Wochen festgelegt.[400] Gelingt es dem Schuldner, sich innerhalb dieser Zeit ausreichend Kapital zu besorgen, so ist angesichts wiederhergestellter Liquidität nur von einer Zahlungsstockung auszugehen.

Für die Feststellung einer Zahlungsunfähigkeit geht das Gericht davon aus, dass bezüglich der Unterdeckung in der Liquiditätsbilanz ein prozentualer „Schwellenwert bei 10 % anzusetzen"[401] sei, und eine Entscheidung über die Insolvenzreife daran orientiert werden müsse. Liegt die Unterdeckung bei weniger als 10 Prozent der Verbindlichkeiten, so ist beim Schuldner ebenfalls nur eine Zahlungsstockung anzunehmen, wenn nicht der Eröffnungsantragssteller darlegen kann, dass die Zahlungsunfähigkeit bereits absehbar ist.[402] Liegt die Unterdeckung bei 10 Prozent oder darüber, und kann sie nicht innerhalb von drei Wochen beseitigt werden, so spricht die Vermutung für das Vorliegen des Insolvenzgrundes „Zahlungsunfähigkeit". Der Schuldner hat dann jedoch unter Umständen noch die Möglichkeit diese Vermutung dadurch zu entkräften, dass er eine Behebung der Zahlungsunfähigkeit in überschaubarer Zeit mit „an Sicherheit grenzender Wahrscheinlichkeit"[403] darlegt. Gemäß § 17 Abs. 2 S. 2 InsO

398 BGH, Urt. v. 24.05.2005, Az.: IX ZR 123/04, in: BGHZ 163, S. 134 (144).
399 *Fischer*, in: FS Ganter, S. 153 (162).
400 BGH, Urt. v. 24.05.2005, Az.: IX ZR 123/04, in: BGHZ 163, S. 134 (139, 140).
401 BGH, Urt. v. 24.05.2005, Az.: IX ZR 123/04, in: BGHZ 163, S. 134 (145).
402 Haarmeyer/Frind, S. 58.
403 BGH, Urt. v. 24.05.2005, Az.: IX ZR 123/04, in: BGHZ 163, S. 134 (145).

ist Zahlungsunfähigkeit in der Regel jedenfalls dann anzunehmen, wenn der Schuldner seine Zahlungen eingestellt hat.

Diese Rechtsprechung ist für den Bereich der gesetzlichen Krankenkassen zu übernehmen. Daran ändert auch die Formulierung des Tatbestands von § 172 Abs. 3 S. 1 SGB V nichts: Zwar wird dort die Zwangsfusionierung von Krankenkassen als zulässig erachtet, wenn dadurch der Eintritt von Zahlungsunfähigkeit (oder Überschuldung) vermieden wird. Dies bedeutet aber nicht, dass der Insolvenzgrund erst nach dem Scheitern einer solchen Maßnahme gegeben sein kann. Wenn die Behörde nicht rechtzeitig reagiert oder sich kein geeigneter Fusionspartner findet, tritt der Insolvenzgrund in diesem Fall auch isoliert ein. Das ist folgerichtig, denn der Gesetzgeber hat in Bezug auf den Eröffnungsgrund „Zahlungsunfähigkeit" keine Abweichungen zum Insolvenzverfahren außerhalb des Krankenkassenbereichs geregelt – das mag als unglücklich bezeichnet werden[404], ist aber von den Aufsichtsbehörden und den Gerichten aufgrund der Bindung an Recht und Gesetz nach Art. 20 Abs. 3 GG so zu akzeptieren.[405]

Bei der Bestimmung von Zahlungsunfähigkeit im Sinne des § 17 InsO wird das Spannungsfeld zwischen Insolvenzrecht und Sozialrecht besonders deutlich: Im Bereich der Krankenkassen ist es aufgrund des gesetzlich geregelten Verbots einer Darlehensaufnahme (§ 220 Abs. 1 S. 2 SGB V) nicht möglich, zur Abgrenzung zwischen Zahlungsstockung und Zahlungsunfähigkeit auf die Kreditwürdigkeit der Kasse abzustellen.[406] Zwar können sich Krankenkassen Liquidität über eine vertragliche Vereinbarung nach § 265 b SGB V von anderen Kassen der gleichen Kassenart gewähren lassen. Diese Finanzhilfen dürften allerdings kaum innerhalb eines Zeitraums von drei Wochen zu organisieren sein. Würde man für die Bestimmung der Beurteilungsfrist nicht auf drei Wochen sondern auf die Zeit abstellen, die eine Vereinbarung nach den Regeln des § 265 b SGB V in Anspruch nimmt, käme es dadurch wiederum zu einer „sozialrechtlichen" Überlagerung der Insolvenzgründe. Dies würde den erklärten Willen des (Insolvenzordnungs-)Gesetzgebers konterkarieren: Erstens dadurch, dass die Insolvenzgründe von zusätzlichen Voraussetzungen aus dem Sozialrecht abhängig gemacht würden. Zweitens dadurch, dass eine mehrmonatige Bestimmungsphase für die Zahlungsunfähigkeit für sich genommen schon eine rechtzeitige Verfahrenseröffnung in Frage stellt. Bedenkt man, dass die Aufsichtsbehörde als allein berechtigte Eröffnungsantragstellerin ab der Insolvenzanzeige durch den

404 Dahingehend: *Bohlen-Schöning*, KrV 2009, S. 289 (291); *Lundberg/Sänger*, ZInsO 2012, S. 1556 (1559).

405 Im Ergebnis auch: *Krasney*, NZS 2010, S. 443 (449).

406 So auch *Bohlen-Schöning*, KrV 2009, S. 289 (291).

Vorstand eine weitere Prüfungsphase von bis zu drei Monaten (§ 171b Abs. 3 S. 1, 3 SGB V) zur Verfügung hat, um den Antrag beim Insolvenzgericht zu stellen, würde der Einsatzzeitpunkt für das Insolvenzverfahren um Monate verschoben werden. Dabei ist zu konstatieren: Das Ziel einer frühen Eröffnung des Insolvenzverfahrens widerspricht ganz offensichtlich dem Ansatz, durch die Anordnung des Schließungsvorrangs in § 171b Abs. 3 S. 2 SGB V den Erhalt der Kasse zu fördern. Letztlich spiegelt sich darin aber nur der Konflikt wieder, der durch die Alternativität von Schließungs- und Insolvenzverfahren verursacht wurde. Bleibt es also bei den Grundsätzen der BGH-Rechtsprechung zur Zahlungsunfähigkeit, so ist für die Kassen lediglich darauf abzustellen, ob eine Unterdeckung von 10 Prozent gegeben ist oder nicht. Ergibt die Liquiditätsbilanz, dass im Vergleich zu den fälligen und eingeforderten Verpflichtungen 10 Prozent oder mehr an verfügbaren Geldmitteln fehlen, so hat die Krankenkasse allenfalls noch die Möglichkeit, eine Verbesserung ihrer Liquidität in absehbarer Zeit darzulegen. Berücksichtigt man allerdings, dass der BGH eine „an mit Sicherheit grenzende Wahrscheinlichkeit" für die Schließung der Finanzlücke verlangt, können nur verbindliche Zusagen in die Betrachtung mit einfließen. Anderenfalls liegt Zahlungsunfähigkeit im Sinne des § 17 Abs. 1 S. 1 InsO vor.

II. Überschuldung

Ein zusätzlicher Insolvenzgrund für alle juristischen Personen ist in § 19 Abs. 1 InsO unter dem Begriff „Überschuldung" festgelegt.

Sie ist anhand einer „modifizierten zweistufigen Überschuldungsprüfung"[407] zu bestimmen. Nach der Legaldefinition des § 19 Abs. 2 S. 1 InsO liegt ein Insolvenzgrund vor, wenn das Vermögen des Schuldners die bestehenden Verbindlichkeiten nicht mehr deckt, es sei denn, die Fortführung des Unternehmens ist nach den Umständen überwiegend wahrscheinlich. Kernpunkt dieser Überschuldungsbewertung, die durch Artikel 5 des Finanzmarktstabilisierungsgesetzes (FMStG)[408] (wieder-)eingeführt wurde, ist, dass bei einer im Einzelfall gegebenen positiven Fortführungsprognose trotz des Vorliegens einer rechnerischen Überschuldung kein Eröffnungsantrag gestellt werden muss.[409] Aufgrund

407 *Uhlenbruck/Gundlach*, in: Gottwald, § 6 Rn. 24.

408 BGBl. Jahrgang 2008, Teil I, S. 1982.

409 BGH Urt. v. 13.07.1992, Az.: II ZR 269/91, in: BGHZ 119, S. 201 ff. Die ursprüngliche Befristung bis zum 31.12.2013 wurde im Rahmen des Gesetzes zur Einführung einer Rechtsbehelfsbelehrung im Zivilprozess aufgehoben, siehe: BGBl. Jahrgang 2012, Teil I, S. 2424, Artikel 18.

der Gleichstellung des prognostischen Elements (Fortführungsprognose) und des exekutorischen Elements (Bewertung des Schuldnervermögens nach Liquidationswerten) wird nach Ansicht des Gesetzgebers die wirtschaftliche Situation eines Unternehmens unter dem Einfluss der weltweiten Finanzkrise realistischer abgebildet.[410] Dadurch, so die Begründung zum Gesetzentwurf des FMStG, könnten solche Unternehmen vor der Insolvenz bewahrt werden, die gerade in Folge der allgemein schlechten Wirtschaftslage „umständehalber" eine kurzfristige, bilanzielle Überschuldung aufweisen, künftig aber wieder am Markt erfolgreich sein können.[411]

1. Fortführungsprognose

Im Rahmen des § 19 Abs. 2 InsO ist eine Fortführungsprognose zu erstellen, die beantworten muss, ob die Fortführung des Unternehmens wahrscheinlicher ist, als seine Stilllegung.[412] Fällt sie positiv aus, kann der Insolvenzgrund der Überschuldung ausgeschlossen werden. Hierbei spielt es nach den allgemeinen Grundsätzen der Fortbestehensprognose keine Rolle, ob ein Unternehmen rentabel oder ertragsfähig sein wird, sondern ob bei einer mittelfristigen Betrachtung die Zahlungsfähigkeit gegeben sein wird.[413] Während es regelmäßig darum geht, die Sanierungsfähigkeit zu überprüfen und dabei auf die Kriterien „Fortführungswille" und der „Geeignetheit von Sanierungsmaßnahmen" abzustellen,[414] muss es im Bereich der Krankenkassen darauf ankommen, ob eine „Fortführung unter den Bedingungen der GKV"[415] möglich erscheint. Damit können neben einer entsprechenden Finanzplanung auch zu erwartende Maßnahmen der Krisenbewältigung durch andere Kassen beziehungsweise die Aufsichtsbehörde gemeint sein. Geht man davon aus, dass der BGH eine „überwiegende Wahrscheinlichkeit"[416] in der Fortbestehensbewertung verlangt, so muss man auch an dieser Stelle fordern, dass nur verbindliche Vereinbarungen die Aussage über die kommende Finanzkraft der Krankenkasse beeinflussen können. Fraglich ist außerdem, auf welchen Zeitraum im Einzelfall abgestellt werden muss. Hierbei werden Richtwerte von nur wenigen Monaten[417] bis zu einigen

410 BT-Drs. 16/10600, S. 12.
411 BT-Drs. 16/10600, S. 12.
412 BT-Drs. 12/7302, S. 157.
413 *Bork*, ZIP 2000, S. 1709 (1710).
414 *Kirchhof*, in: HK-InsO, § 19 Rn. 9.
415 *Bohlen-Schöning*, KrV 2009, S. 289 (293).
416 BGH, Urt. v. 29.09.1997, Az.: II ZR 245/96, in: NJW 1998, S. 233 (234).
417 *Leithaus*, in: Andres/Leithaus/Dahl, § 18 Rn. 5.

Jahren – abhängig von der am längsten laufenden Zahlungspflicht im Prognosezeitpunkt[418] – vertreten. Tendenziell wird man als Maßstab höchstens zwei Geschäftsjahre heranziehen dürfen, da eine Voraussage für eine längere Zeitspanne „von einer belastbaren Finanzplanung“[419] nicht erwartet werden kann.

2. *Überschuldungsstatus*

Fällt die Fortführungsprognose negativ aus, ist ein Überschuldungsstatus zu erstellen. Nach dem Wortlaut des § 19 Abs. 2 InsO muss dabei festgestellt werden, ob das Vermögen des Schuldners seine bestehenden Verbindlichkeiten deckt. Zu berücksichtigen sind hierbei im Rahmen einer Sonderbilanz als Aktiva alle Vermögenswerte, „die im Insolvenzfall zu den verwertbaren Teilen der Masse zählen würden.“[420] Auf der Passivseite sind dagegen alle – auch nicht fällige oder gestundete[421] – Forderungen zu berücksichtigen, die nach Verfahrenseröffnung als Insolvenzforderungen aus der Masse zu befriedigen wären.

Zu beachten ist dabei die einzige „sozialrechtliche Besonderheit“ im Rahmen der Eröffnungsgründe für das Kasseninsolvenzverfahren: In § 171b Abs. 2 S. 2 SGB V hat der Gesetzgeber geregelt, dass bestimmte Verbindlichkeiten von der Berücksichtigung bei der Überschuldungsprüfung ausgenommen werden. Hierbei geht es vor allen Dingen um die in § 171d Abs. 1 S. 1 SGB V aufgelisteten Altersversorgungs- und Altersteilzeitverpflichtungen, die bis zum 31. Dezember 2009 entstanden sind, sowie Verpflichtungen aus Darlehen, die zur Ablösung von Verpflichtungen gegenüber einer öffentlich-rechtlichen Einrichtung zur betrieblichen Altersversorgung aufgenommen worden waren. Zwar sind im Regelfall der Überschuldungsprüfung Pensionsrückstellungen für laufende Pensionsverpflichtungen sowie unverfallbare Pensionsanwartschaften[422] zu passivieren. Grund für die vorliegende Ausnahmeregelung ist jedoch, dass Kassen unter Landesaufsicht bisher Versorgungsverpflichtungen gegenüber ihren Beschäftigten ausgesprochen haben, diese jedoch wegen der in § 12 Abs. 2 InsO angeordneten Länderhaftung nicht in allen Fällen durch entsprechende Rücklagen gedeckt waren. Wenn und soweit also kein Deckungskapital oder eine andere Art der Sicherung vorliegt,[423] sind diese Verpflichtungen nicht bei der Überschuldungsprüfung anzusetzen und § 19 InsO kommt nur modifiziert

---

418 *Drukarczyk*, in MüKo-InsO, § 18 Rn. 55.
419 *Uhlenbruck/Gundlach*, in Gottwald, § 6 Rn. 19.
420 *Pape*, in: Kübler/Prütting/Bork, § 19 Rn. 54.
421 *Pape*, in: Kübler/Prütting/Bork, § 19 Rn. 63.
422 *Uhlenbruck/Gundlach*, in: Gottwald, § 6 Rn. 65.
423 BT-Drs. 16/9559, S. 21; *Uwer*, GesR 2009, S. 113 (117).

zur Anwendung. Diese Nicht-Berücksichtigung der Altersversorgungs- und Altersteilzeitverpflichtungen ist rechtlich nicht konsequent, sondern eine reine „Notlösung". Schließlich hätte ihre Veranschlagung bei Kassen mit hohen Versorgungsverpflichtungen wohl dazu geführt, dass mit dem In-Kraft-Treten des GKV-OrgWG die sofortige Insolvenzreife dieser Versicherungsträger eingetreten wäre.[424]

III. Drohende Zahlungsunfähigkeit

Gemäß § 18 Abs. 2 InsO droht der Schuldner zahlungsunfähig zu werden, wenn er voraussichtlich nicht in der Lage sein wird, die bestehenden Zahlungspflichten im Zeitpunkt der Fälligkeit zu erfüllen. Im Unterschied zum Insolvenzgrund Zahlungsfähigkeit und abweichend vom Wortlaut des § 18 Abs. 2 InsO werden nach der Gesetzesbegründung zum Regierungsentwurf der Insolvenzordnung bei „drohender Zahlungsunfähigkeit" auch die zukünftigen, noch nicht begründeten Zahlungspflichten mit berücksichtigt. Damit sind nicht nur diejenigen Verbindlichkeiten relevant, die schon fällig sind, sondern auch solche, die bis zum Prognoseenddatum noch fällig werden.[425] Darin kommt gerade das Ziel zum Ausdruck, das mit der Einführung dieses Insolvenzgrundes erreicht werden sollte: Bei einer sich abzeichnenden Insolvenz wollte der Gesetzgeber die Möglichkeit einer frühen Verfahrenseröffnung bieten, um daraufhin „Maßnahmen gegen die abzusehende Gläubigergefährdung und zur Sanierung des Schuldners einzuleiten".[426]

Zur Feststellung des Insolvenzgrundes kommt es im Rahmen der Prüfung darauf an, ob „die Aufrechterhaltung der Zahlungsfähigkeit innerhalb des Prognosezeitraums mit überwiegender Wahrscheinlichkeit begründbar ist."[427] Zur Frage der Fortführungswahrscheinlichkeit und des Prognosezeitraums können die schon zu § 19 InsO angestellten Erwägungen herangezogen werden.[428] Danach kommt es darauf an, dass die Fortführungsprognose mit 50 Prozent oder mehr positiv beantwortet werden kann.[429] Mangels eines gesetzlich festgelegten Prüfungszeitraums muss wiederum darauf abgestellt werden, was „noch

424 *Uwer*, GesR 2009, S. 113 (114); *Bultmann*, MedR 2009, S. 25 (30).
425 BT-Drs. 12/2443, S. 14, 15.
426 *Kirchhof*, in: HK-InsO, § 18 Rn. 2.
427 *Uhlenbruck/Gundlach*, in: Gottwald, § 6 Rn. 18.
428 *Bork*, ZIP 2000, S. 1709 (1710); *Uhlenbruck/Gundlach*, in: Gottwald, § 6 Rn. 41.
429 *Kirchhof*, in: HK-InsO, § 19 Rn. 11.

betriebswirtschaftlich kalkulierbar"[430] ist. Auch hier wird von dem aktuellen bis zum Ende des maximal nächsten Geschäftsjahres auszugehen sein. Droht der Schuldner zahlungsunfähig zu werden, so ist er nach der Ausgestaltung des § 18 InsO im Regelverfahren zu einem Eröffnungsantrag berechtigt, allerdings nicht verpflichtet. Im Recht der Krankenkassen ergibt sich hier eine Besonderheit. Gemäß § 171b Abs. 2 S. 1 SGB V besteht für den – nicht antragsberechtigten – Kassenvorstand bei drohender Zahlungsunfähigkeit dennoch eine unverzügliche Anzeigepflicht gegenüber der Aufsichtsbehörde, die dann weitere rechtliche Schritte einleiten kann.[431]

IV. Abgrenzung der Insolvenzgründe von der „auf Dauer nicht mehr gesicherten Leistungsfähigkeit"

Die vorliegende Untersuchung kommt zu dem Ergebnis, dass die Insolvenzgründe im Sinne der §§ 17 bis 19 InsO sowie der Schließungsgrund der „auf Dauer nicht mehr gesicherten Leistungsfähigkeit" nach unterschiedlichen Kriterien zu beurteilen sind, in der Praxis jedoch kaum zu trennen sein dürften.

Für eine unterschiedliche Definition spricht sowohl die Gesetzesauslegung als auch die Systematik des Krankenkassenrechts. Vor diesem Hintergrund erscheint es auch sachgerecht, dass weder die sozialrechtlichen Vorfeldmaßnahmen für die Bestimmung der Insolvenzgründe keine Rolle spielen noch das Kassenschließungsverfahren „insolvenzrechtlich ausgelöst" wird. Aufgrund seiner eigenständigen Definition kann der Schließungsgrund damit theoretisch auch isoliert vorliegen. Treten insolvenzbegründende Umstände auf und zeigt der Kassenvorstand dies der Aufsicht an, so wird sich die Behörde nicht nur damit auseinandersetzen und den Insolvenzgrund verifizieren[432], bevor sie den Eröffnungsantrag stellt. Sie muss dann insbesondere auch feststellen, ob ihre Handlungsmöglichkeiten nach dem SGB V bereits ausgeschöpft sind und diese gegebenenfalls weiter vorantreiben. Stellt sich am Ende des dreimonatigen Prüfungszeitraums die Situation so dar, dass zwar ein Insolvenzgrund gegeben ist, aber noch nicht nachgewiesen werden kann, dass die Aufsicht ihre Handlungsmöglichkeiten nach dem SGB V insgesamt erfolglos angewendet hat, so muss ein Eröffnungsantrag nach § 171b Abs. 3 S. 1 SGB V gestellt werden. Liegen die

---

430 *Mock*, in: Uhlenbruck, § 19 Rn. 217.

431 Siehe: Kapitel 4, § 19 B. und C.

432 Siehe im entsprechenden Fall des § 88 Abs. 1 VAG: *Wache*, in: Erbs/Kohlhaas, Strafrechtliche Nebengesetze, § 88 VAG Rn. 1.

Eröffnungsgründe parallel vor, wird sie gemäß der gesetzlichen Anordnung in § 171b Abs. 3 S. 2 SGB V regelmäßig das Kassenschließungsverfahren einleiten.

In der Praxis ist es dennoch kaum vorstellbar, dass angesichts der dargestellten Überwachungsfunktion der Staatsaufsicht eine Kasse in insolvenzbegründende Schwierigkeiten kommen kann, ohne dass aufsichtsbehördliche Schritte unternommen werden. Damit wird man – auch wenn (wie hier) unterschiedliche tatbestandliche Voraussetzungen zu Grunde gelegt werden – im Krisenendstadium nicht von einem getrennten Vorliegen des Schließungsgrundes oder eines Insolvenzgrundes ausgehen können. Die Stellung eines Eröffnungsantrags wird demnach nur und höchstens dort in Betracht kommen, wo sachliche Gründe für eine Abweichung vom Schließungsvorrang sprechen.[433]

B. Das Eröffnungsantragsrecht der Aufsichtsbehörde

Nach § 13 Abs. 1 S. 1 InsO wird ein Insolvenzverfahren nur auf schriftlichen Antrag hin eröffnet. Abweichend von der üblichen Regelung (§ 15 InsO) liegt das Antrags*recht* im Fall der gesetzlichen Krankenkassen nicht beim Vorstand, den Abwicklern oder einzelnen Gläubigern, sondern bei der Aufsichtsbehörde. Der Gesetzgeber wollte dadurch sicherstellen, dass – ähnlich wie im Fall der Insolvenz von Kreditinstituten und Versicherungsunternehmen[434] – Eröffnungsanträge unter behördlicher Kontrolle und nur aufgrund von gesicherten Informationen gestellt werden können.[435] Auch im System des Kreditwesengesetzes (KWG) und des Versicherungsaufsichtsgesetzes (VAG) stößt man deswegen auf die Konstellation, dass das aufsichtsrechtliche Verfahren einem möglichen Insolvenzverfahren vorgeschaltet ist. Bei der Untersuchung des § 171b Abs. 3 SGB V kann teilweise auf die Parallelregelungen der § 46 b KWG und § 88 VAG zurückgegriffen werden. Darüber hinaus sind jedoch die Besonderheiten des Sozialversicherungsrechts zu beachten.

Mit dem Eröffnungsantragsrecht der Behörde ist eine *Prüf*pflicht verbunden. Diese ergibt sich zwar nicht aus dem Wortlaut des Gesetzes, kann jedoch aus dem behördlichen Antragsmonopol geschlossen werden.[436] Es liegt in der Natur der aufsichtsrechtlichen Tätigkeit, dass ein Eröffnungsantrag auch losgelöst von einer entsprechenden Vorstandsanzeige gestellt werden kann und muss, wenn

433 Siehe dazu: Kapitel 5, § 30.

434 Siehe zu den Parallelvorschriften: § 46 b Abs. 1 S. 4 KWG und § 88 Abs. 1 VAG.

435 *Mühlhausen*, in: Becker/Kingreen, SGB V, § 171b Rn. 11.

436 So *Lindemann*, in: BFS-KWG, § 46 b Rn. 10 für den Fall der Insolvenz von Kreditinstituten.

die entsprechenden Voraussetzungen vorliegen.[437] Zeigt der Kassenvorstand aber einen Insolvenzgrund an, hat die Behörde für diesen Fall innerhalb von drei Monaten festzustellen, ob der vorgetragene Insolvenzgrund tatsächlich gegeben ist, § 171b Abs. 3 S. 3 SGB V. Hierauf wird sie ihr weiteres Vorgehen stützen. Eine Überprüfung der Vorstandsanzeige ist unerlässlich.

Ob sich in Folge des Antragsrechts auch eine *Antragspflicht* ergibt, lässt sich aus dem Gesetz nicht ablesen. Eine Vorschrift, wie sie für die juristischen Personen des Privatrechts (§ 15 a InsO) und des öffentlichen Rechts (§§ 89 Abs. 2, 42 Abs. 2 BGB) existiert, findet sich im SGB V nicht. Im Falle der Bankenaufsicht (§ 46 b Abs. 1 S. 4 Kreditwesengesetz) und der Beaufsichtigung von Versicherungsunternehmen der Privatwirtschaft (§ 88 Abs. 1 Versicherungsaufsichtsgesetz) ist anerkannt, dass eine Eröffnungsantragstellung der Behörde zwar grundsätzlich in deren Ermessen liegt[438] – sich dieses Ermessen aber „im Interesse einer geordneten Abwicklung“[439] auf Null reduzieren kann. Dies könne der Fall sein, wenn der Schuldner „offensichtlich in eine aussichtslose wirtschaftliche Situation geraten“[440] sei. In diesem Sinne liegt eine Antragspflicht insbesondere vor, wenn die Behörde nach eigener Beurteilung davon ausgeht, dass ein Insolvenzgrund gegeben ist. Diese rechtliche Bewertung kann für die Krankenkassenaufsicht übernommen werden, wobei es hier zwei Sachverhalte zu unterscheiden gilt: Zum einen das isolierte Vorliegen eines Insolvenzgrundes, zum anderen die Situation, dass gleichzeitig auch die Voraussetzungen einer Kassenschließung gegeben sind.

Soweit ersichtlich wird der erste Fall bisher nicht erörtert, da überwiegend von einem Grundsatz der „Doppelerfüllung“ ausgegangen wird. Hält man sich jedoch konsequent daran, dass – zumindest nach dem gesetzlichen Rahmen – ein Insolvenzgrund auch losgelöst von dem Tatbestand des § 153 S. 1 Nr. 3 SGB V vorliegen kann, muss auch bezüglich einer Antragspflicht differenziert werden.[441] In Bezug auf den gesetzlichen Schließungsvorrang wurde bereits dargestellt, dass die Aufsichtsbehörde bei Vorliegen beider Eröffnungsgründe die Kasse schließen soll. Eine Antragstellung kann aber dann nicht im freien Ermessen der Behörde liegen, wenn ein Insolvenzgrund gegeben ist, ein Schließungsverfahren gleichzeitig jedoch nicht in Betracht kommt. Eine Fristvorgabe für die Antragstellung gibt es in § 171b Abs. 3 S. 1 SGB V nicht. Würde man

437 So auch: *Heeg/Kehbel*, NZS 2011, S. 8 (9).
438 *Lindemann*, in: BFS-KWG, § 46 b Rn. 12; Wache, in: Erbs/Kolhaas, VAG, § 88 Rn. 2.
439 *Lindemann*, in: BFS-KWG, § 46 b Rn. 12.
440 VG Berlin, Beschl. v. 31.10.1995, Az.: 25 A 313.95, in: WM 1996, S. 295 (299).
441 Anders: *Hengst*, S. 50.

die Grundsätze der Insolvenzordnung heranziehen, müsste diese ohne schuldhaftes Zögern, spätestens jedoch drei *Wochen* nach Eintritt der Überschuldung oder Zahlungsunfähigkeit erfolgen, § 15 a Abs. 1 S. 1 InsO. Dies wird jedoch im Recht der Krankenkassen nicht zum Maßstab gemacht werden können. Hier steht der Aufsicht nach § 171 Abs. 3 S. 2 und 3 SGB V eine Frist von drei *Monaten* zur Verfügung, um auf Grundlage ihrer Überprüfung zwischen der Einleitung eines Schließungsverfahrens und der Stellung eines Eröffnungsantrags zu entscheiden. Dies stellt eine gravierende Abweichung von den Vorschriften der Insolvenzordnung dar, die einen Antragssauschluss in Folge von Zeitablauf nicht kennt. Eine Antragsbefristung ließe sich mit der Konzeption des Insolvenzrechts als Haftungsrecht schlicht nicht vereinbaren. Die Verfahrenseröffnung ist von strategischer Wichtigkeit für den Erfolg des gesamten Verfahrens, sei es, weil dadurch die Sanierungschancen erhöht werden können oder sei es, weil die zur Verfügung stehende Insolvenzmasse nicht weiter geschmälert werden soll. Der Eröffnungsantrag ist demnach nur insofern zeitsensibel, als es um eine verspätete Stellung im Sinne einer Insolvenzverschleppung geht. Hier zeigt sich jedoch, dass das Insolvenzverfahren über das Vermögen von Krankenkassen einer anderen Maxime folgt: Es ist als Instrument der Aufsichtsbehörde zu verstehen. Damit steht eine Antragstellung nicht ausschließlich im Interesse der Gläubiger, sondern wird an einem öffentlichen Interesse orientiert. Dieses besteht im konkreten Fall in der Erhaltung der Funktionsfähigkeit der gesetzlichen Krankenversicherung, weswegen der zuständigen Aufsichtsbehörde ein Prüfungs- und Entscheidungszeitraum gewährt wird. Dass sich mit dem fortschreitenden Zeitablauf die wirtschaftlichen Ergebnisse des Insolvenzverfahrens – namentlich die Insolvenzquote – verschlechtern würden[442], war dem Gesetzgeber bewusst. Die Frist des § 171b Abs. 3 S. 3 SGB V soll deswegen im Interesse der Gläubiger eine Grenze festlegen. Die Vorschrift stellt aber nur eine Höchstfrist dar – das bedeutet: Sollte davor Klarheit darüber bestehen, dass nur ein Insolvenzverfahren in Betracht kommt, müsste der entsprechende Antrag nach den allgemeinen Grundsätzen unverzüglich gestellt werden. Eine frühzeitigere, gesicherte Feststellung dürfte es angesichts der bestehenden Abgrenzungsprobleme zwischen dem Schließungsgrund und den Insolvenzgründen in der Praxis jedoch nicht geben.

Ist – wie im angesprochenen zweiten Fall – neben einem Insolvenzgrund der Kassenschließungsgrund erfüllt, muss eine Antragspflicht verneint werden. Bereits die Vorschrift des § 171b Abs. 3 S. 2 SGB V macht deutlich, dass bei einem

442 BT-Drs. 16/9559, S. 20.

Vorliegen beider Eröffnungsgründe nicht zwingend ein Antrag auf Eröffnung eines Insolvenzverfahrens zu erfolgen hat, sondern ein Schließungsvorrang besteht. Trifft die Behörde innerhalb von drei Monaten nach dem Eingang der Insolvenzanzeige keine Entscheidung, soll überdies ein Eröffnungsantrag nicht mehr möglich sein. Danach verbleiben drei Möglichkeiten: Eröffnen sich zu diesem Zeitpunkt finanzielle Sanierungsmöglichkeiten, etwa weil andere Kassen zwischenzeitlich zu einer Unterstützung bereit sind, kommt theoretisch sogar eine Rettung in Betracht.[443] Im Übrigen, wenn der Schließungsgrund einschlägig bleibt, muss es zu einem Schließungsverfahren kommen. Die Stellung eines Insolvenzantrages ist nur noch möglich, wenn ein neuer, wesensverschiedener Insolvenzgrund eintritt. In der Folge führt die Vorschrift dazu, dass ein Insolvenzverfahren kaum jemals eingeleitet werden dürfte. Eine rasche Verfahrenseröffnung wird dadurch verhindert, dass die Behörde nicht unverzüglich einen Eröffnungsantrag zu stellen hat. Dies erscheint zumindest aus insolvenzrechtlicher Sicht widersinnig, da angesichts einer vorangegangenen Insolvenzanzeige durch den geschäftsführenden Vorstand und einer nachfolgenden Überprüfung durch das Insolvenzgericht eine derartig lange Frist nicht nötig erscheint. Geht die Aufsicht andererseits nach ihrer Prüfung von einem gleichzeitig vorliegenden Schließungsgrund aus, ist das Insolvenzverfahren subsidiär. Will sich die Behörde in dieser Situation aus sachlichen Gründen gegen den Schließungsvorrang entscheiden, muss sie dies innerhalb der Frist von drei Monaten tun, anderenfalls ist der entsprechende Insolvenzgrund für die Antragstellung verbraucht.

Angesichts der Fragestellung, ob nicht im Falle eines zögerlichen Tätigwerden der Behörde in der Praxis immer nur die Option „Kassenschließung" bleibt, verwies der Gesetzgeber darauf, dass die Möglichkeit von Amtshaftungsansprüchen eine Untätigkeit verhindern würde.[444] Fraglich ist jedoch, ob solche Ansprüche überhaupt in Betracht kommen.

Eine Amtshaftung kann sich grundsätzlich aus § 839 BGB in Verbindung mit Art. 34 GG ergeben. Tatbestandliche Voraussetzung ist, dass in Ausübung eines öffentlichen Amtes die einem Dritten gegenüber obliegende Amtspflicht verletzt wird und dem Dritten dadurch ein kausaler Schaden entsteht. Die Haftung der Anstellungskörperschaft wird dabei aus der persönlichen Amtshaftung des handelnden Amtswalters, hier des Vorstandes, abgeleitet. Neben der schuldhaft fehlerhaften Ausübung einer Dienstpflicht kommt als Pflichtverletzung vor allen Dingen die *Untätigkeit* in Betracht, wenn eine entsprechende Handlungspflicht

443 Für die zu erwartenden praktischen Probleme siehe bereits: Kapitel 4 § 15 A.
444 BT-Drs. 16/9559, S. 20.

bestanden hat. Die entscheidende Frage, ob und in welcher Weise hier eine Amtspflicht besteht, wird in der Begründung zum Gesetzentwurf nicht beantwortet. Deshalb wird die Amtspflicht vielfach auf die Eröffnungsantragstellung bezogen.[445] Allerdings wurde bereits gezeigt, dass die Antragstellung nur in denjenigen Fällen obligatorisch ist, in denen ein isolierter Insolvenzgrund vorliegt.[446] Im alternativen Szenario, in dem gleichzeitig auch der Schließungsgrund gegeben ist, muss eine solche Pflicht verneint werden. Genau diese Konstellation liegt aber dem Anwendungsfall des § 171b Abs. 2 S. 2 SGB V zu Grunde, was dazu führt, dass Amtshaftungsansprüche ausgeschlossen sind und nicht den Ausschlag für die Entscheidung der Behörde geben können.

Denkbar ist allenfalls, die schuldhafte Untätigkeit der Behörde auf ihre Prüfpflicht zu beziehen, die in Folge des Antragsmonopols besteht. Dies dürfte jedoch ein Anknüpfungspunkt sein, der von theoretischem Interesse bleibt. In der Praxis ist kaum davon auszugehen, dass die Aufsichtsbehörde nach Eingang der Insolvenzanzeige nicht in eine Phase der rechtlichen und wirtschaftlichen Überprüfung eintreten würde. Der Verweis auf Amtshaftungsansprüche im Gesetzentwurf ist demnach insgesamt nicht begründbar und hat zu einer Phantomdiskussion geführt.

C. Die Insolvenzanzeigepflicht des Vorstandes

Dem Grundsatz nach besteht bei juristischen Personen des Privatrechts (§ 15 a InsO) und des öffentlichen Rechts (§§ 89 Abs. 2, 42 Abs. 2 BGB) eine Eröffnungs*antrags*pflicht für die Mitglieder ihrer Vertretungsorgane. Auch wenn im Fall der gesetzlichen Krankenkassen das Recht zur Antragstellung auf die Aufsichtsbehörde konzentriert ist, trägt der geschäftsführende Vorstand dennoch die Verantwortung dafür, dass ein Insolvenzverfahren gegebenenfalls so schnell wie möglich eingeleitet werden kann. Diese drückt sich in der Pflicht zur Insolvenzanzeige nach § 171b Abs. 2 S. 1 SGB V aus, die bei Vorliegen eines Insolvenzgrundes unverzüglich und unter Beifügung aussagefähiger Unterlagen bei der zuständigen Aufsichtsbehörde erfolgen muss. Unterlässt der Kassenvorstand eine solche Anzeige, macht er sich nach § 307 a SGB V strafbar.

Umstritten ist, ob eine unterlassene oder verspätete Anzeige darüber hinaus auch zivilrechtlich relevant sein kann, indem sie einen direkten Schadensersatzanspruch Dritter, das heißt: der Krankenkassengläubiger auslöst. Hierfür wird auf eine mögliche deliktische Haftung nach § 823 Abs. 2 BGB in Verbindung

445 So: *Hengst*, S. 54; *Groß*, S. 211.
446 Vgl. *v. Lewinski*, S. 128.

mit § 171b Abs. 2 S. 1 SGB V verwiesen, die sich darauf stützt, dass gegen ein „den Schutz eines anderen bezweckendes Gesetz“ verstoßen wird. Für die Beurteilung ist damit wesentlich, ob die Insolvenz*anzeige*pflicht ein Schutzgesetz im Sinne des § 823 Abs. 2 BGB darstellt. Nach der Rechtsprechung des Bundesgerichtshofs muss sich die Einordnung daran orientieren, dass eine Norm nach ihrem Sinn und Zweck den Einzelnen oder bestimmte Personenkreise gegen die Verletzung eines Rechtsguts schützen soll und dabei nicht nur das Interesse der Allgemeinheit im Auge hat.[447] Der Schutz von Individualinteressen muss geradezu im „Aufgabenbereich des Gesetzes“[448] liegen und darf sich nicht lediglich als ein Reflex hieraus ergeben. *Poertzgen/Meyer* vertreten die Ansicht, dass der Insolvenzanzeigepflicht nach § 171b Abs. 2 S. 1 SGB V die Qualität eines Schutzgesetzes zukomme. Sie argumentieren, dass die Anzeigepflicht an die Stelle der Antragspflicht trete. Deren „Normzweck“[449] verlagere sich in die korrekte Insolvenzanzeige, da hierdurch die ausreichende Information der Aufsichtsbehörde garantiert werde. Aus einem solchen Normverständnis müsse dann – so *Poertzgen/Meyer* – „unmittelbar die Annahme einer drittschützenden Wirkung“[450] gefolgert werden, wie sie im Allgemeinen der Eröffnungsantragspflicht zugesprochen wird. Darüber hinaus gebe es keinen Grund, die Vorstände einer Krankenkasse im Hinblick auf ihr Haftungsrisiko besser zu stellen als Mitglieder der Vertretungsorgane von anderen juristischen Personen.[451] Falls also eine verspätete Anzeige kausal für einen Vermögensschaden von Gläubigern werde, sei der Vorstand dementsprechend zur Haftung verpflichtet. *Pfohl/Sichert/Otto*[452] verneinen den individualschützenden Charakter der Norm, da die Insolvenzanzeige im Krankenkasseninsolvenzverfahren nicht vorrangig die Gläubiger schütze, sondern „in den Dienst des Antragsprivilegs“[453] der Behörde gestellt sei. Sie gehen richtigerweise davon aus, dass die Antragspflicht nur ein Minus zum Recht der Antragstellung darstellt. Bereits ihr fehlt es jedoch an einer drittschützenden Wirkung, so dass dies nach einem Erst-recht-Schluss auch für die Vorschrift des § 171b Abs. 2 S. 1 SGB V gelten muss. Es ist damit nicht überzeugend, sie als Schutzgesetz einzuordnen. In Bezug auf eine mögliche Privilegierung des Krankenkassenvorstandes ist darauf hinzuweisen,

447 BGH, Urt. v. 11.07.1988, Az.: II ZR 243/87, in: BGHZ 105, S. 121 (124).
448 BGH, Urt. v. 11.07.1988, Az.: II ZR 243/87, in: BGHZ 105, S. 121 (124).
449 *Poertzgen/Meyer*, MedR 2012, S. 301 (305).
450 *Poertzgen/Meyer*, MedR 2012, S. 301 (305).
451 *Poertzgen/Meyer*, MedR 2012, S. 301 (305).
452 *Pfohl/Sichert/Otto*, NZS 2011, S. 8 (14).
453 *Pfohl/Sichert/Otto*, NZS 2011, S. 8 (14).

dass die Anzeigepflicht (§ 171b Abs. 2 S. 1 SGB V) anders als die Antragspflicht (§ 15 a Abs. 1 S. 1 InsO) neben den Insolvenzgründen „Überschuldung" und „Zahlungsunfähigkeit" auch die nur „drohende Zahlungsunfähigkeit" umfasst. Die Erweiterung der Anzeigepflicht um diesen Eröffnungsgrund zeigt einerseits, dass dem Vorstand eine wichtige Präventionsaufgabe zukommen soll. Andererseits hätte die geforderte Einordnung als Schutzgesetz damit keine Angleichung an das Haftungsrisiko der Mitglieder von anderen Vertretungsorganen zur Folge, sondern würde seine Erhöhung bedeuten. Da die Aufsichtsbehörde über die Verfahrensbeantragung entscheidet, wäre diese Rechtsfolge unverhältnismäßig.

§ 20 Das Insolvenzeröffnungsverfahren

Liegt ein Eröffnungsantrag vor, hat das Insolvenzgericht dessen Zulässigkeit und Begründetheit zu überprüfen. Wenn und sobald der Antrag zulässig ist, greift die Amtsermittlungspflicht des Insolvenzgericht (§ 5 Abs. 1 S. 1 InsO) ein. Dieses muss dann alle Umstände überprüfen und bewerten, die für das Insolvenzverfahren von Bedeutung sind. Neben dem Vorliegen einer die Verfahrenskosten deckenden Masse muss das Gericht vor allen Dingen davon überzeugt sein, dass ein gesetzlicher Insolvenzeröffnungsgrund gegeben ist.[454] Die hierzu erforderlichen Ermittlungen trifft das Gericht nach pflichtgemäßem Ermessen.[455] Ihr Ziel muss es sein, einen umfassenden Überblick über die Vermögensverhältnisse des Schuldners zu erlangen. Während dieser Phase ist es von entscheidender Wichtigkeit, dass sich die Vermögenslage des Schuldners nicht unkontrolliert verschlechtert. Zur Sicherung gegen eine nachteilige Veränderung hat das Insolvenzgericht gemäß § 21 Abs. 1 S. 1 InsO alle Maßnahmen zu treffen, die hierfür erforderlich erscheinen. Die wesentlichen Aspekte des vorläufigen Insolvenzverfahrens sollen im Folgenden für den Fall der Insolvenz einer Krankenkasse untersucht werden.

A. Der vorläufige Insolvenzverwalter

I. Die Bestellung durch das Insolvenzgericht

Eine zentrale Sicherungsmaßnahme im vorläufigen Insolvenzverfahren – auch Eröffnungsverfahren genannt – ist die Einsetzung eines vorläufigen Insolvenzverwalters gemäß § 21 Abs. 2 S. 1 Nr. 1 InsO. Ob das Insolvenzgericht vor dessen Bestellung im vorläufigen Insolvenzverfahren über das Vermögen einer

454 *Frege/Keller/Riedel*, Teil 2 Rn. 518.
455 *Schmahl/Vuia*, in: MüKo-InsO, § 16 Rn. 7.

Krankenkasse die Aufsichtsbehörde zu hören hat, ist nicht eindeutig aus dem Gesetz ersichtlich. Zwar regelt § 171b Abs. 4 S. 3 SGB V eine solche Anhörung für den Fall, in dem es zu einer Insolvenzverfahrenseröffnung kommt – dabei wird allerdings das zeitlich vorangehende Verfahrensstadium nicht angesprochen. Im Ergebnis muss zur Klärung der Frage auf den Sinn und Zweck der Norm abgestellt werden. § 171b Abs. 4 S. 3 SGB V sorgt für eine gewisse „Verzahnung" von Aufsichtsrecht und Insolvenzrecht, indem die Aufsichtsbehörde nach ihrer bewussten Entscheidung gegen das Schließungsverfahren zur Auswahl des Insolvenzverwalters gehört wird. Legt man dies zu Grund, muss eine Anhörung auch im Eröffnungsverfahren erfolgen.[456] Denn die Bestellung des vorläufigen Insolvenzverwalters ist für das Verfahren in mehrerlei Hinsicht von Bedeutung. Zunächst deswegen, weil er häufig schon mit seinen Handlungen über den Fortgang des Verfahrens entscheidet. Hinzu kommt, dass tendenziell der vorläufige Insolvenzverwalter aus Gründen der Verfahrenserleichterung auch zum Verwalter im zu eröffnenden Insolvenzverfahren bestellt wird.

II. Die Rolle des vorläufigen Insolvenzverwalters

Abhängig davon, ob dem Schuldner die Verwaltungs- und Verfügungsbefugnis im vorläufigen Insolvenzverfahren entzogen ist, variieren die Entscheidungskompetenzen und Pflichten des vorläufigen Insolvenzverwalters. Wird dem Schuldner ein allgemeines Verfügungsverbot auferlegt wird, ist der Verwalter im Eröffnungsverfahren als „stark", sonst als „schwach" zu bezeichnen. Bei einer Krankenkasse ist in diesem Verfahrensstadium problematisch, dass die Insolvenzverwalterpflichten nach der Insolvenzordnung möglicherweise mit der Erfüllung öffentlicher Aufgaben durch die Krankenkasse kollidieren könnten.

1. Pflichten nach der Insolvenzordnung

Wesentlich ist zunächst die Pflicht, das Vermögen des Schuldners zu sichern und zu erhalten sowie das Unternehmen fortzuführen, bis es zu einer Entscheidung des Insolvenzgerichts über die Verfahrenseröffnung kommt. Für den starken Insolvenzverwalter ist dies unmittelbar in § 22abs. 1 S. 2 Nr. 1 und 2 InsO geregelt, dem schwachen Insolvenzverwalter wird diese Pflicht vom Insolvenzgericht nach § 22abs. 2 S. 1 InsO auferlegt werden.[457] Schließlich steht zu diesem Zeitpunkt noch nicht sicher fest, ob ein Insolvenzgrund tatsächlich gegeben ist. Sollte ein

---

456 So auch: *Lundberg/Sänger*, ZInsO 2010, S. 1211 (1213); *Groß*, S. 219.

457 Sie besteht dann „auf der Ebene der Ausübung des Zustimmungsvorbehalts", *Beck*, in: Beck/Depré, § 18 Rn. 15.

solcher letztendlich vorliegen, ist die Fortführungspflicht nach ihrem Sinn und Zweck auch eine „Absicherungsmaßnahme“[458], um bis zur Entscheidung durch die Gläubigerversammlung die Auswahl unter den verschiedenen Verwertungsarten zu erhalten. Dementsprechend soll der Verwalter im Eröffnungsverfahren gerade kein „Vor-Liquidator“[459] sein und ihm stehen anders als im eröffneten Verfahren nicht die besonderen Wahlrechte der §§ 103 ff. InsO zu. Auf bereits bestehende Verträge des Schuldners kann und muss er deshalb nach den allgemeinen, auch außerhalb der Insolvenz bestehenden vertraglichen oder gesetzlichen Änderungs- beziehungsweise Kündigungsvorschriften Einfluss nehmen.[460] Dass die Fortführungspflicht unter Umständen mit der Pflicht zur Sicherung und Erhaltung des Schuldnervermögens kollidiert, ergibt sich bereits aus § 22abs. 1 S. 2 Nr. 2 InsO. Dort ist vorgesehen, dass der vorläufige Insolvenzverwalter einen Antrag auf Stilllegung des Unternehmens stellen kann, wenn dies nötig ist, um eine erhebliche Verminderung des Vermögens im Fortführungsfall zu vermeiden.[461] Aus Gründen der Haftung, die über §§ 21 Abs. 2 S. 1 Nr. 1, 60 InsO an das Regelverfahren angeglichen ist, wird er in den einschlägigen Fällen sogar dazu verpflichtet sein. Was unter einer erheblichen Vermögensminderung zu verstehen ist, lässt sich nicht allgemein anhand von Prozentsätzen bestimmen, sondern bedarf einer Entscheidung im Einzelfall. Anzuerkennen ist aber, dass auch die unrentable Betriebsfortführung innerhalb gewisser Grenzen zulässig ist.[462] Sie stellt dann eine Art von „Investitionsentscheidung“ dar, um der Gläubigerversammlung die Entscheidungshoheit über die Verwertung des Schuldnervermögens zu sichern. Ist, wie hier unterstellt, eine Sanierung im Insolvenzverfahren mangels Fortsetzungsmöglichkeit ausgeschlossen, verbleibt als einzige Art der Insolvenzabwicklung nur die Liquidation. Insofern sprechen dann keine wirtschaftlichen Gründe für die Fortführung. Hinzu kommt, dass – obwohl das Vorliegen des Insolvenzgrundes vom Insolvenzgericht erst noch geprüft werden muss – die Versicherten bereits ihr Kassenwahlrecht ausüben dürfen und zu erwarten ist, dass eine Liquidation schon aus diesem Grund nur noch theoretisch abzuwenden sein dürfte. Dennoch bleibt die Fortführungspflicht auch im Fall eines vorläufigen Kasseninsolvenzverfahrens oberste Priorität. Dies ergibt sich aus dem Versorgungsauftrag der gesetzlichen Krankenkassen sowie den Modalitäten des

---

458 *Beck*, in: Beck/Depré, § 5 Rn. 88.

459 *Gerhardt*, in: Jaeger, § 22 Rn. 53.

460 *Vallender*, in: Uhlenbruck, § 22 Rn. 54; *Haarmeyer*, in: MüKo-InsO, § 22 Rn. 59.

461 Zur Wirksamkeit der Stilllegung muss das Insolvenzgericht diesem Antrag zustimmen, § 22abs. 1 S. 2 Nr. 2 a.E. InsO.

462 *Mönning*, in: Nerlich/Römermann, § 22 Rn. 173.

Krankenkassenwechsels. Bis eine neue Kasse gewählt wurde, haben alle Versicherten Ansprüche auf Gesundheitsleistungen gegen ihre *alte* Krankenkasse. Zu diesem Zweck erhält diese – solange und soweit noch Versicherungsverhältnisse bestehen – die entsprechenden Zuweisungen aus dem Gesundheitsfonds und zieht die Beiträge ein. Die Organisation von Leistungsaushilfen durch andere Kassen sieht das Gesetz erst nach der Eröffnung des Insolvenzverfahrens vor[463], so dass die Versicherten während des vorläufigen Insolvenzverfahrens und bis zu einem Kassenwechsel zwingend auf das Weiterbestehen des Versicherungsträgers angewiesen sind. Demnach ist die Kasse trotz fehlender Sanierungsperspektive zunächst fortzuführen.

2. *Problematisch: Der öffentliche Auftrag der Krankenkasse*

Der Beginn des vorläufigen Insolvenzverfahrens berührt den Bestand von Rechten und Pflichten der Krankenkasse nicht. Unabhängig hiervon wird der Insolvenzverwalter in bestimmten Situationen dennoch vor der Entscheidung stehen, ob er bei noch nicht vollständig erfüllten Verträgen deren Erfüllung wählt oder sie ablehnt.[464] An dieser Stelle wird kritisiert, dass im Rahmen des GKV-OrgWG eine Festlegung des Insolvenzverwalters auf den „besonderen Auftrag“[465] der gesetzlichen Krankenversicherung nicht umgesetzt worden ist. Denn während die Krankenkasse zur Erfüllung ihrer öffentlichen Aufgabe – namentlich der Zahlung von Geldleistungen an Versicherte und Leistungserbringer – verpflichtet bleibt, muss sich der Verwalter bei seinen Entscheidungen am „Sicherungszweck der vorläufigen Insolvenzverwaltung“[466] orientieren. *Simone Groß* pointiert die Problematik, indem sie einen Fall skizziert, bei dem der vorläufige (starke) Insolvenzverwalter zwar die Zuweisungen aus dem Gesundheitsfonds zur Masse einzieht, die Erfüllung der Verpflichtungen gegenüber Leistungserbringern oder Versicherten aber verweigert.[467] Ein solches Szenario steht allerdings auch ohne eine entsprechende Regelung im GKV-OrgWG nicht zu befürchten.

Denn die rechtliche Möglichkeit, Verträge mit den Leistungserbringern oder gar die Versicherungsverhältnisse zu der betroffenen Kasse einseitig zu beenden, ist dem vorläufigen Insolvenzverwalter nicht gegeben. Auch eine Leistungsverweigerung, die ungeachtet bestehender Rechtsverhältnisse erfolgt, ist als

463 BT-Drs. 17/6906, S. 95.
464 *Gerhardt*, in: Jaeger, § 22 Rn. 47.
465 *Uwer*, GesR 2009, S. 113 (121).
466 *Gerhardt*, in: Jaeger, § 22 Rn. 23.
467 *Groß*, S. 221.

unzulässig einzustufen. Hierfür spricht zum einen, dass der vorläufige Insolvenzverwalter, falls dem Schuldner ein allgemeines Verfügungsverbot obliegt, zwar dessen Vermögen verwalten und darüber verfügen darf. Als Vermögen in diesem Sinne gilt jedoch nur das, was dem Schuldner zum Zeitpunkt der Verfahrenseröffnung gehört und was er während des Verfahrens erlangt, § 35 Abs. 1 InsO. Gemäß § 36 Abs. 1 S. 1 InsO sind hingegen solche Gegenstände nicht vom Verfahren erfasst, die in der Einzelzwangsvollstreckung für unpfändbar erklärt wurden. Was darunter zu verstehen ist, wird in § 882a Abs. 2 S. 1 ZPO geregelt. Die Norm besagt, dass Sachen – die im Sinne des § 90 BGB unter den Begriff „Gegenstand" zu subsumieren sind – nicht der Zwangsvollstreckung unterliegen, wenn sie für die Erfüllung öffentlicher Aufgaben des Schuldners unentbehrlich sind. Nach verbreiteter Ansicht kann die Trennlinie zwischen den insoweit entbehrlichen und unentbehrlichen Sachen zwischen dem *Verwaltungs-* und dem *Finanz*vermögen des Schuldners gezogen werden.[468] Im Fall der Krankenkassen wird das Verwaltungsvermögen nach den Voraussetzungen des § 263 Abs. 1 und 2 SGB V bestimmt. Es unterläge damit einem Insolvenzschutz. Das Finanzvermögen – bei Krankenkassen die Betriebsmittel (§ 260 SGB V) und die Rücklage (§ 261 SGB V) – würden demnach aber zur Insolvenzmasse zählen.[469]

Da die Erfüllung der Gesundheitsversorgung durch die gesetzlichen Krankenkassen zwar unter Einsatz beziehungsweise Benutzung von Verwaltungsvermögen – zum Beispiel von Immobilien – erfolgt, die eigentliche Gesundheitsversorgung aber ausschließlich durch Geldleistungen an Leistungserbringer und Versicherte bestritten wird, würden damit die wesentlichen Mittel zur Erfüllung öffentlicher Aufgaben nicht von dem Pfändungsschutz umfasst. Der Schutzzweck des § 882a Abs. 2 S. 1 ZPO liefe ins Leere. Hier muss über die teleologische Erweiterung des § 882a Abs. 2 S. 1 Alt. 1 ZPO auf diejenigen Finanzmittel nachgedacht werden, die den Krankenkassen als Einnahmen zur Verfügung stehen und mit denen die gesetzlich oder durch Satzung vorgesehenen Leistungspflichten erfüllt werden.[470] Dahingegend hatte bereits das Bundesverfassungsgericht in seinem Beschluss vom 13. Dezember 1983 angedeutet, dass kirchliche Körperschaften des öffentlichen Rechts über die enge Auslegung von § 882a Abs. 2 S. 1 Alt. 1 ZPO hinaus bezüglicher aller Mittel geschützt sind, die sie für ihre kirchliche Tätigkeit (*res sacrae*) benötigen.[471] Auch *Engelsing* spricht sich dafür aus, dass in bestimmten

468 So auch *v. Lewinski*, S. 70; *Engelsing*, S. 60; *Münzberg*, in: Stein/Jonas, § 882a Rn. 19.

469 *Münzberg*, in: Stein/Jonas, § 882a Rn. 19.

470 So auch: *Groß*, S. 225; v. Lewinski, S. 70, 71.

471 BVerfG, Beschl. v. 13.12.1983, Az.: 2 BvL 13, 14, 15/82, in: BVerfGE 66, S. 1 (23); *Becker*, in: Musielak/Voit, ZPO, § 882a Rn. 6.

Fällen auch „*Finanz*vermögen für die Erfüllung der Aufgaben des Hoheitsträgers unentbehrlich sein kann."[472] So auch im vorliegenden Fall. Es ist unerlässlich, dass die Mittel der gesetzlichen Krankenkasse, jedenfalls soweit sie der unmittelbaren Finanzierung von Gesundheitsleistungen dienen, als unpfändbar im Sinne von § 882a Abs. 2 S. 1 Alt. 1 ZPO gelten und damit dem Insolvenzschutz des § 36 Abs. Abs. 1 S. 1 InsO unterliegen. Nur solche Betriebsmittel, die als Vermögen der Kasse bilanziert werden, Rücklagenvermögen und Verwaltungsvermögen würde dann unter die Verwaltungs- und Verfügungsbefugnis des vorläufigen starken Insolvenzverwalters fallen. Ein vorläufiger schwacher Insolvenzverwalter müsste nur zu Verfügungen über diesen Vermögensteil seine Zustimmung erteilen. Die Gefahr einer Leistungsverweigerung gegenüber Versicherten oder Leistungserbringer sowie ein Interessenkonflikt des vorläufigen Insolvenzverwalters wäre eingedämmt, da der Kassenvorstand zur „Verwaltung des konkursfreien Vermögens sowie zur Ausübung von Hoheitsbefugnissen und der gesetzlich zugewiesenen Aufgaben"[473] befugt bliebe.

Unvermeidliche „Friktionen"[474], wie sie bei der Trennung von Insolvenzmasse und massefreiem Vermögen in der Praxis auftreten dürften, sind zum anderen aber auch unter Berufung auf das Sozialstaatsprinzip zu lösen. Es wäre mit dem Versorgungsauftrag der gesetzlichen Krankenversicherung nicht vereinbar, würde im vorläufigen Insolvenzverfahren einseitig auf die Interessen der Gläubiger abgestellt werden. In der Folge muss ein vorläufiger Verwalter die Kasse nicht nur fortführen, sondern seine Entscheidungen auch so treffen, dass Versicherungsleistungen weiterhin erbracht werden können. Eine Klarstellung des Gesetzgebers dazu, dass die Versorgung der Versicherten auch über den Zeitraum des Eröffnungsverfahrens hinweg aufrechtzuerhalten ist, wäre dennoch vorteilhaft gewesen.

B. Der vorläufige Gläubigerausschuss

Nach § 22a Abs. 2 InsO *soll* das Insolvenzgericht einen Gläubigerausschuss bereits im vorläufigen Insolvenzverfahren einsetzen. Unter den besonderen Voraussetzungen von § 22a Abs. 1 InsO besteht hierzu sogar eine Pflicht. Die Vorschrift wurde durch das Gesetz zur weiteren Erleichterung der Sanierung

472 *Engelsing*, S. 140.
473 *Engelsing*, S. 139.
474 *v. Lewinski*, S. 185.

von Unternehmen (ESUG[475]) mit dem expliziten Ziel eingeführt, eine frühzeitige Gläubigerpartizipation im Insolvenzverfahren zu ermöglichen. Ihr Anwendungsbereich dürfte in der Praxis vor allen Dingen dort liegen, wo die Sanierung von insolventen Unternehmen in Betracht kommt.[476] Im Interesse von konstruktiven Lösungen ist gerade hier die Kooperation der Verfahrensbeteiligten unabdingbar. Anders liegt die Situation im Fall der Krankenkasseninsolvenz, bei der die Hoffnung auf eine Sanierung unter den aktuellen rechtlichen Rahmenbedingungen ausgeschlossen ist. Für die Gläubigerversammlung wird eine Entscheidungsalternative im Sinne von § 157 InsO nicht vorliegen. Die Notwendigkeit eines nur vorläufigen Gläubigerausschusses scheint insofern nicht gegeben. Hinzu kommt, dass für die Frage der Insolvenzverwalterbestellung bereits der Aufsichtsbehörde eine beratende Rolle zukommt und damit das Insolvenzgericht – anders als im Regelinsolvenzverfahren – nicht ohne Konsultation entscheiden kann.

C. Informationspflichten des Kassenvorstandes

Im vorläufigen Insolvenzverfahren muss sichergestellt werden, dass die Mitglieder derjenigen Kasse, die von der Eröffnungsantragstellung betroffen ist, ihren Kassenwechsel vollziehen. Hierzu verweist § 171b Abs. 3 S. 4 SGB V auf die Regelungen des § 155 Abs. 2 S. 5 bis 7 SGB V. Entsprechend den Abläufen im Schließungsverfahren muss der Kassenvorstand ab dem Zeitpunkt dieser Antragstellung durch die Behörde die Mitglieder über ihr Sonderkassenwahlrecht, die Ausübungsfristen und die Folgen einer nicht rechtzeitigen Ausübung informieren. Einzubeziehen sind auch die zur Meldung verpflichteten Stellen, die gemäß § 175 Abs. 3a S. 2 SGB V tätig werden, wenn der Wechsel zu einer anderen Kasse nicht fristgerecht erfolgt sowie durch eine Mitgliedsbescheinigung nachgewiesen wird.

D. Die Entscheidung des Insolvenzgerichts

Die Eröffnungsentscheidung des Insolvenzgerichts ergeht durch Beschluss, § 27 InsO. Das Gericht unterliegt dabei keiner Bindung an das Prüfungsergebnis der Behörde.

---

475 Gesetz zur weiteren Erleichterung der Sanierung von Unternehmen (ESUG), BGBl. Jahrgang 2011, Teil I, S. 2582.

476 BT-Drs. 17/5712, S. 24.

I. Abweisung des Eröffnungsantrags als unbegründet

Kommt das Insolvenzgericht zu der Überzeugung, dass kein Eröffnungsgrund gegeben ist, muss es den Antrag der Behörde als unbegründet abweisen. Nach einer Antragsablehnung wegen fehlender Begründetheit sind zwei Folgeszenarien denkbar: Lag – abhängig von der Definition – neben einem Insolvenzgrund gleichzeitig auch ein Schließungsgrund vor, und hatte sich die Behörde zuvor aus sachlichen Gründen gegen den Schließungsvorrang entschieden, muss sie nun eine Kassenschließung einleiten, wenn sie nach wie vor von einer dauerhaften Leistungsunfähigkeit im Sinne des § 153 S. 1 Nr. 3 SGB V ausgeht.

Für den – in der Praxis kaum denkbaren – Fall, dass die Behörde von einem „isolierten" Insolvenzgrund ausging und das Insolvenzgericht einen solchen nicht für gegeben hält, könnte die Kasse ihre Tätigkeit im Prinzip fortsetzen. Problematisch und abweichend von der Situation anderer Schuldner ist, dass bei der Krankenkasse die Eröffnungsantragstellung für ihre Mitglieder das Recht auslöst, sich innerhalb von sechs Wochen einer anderen Kasse anzuschließen. Dadurch wird zwar die kontinuierliche Erbringung von Versicherungsleistungen garantiert, indem rechtzeitig zur Insolvenzverfahrenseröffnung die Zuständigkeit einer neuen Kasse begründet sein soll.[477] Der sukzessive Wegfall der Mitgliedschaften leitet aber das rechtliche und wirtschaftliche Ende der Kasse ein. Kommt es trotz eines Eröffnungsantrags nicht zur Verfahrenseröffnung, regelt § 175 Abs. 3a S. 4 SGB V, dass wie im Fall der abgewendeten Kassenschließung die Meldung bei einer neuen Kasse zu „stornieren"[478] ist. Auch hier dürften sich dieselben praktischen Probleme als hinderlich erweisen, die bereits für das Schließungsverfahren besprochen wurden.[479]

II. Abweisung des Eröffnungsantrags mangels Masse

Gemäß § 26 Abs. 1 S. 1 InsO weist das Insolvenzgericht den Antrag auf Eröffnung des Insolvenzverfahrens auch dann ab, wenn das Schuldnervermögen voraussichtlich nicht zur Verfahrenskostendeckung[480] ausreicht. Das Vermögen des

477 BT-Drs. 17/8005, S. 123. In Ausnahmefällen, vor allen Dingen, wenn das Insolvenzverfahren vor der Frist von acht Wochen nach Antragstellung eröffnet wird, kann eine Leistungsaushilfe durch andere Kassen notwendig werden, § 217 f Abs. 6 SGB V.

478 BT-Drs. 17/8005, S. 123.

479 Siehe: Kapitel 4, § 15 A.

480 Hierzu zählen: Die Gerichtskosten, Vergütungen und Auslagen eines vorläufigen Insolvenzverwalters, des Insolvenzverwalters sowie der Mitglieder des Gläubigerausschusses, *Vallender*, in: Uhlenbruck, § 26 Rn. 8.

Schuldners im Sinne der Vorschrift korrespondiert im Grundsatz mit der künftigen Insolvenzmasse.[481]

Zu Recht wird darauf hingewiesen, dass durch die Umlagefinanzierung in der gesetzlichen Krankenversicherung „die Mittel so eingenommen werden, wie sie auch gleich wieder ausgegeben werden"[482] und deswegen die Frage aufgeworfen, ob eine Masseunzulänglichkeit aus diesem Grund nicht „regelmäßig"[483] vorliegen müsse. Richtig ist, dass vor allen Dingen die Zuweisungen des Gesundheitsfonds planmäßig für die notwendigen Gesundheitsleistungen auszugeben sind. Hier können die Krankenkassen zwar grundsätzlich Überschüsse erzielen. Das Vorliegen eines Insolvenzgrundes indiziert aber gerade, dass keine ausreichenden Betriebsmittel im Sinne des § 260 SGB V (mehr) vorliegen. Im Insolvenzfall wird regelmäßig auch die Rücklage, die jede Kasse zur Sicherstellung ihrer Leistungsfähigkeit nach § 261 Abs. 1 SGB V zu bilden hat, aufgebraucht sein. Dennoch werden in den Bilanzen der gesetzlichen Krankenkassen zum Teil erhebliche Verwaltungsvermögen ausgewiesen. Sie unterliegen zwar einem Pfändungs- und Insolvenzschutz, der daran anknüpft, dass sie für die Erfüllung öffentlicher Aufgaben des Schuldners unentbehrlich sind, § 882a Abs. 2 ZPO, § 36 Abs. 1 S. 1 InsO. Damit fallen sie zunächst nicht in die Insolvenzmasse.[484] Allerdings muss beachtet werden, dass mit der Eröffnung des Insolvenzverfahrens eben jener öffentliche Auftrag der Krankenkasse entfällt, der den Pfändungsschutz des Verwaltungsvermögens rechtfertigt. § 882a Abs. 2 S. 1 ZPO kann fortan nicht mehr als Argument für die Begrenzung der Insolvenzmasse herangezogen werden. Obwohl diese Rechtsfolge erst mit dem Erlöschen des öffentlichen Auftrags – und damit *nach* der Eröffnungsentscheidung des Insolvenzgerichts eintritt – kann sie schon vorab im Rahmen dieser Entscheidung berücksichtigt werden. Dafür spricht, dass die Feststellung der Masselosigkeit nicht exakt zu berechnen ist, sondern „wie bei allen in die Zukunft gerichteten Entscheidungen"[485] einer Prognose bedarf. Dies erklärt sich bereits dadurch, dass im Laufe des Verfahrens notwendigerweise Minderungen und Vermehrungen der Insolvenzmasse, zum Beispiel in Folge von Insolvenzanfechtungen, ergeben werden. Darum ist zu Beginn des Verfahrens darauf abzustellen, ob die Verfahrenskostendeckung überwiegend wahrscheinlich ist.[486] Das Verwaltungsvermögen von gesetzlichen

---

481 *Schilken*, in: Jaeger, § 26 Rn. 12.
482 *Reuter*, Indat-Report 04/2008, S. 8 (10).
483 *Reuter*, Indat-Report 04/2008, S. 8 (10).
484 Siehe ausführlich: Kapitel 4, § 21 A.
485 Bundesarbeitskreis Insolvenzgerichte e.V., NZI 2009, S. 37 (40).
486 *Vallender*, in: Uhlenbruck, § 26 Rn. 7.

Krankenkassen kann deswegen zur Entscheidung des Insolvenzgerichts herangezogen werden, soweit es nicht mit Rechten Dritter belastet ist.

Kommt es dennoch zu einer Abweisung des Eröffnungsantrags mangels Masse, gilt die Kasse zwar nach § 171b Abs. 5 SGB V als geschlossen. Jedoch ist aus dem Gesetz nicht ersichtlich, nach welchen Vorschriften dann eine Abwicklung zu erfolgen hat. Grundsätzlich kommen – mangels „Insolvenzoption" – neben dem Schließungsverfahren die allgemeinen Liquidationsvorschriften für juristische Personen des öffentlichen Rechts nach dem Bürgerlichen Gesetzbuch in Betracht (§§ 89 Abs. 2, 42 Abs. 2, 47 ff. BGB).[487] Zur Entscheidung der Verfahrenswahl kann zunächst auf vergleichbare Rechtsfolgen im Gesellschafts- und Vereinsrecht verwiesen werden. Sowohl für die Aktiengesellschaft (§ 262 Abs. 1 Nr. 3 AktG) als auch für die Gesellschaft mit beschränkter Haftung (§ 60 Abs. 1 Nr. 5 GmbHG) und den rechtsfähigen Verein (§ 42 Abs. 1 S. 1 BGB) gilt, dass die rechtskräftige Abweisung des Eröffnungsantrags ihre Auflösung begründet. In den genannten Fällen erfolgt die anschließende Liquidation dann in einem spezialgesetzlich geregelten Verfahren.[488] Dieser Struktur folgend sprechen sich *Lundberg/Sänger* dafür aus, dass die Abwicklung nach den „für die Rechtsform der Krankenkassen als Körperschaften des öffentlichen Rechts geltenden Regelungen"[489] zu erfolgen habe und plädieren für eine Anwendbarkeit der §§ 89 Abs. 2, 42 Abs. 2, 47 ff. BGB. Eine Anwendung der Schließungsvorschriften wird abgelehnt. Sie stützen sich dabei auf die Formulierung in der Entwurfsbegründung zum GKV-OrgWG, die im Zusammenhang mit der Schließungsfiktion des § 171b Abs. 5 SGB V von einer „Anlehnung an die für andere juristische Personen geltende Rechtslage"[490] spricht. Zusätzlich argumentieren sie, dass ein Rückgriff auf das Schließungsrecht die vorangegangene Einzelfallentscheidung der Behörde für das Insolvenzverfahren nachträglich „konterkarieren"[491] würde.

Dabei übersehen *Lundberg/Sänger*, dass § 171b Abs. 5 SGB V keine Vorfestlegung auf ein bestimmtes Liquidationsverfahren darstellt. Die Gesetzesbegründung stellt lediglich fest, dass § 171b Abs. 5 SGB V den Auflösungszeitpunkt für Krankenkassen terminiert. Die relevanten Auflösungsgründe – so die Begründung weiter – werden dann in „Anlehnung an die für andere juristische Personen geltende Rechtslage"[492] bestimmt. Entsprechend der Rechtslage in anderen

---

487 *Uwer*, GesR 2009, S. 113 (120).

488 *Haarmeyer*, in: MüKo-InsO, § 26 Rn. 47; *v. Lewinski*, S. 191.

489 *Lundberg/Sänger*, in: ZInsO 2010, S. 1211 (1213).

490 BT-Drs. 16/9559, S. 20, *Lundberg/Sänger*, ZInsO 2010, S. 1211 (1213).

491 *Lundberg/Sänger*, ZInsO 2010, S. 1211 (1213).

492 BT-Drs. 16/9559, S. 20.

Fachgesetzen sind dies der Zeitpunkt der Insolvenzverfahrenseröffnung oder die Rechtskraft des Beschlusses, mit dem der Antrag mangels Masse abgewiesen wird. Ist die Kasse aufgelöst und kommt es nicht zum Insolvenzverfahren, stehen zwar im Grundsatz auch die allgemeinen Liquidationsvorschriften für juristische Personen des öffentlichen Rechts nach dem Bürgerlichen Gesetzbuch zur Verfügung. Aus dem Regelungskontext des Krankenkassenrechts ergibt sich jedoch, dass der Gesetzgeber für diesen Fall auf das Schließungsrecht verweisen wollte. Dass in § 171b Abs. 5 das Wort „geschlossen" nicht lediglich synonym für „aufgelöst" verwendet wird, sondern im Fall einer nicht ausreichenden Insolvenzmasse auch das Schließungsverfahren anzuwenden ist, zeigt die Verordnung nach § 171d Abs. 2 S. 1 SGB V. Das Bundesministerium für Gesundheit[493] hat auf Grundlage dieser Vorschrift die Geltendmachung der Haftung im Schließungs- und Insolvenzfall geregelt.[494] § 1 der Verordnung, der ihren sachlichen Anwendungsbereich regelt, umfasst dabei neben der Durchführung des Schließungs- und Insolvenzverfahrens auch eine dritte Variante, nämlich den Fall, dass es zu einer Abweisung des Eröffnungsantrags durch das Insolvenzgericht kommt (§ 1 Abs. 1 Nr. 2 KKInsoV). Wenn aber auch in dieser Situation die dort vorgesehenen Haftungsmechanismen des Krankenkassenrechts zur Anwendung kommen sollen, muss die Liquidation denknotwendig nach den Vorschriften des Schließungsverfahrens erfolgen.[495] Ein Rückgriff auf die allgemeinen Vorschriften für die Körperschaften des öffentlichen Rechts, welche die Verordnung nicht in Bezug nehmen, ist damit ausgeschlossen.

III. Eröffnung des Insolvenzverfahrens

1. Regelverfahren nach Maßgabe des § 171b Abs. 1 S. 2 SGB V

Kommt es zur Eröffnung des Insolvenzverfahrens, so richtet sich dessen Ablauf nach den Vorschriften der Insolvenzordnung, die entsprechend den §§ 171b ff. SGB V modifiziert werden. Da die Kassensanierung im Insolvenzverfahren nach aktueller Rechtslage ausgeschlossen ist, kann die Insolvenzabwicklung ausschließlich im Liquidationsverfahren erfolgen. Bei Verfahrenseröffnung ernennt das Insolvenzgericht einen Insolvenzverwalter, § 27 Abs. 1 S. 1 InsO. Die

493 Mit Zustimmung des Bundesrates, § 171d Abs. 2 S. 1 SGB V.

494 Verordnung zur Aufteilung und Geltendmachung der Haftungsbeträge durch den Spitzenverband Bund der Krankenkassen bei Insolvenz oder Schließung (KKInsoV), BGBl. Jahrgang 2010, Teil I, S. 2.

495 So auch: *Groß*, S. 239.

Wahl wird hierbei in der Regel auf die Person fallen, die bereits als vorläufiger Verwalter während des Eröffnungsverfahrens fungiert hat.

2. Anordnung der Eigenverwaltung

Die Verweisung des § 171b Abs. 1 SGB V erfasst auch die Möglichkeit, das Insolvenzverfahren in Eigenverwaltung gemäß §§ 270 ff. InsO durchzuführen.[496] Nach § 270 Abs. 2 InsO setzt eine solche Anordnung voraus, dass sie vom Schuldner beantragt worden ist (Nr. 1) und zusätzlich keine Umstände bekannt sind, die in Folge der Anordnung zu Nachteilen für die Gläubiger führen werden (Nr. 2). Zwar bildet § 270 Abs. 2 Nr. 1 InsO nicht den Fall ab, dass der Eröffnungsantrag von der Aufsichtsbehörde gestellt wird. Dennoch kommt eine analoge Anwendung von § 270 Abs. 2 Nr. 2 InsO in Betracht, da § 171b Abs. 1 SGB V grundsätzlich auf das Eigenverwaltungsverfahren verweist und damit aufgrund der nicht vorhandenen Regelung für diesen Fall eine planwidrige Regelungslücke besteht. Zusätzlich besteht eine Ähnlichkeit der Interessenlage. Liegt also ein Antrag vor und ist nicht zu erwarten, dass die Anordnung zu Nachteilen für die Gläubiger führt, hätte das Insolvenzgericht nach den Vorgaben des Gesetzes die Eigenverwaltung zu bestimmen.[497] Ob sie im Fall einer Krankenkasseninsolvenz überhaupt einen gangbaren Weg darstellt, soll hier untersucht werden.

Betrachtet man die Besonderheit der Eigenverwaltung, so liegt diese darin, dass das Verfahren „verwalterlos“[498] durchgeführt wird und stattdessen der Schuldner unter Aufsicht eines Sachwalters zur Verwaltung und Verfügung über die Insolvenzmasse befugt bleibt. Hierdurch soll nicht nur eine Vereinfachung des Verfahrens erreicht werden. Insbesondere weil der Sachwalter nach § 12 Abs. 1 der Insolvenzrechtlichen Vergütungsverordnung (InsVV[499]) nur 60 Prozent der Insolvenzverwaltervergütung erhält, wird es regelmäßig auch zu einer Senkung der Verfahrenskosten kommen. Zusätzlich bietet sich die Möglichkeit, dass die Expertise der Geschäftsleitung im Verfahren erhalten bleibt und eine

---

496 Ein Schutzschirmverfahren nach § 270b InsO ist dagegen ausgeschlossen, da eine Sanierung des Schuldners im Insolvenzverfahren nicht möglich und damit im Sinne des § 270 Abs. 1 S. 1 InsO offensichtlich ausgeschlossen ist.

497 Ist ein vorläufiger Gläubigerausschuss eingesetzt, so muss diesem nach § 270 Abs. 3 S. 1 InsO die Gelegenheit zur Äußerung gegeben werden.

498 *Riggert*, in: Braun, § 270 Rn. 7.

499 InsVV, BGBl. Jahrgang 1998, Teil I, S. 2205, zuletzt geändert durch Art. 5 des Gesetzes vom 15.07.2013, BGBl. Jahrgang 2013, Teil I, S. 2379), siehe auch: *Viniol*, in: Beck/Depré, § 44 Rn. 66.

Einarbeitungszeit des Insolvenzverwalters vermieden werden kann.[500] Dabei erhoffte sich der Gesetzgeber, insgesamt einen Anreiz für eine frühzeitige(re) Eröffnungsantragstellung zu schaffen.

Vor diesem Hintergrund wird zu Recht davon ausgegangen, dass die Anordnung der Eigenverwaltung vor allen Dingen dort sinnvoll ist, wo eine konstruktive Krisenlösung benötigt wird, explizit also in Sanierungsverfahren.[501] Dennoch gilt es zu betonen, dass der Gesetzgeber die Anordnung der Eigenverwaltung nicht ausdrücklich auf ein Sanierungsverfahren beschränkt, sondern lediglich davon spricht, dass die Eigenverwaltung „regelmäßig"[502] nur in *Fortführungs*fällen vorkommen wird. Eine Festlegung auf ein bestimmtes Verfahrensziel erfolgt also nicht. Dies dürfte jedoch dadurch erklärbar sein, dass die Entscheidung darüber, ob ein Unternehmen fortgeführt oder stillgelegt werden soll, im Berichtstermin von der Gläubiger*versammlung* getroffen wird. Insofern ist es konsequent diese Entscheidung nicht schon zu Verfahrensbeginn vorwegzunehmen. Dennoch wird es aufgrund der Regelungswirkung der §§ 270 ff. InsO, die gerade auf den Mehrwert der Schuldnerbeteiligung bauen, Eigenverwaltungsverfahren in der Praxis fast ausschließlich bei einer angestrebten Sanierung geben. Eine reine Liquidation dürfte besser von einem Insolvenzverwalter durchgeführt werden.[503] Ist demnach bereits bei Verfahrenseröffnung bekannt, dass als Verwertungsform nur eine Liquidation in Betracht kommt, wird kaum etwas für die Anordnung der Eigenverwaltung sprechen. Selbst wenn man darauf abstellt, dass im Kasseninsolvenzverfahren ein sozialrechtliches Spezialwissen sowie ein gewisser Vernetzungsgrad zur Aufsichtsbehörde und dem am Verfahren beteiligten Spitzenverband Bund der gesetzlichen Krankenkassen erforderlich ist, ändert dies die Einschätzung nicht. Denn die Beteiligung dieser Entscheidungsträger ist im Rahmen des Krankenkassenrechts speziell geregelt.[504] Auf diese Weise ist sichergestellt, dass ihr *know how* in das Verfahren einfließt. Auch das Argument der frühzeitigeren Antragstellung, das sich in der Praxis bisher ohnehin weitgehend als „Illusion"[505] herausgestellt

500 Dies gilt selbst dann, wenn Teile der Geschäftsführung ausgewechselt und – wie in der Praxis zu beobachten – durch Sanierungsexperten ersetzt werden, *Riggert*, in: Nerlich/Römermann, Vorbemerkung vor §§ 270–285 Rn. 8; *Riggert*, in: Braun, § 270 Rn. 6.

501 *Wittig/Tetzlaff*, in: MüKo-InsO, § 270 Rn. 101; *Häsemeyer*, S. 206.

502 BT-Drs. 12/2443, S. 223; *Wittig/Tetzlaff*, in: MüKo-InsO, § 270 Rn. 102.

503 *Pape*, in: Kübler/Prütting/Bork, § 270 Rn. 61.

504 Siehe ausführlich: Kapitel 4, § 21 E.

505 *Pape*, in: Kübler/Prütting/Bork, § 270 Rn. 30.

hat, kann hier nicht gelten. Im besonderen Fall der Krankenkasseninsolvenzverfahren ist davon auszugehen, dass die Aufsichtsbehörden den vorgesehenen Prüfungszeitraum von drei Monaten ausnutzen werden (beziehungsweise müssen), bevor sie sich für ein weiteres Vorgehen entscheiden. Damit verbleibt als Begründung für die Anordnung der Eigenverwaltung allenfalls das Argument der reduzierten Verfahrenskosten. Jedoch ist dabei zu beachten, dass im Rahmen der Eigenverwaltung ein „zusätzlicher Beratungsbedarf"[506] auf Seiten des Schuldners entstehen kann, der die Kostensenkung unter Umständen teilweise ausgleicht. Damit wird die Eigenverwaltung – unabhängig von der Frage, ob den Gläubigern hierdurch Nachteile entstehen – im Krankenkasseninsolvenzverfahren eher keine praktische Anwendung finden.[507]

§ 21 Wirkungen der Verfahrenseröffnung

A. Die Beschlagnahme der Insolvenzmasse

I. Grundsatz

Bereits bei der Untersuchung des vorläufigen Insolvenzverfahrens wurde thematisiert, dass unter dem Begriff der Insolvenzmasse dasjenige Vermögen des Schuldners zu verstehen ist, welches vom Insolvenzverfahren erfasst wird.[508] Zum Vermögen einer Krankenkasse gehören nach § 171b Abs. 6 S. 1 SGB V die Betriebsmittel sowie die Rücklage und das Verwaltungsvermögen, in § 259 SGB V zusammenfassend als *Mittel der Krankenkasse* beschrieben. Wie bereits dargestellt wurde unterliegt Vermögen, das zur Erfüllung öffentlicher Aufgaben benötigt wird, bis zur Verfahrenseröffnung einem Pfändungs- und damit Insolvenzschutz.[509] Darüber hinaus sind weitere Besonderheiten bezüglich der Masse zu beachten.

II. Sonderfragen zur Insolvenzmasse

1. Deckungskapital für Altersversorgungsverpflichtungen

Fraglich ist, ob das bei der Krankenkasse seit dem GKV-OrgWG zu bildende Deckungskapital für Altersversorgungsverpflichtungen (§ 171e SGB V) mit der Verfahrenseröffnung in die Insolvenzmasse fällt.

---

506 *Haas*, in: Gottwald, § 86 Rn. 15.

507 Dies offen lassend: *Groß*, S. 246.

508 Ausnahmen können dort bestehen, wo Vermögenswerte in anfechtbarer Weise vor Verfahrenseröffnung veräußert wurden.

509 So auch: *Groß*, S. 251.

Will man die insolvenzrechtliche Behandlung dieses Kapitals untersuchen, so müssen zuerst seine Funktion sowie die gesetzgeberische Motivation hinter der Einführung des § 171e SGB V herausgestellt werden. Altersversorgungsverpflichtungen als solche bezeichnen arbeitgeberseitige Zusagen, die aus Anlass des Arbeitsverhältnisses an den Arbeitnehmer erfolgen und Leistungen der Alters-, Invaliditäts- oder Hinterbliebenenversorgung umfassen.[510] Sie können auf zwei Versorgungswegen geleistet werden: Entweder unmittelbar über den Arbeitgeber (§ 1 Abs. 1 S. 2 Alt. 1 BetrAVG) oder aber über einen Versorgungsträger (§ 1 Abs. 1 S. 2 Alt. 2 BetrAVG). Schreibt der Gesetzgeber nun mit § 171e SGB V vor, dass ein Deckungskapital für diejenigen Versorgungszusagen zu bilden ist, die eine „direkte Einstandspflicht nach § 1 Abs. 1 S. 3 des Betriebsrentengesetzes auslösen", so hat er unabhängig von der Zuordnung zu einem der beiden Modelle jedenfalls nur solche Versorgungszusagen im Blick, für die in der „Vergangenheit keine Absicherung"[511] erfolgt ist.[512] Betroffen sind damit jene Altersversorgungszusagen, die zwar tatbestandlich der gesetzlichen Insolvenzsicherung unterlegen hätten, für die jedoch aufgrund der fehlenden Insolvenzfähigkeit landesunmittelbarer Krankenkassen das Betriebsrentengesetz bisher nicht anwendbar war, § 17 Abs. 2 BetrAVG. Stehen diesen Verpflichtungen bilanzielle Rückstellungen, jedoch kein ausreichendes, insolvenzfestes Deckungskapital gegenüber[513], lösen sie die Pflicht zum Aufbau eines Guthabens nach § 171e SGB V aus.

Wie relevant diese ungedeckten „Altlasten" für die Finanzsituation der Krankenkassen sind, lässt sich bereits daran erkennen, dass der Gesetzgeber sie in § 171b Abs. 2. S. 2 SGB V insgesamt von der *Feststellung* des Insolvenzgrundes „Überschuldung" ausgenommen hat. Anderenfalls – so die Begründung – hätte die Einführung der Insolvenzfähigkeit bei einigen Kassen möglicherweise unmittelbar zum Eintritt der Insolvenzreife geführt.[514] Wie das Deckungskapital des § 171e SGB V allerdings nach der Verfahrenseröffnung zu behandeln ist, wird unterschiedlich bewertet. *Mühlhausen* geht davon aus, dass es entsprechend

510 Siehe: § 1 Abs. 1 S. 1 Betriebsrentengesetz (BetrAVG).

511 BT-Drs. 16/9559, S. 21.

512 Nicht betroffen sind Versorgungszusagen von bundesunmittelbaren Krankenkassen sowie solche Ansprüche und Anwartschaften, für die Durchführungswege gewählt wurden, die keine Beitragspflicht zum Pensionssicherungsverein auslösen. Dies gilt für solche Fälle, in denen die betriebliche Altersversorgung über eine Pensionskasse, eine Direktversicherung oder einen versicherungsförmig ausgestalteten Pensionsfonds erfolgt, siehe: *Rolfs*, in Blomeyer/Rolfs/Otto, BetrAVG, § 10 Rn. 15 ff.

513 BT-Drs. 16/9559, S. 21.

514 *Uwer*, GesR 2009, S. 113 (114).

der insolvenzrechtlichen Ausgangsregelung des § 35 InsO als Vermögensgegenstand auch zur Masse gezählt werden muss.[515] Immerhin stellten die Rückstellungen lediglich einen gesonderten Bilanzposten dar, während das Kapital dabei weiterhin zum Vermögen des Arbeitgebers zähle. Ein „Sonder- oder Treuhandvermögen" liegt ungeachtet der Möglichkeit zu einer abweichenden Ausgestaltung[516] nicht vor.[517] *Uwer* hingegen spricht sich dafür aus, das Deckungskapital im besonderen Fall des § 171e SGB V von der Insolvenzmasse auszuschließen.[518] Ausgehend vom Gesetzeswortlaut des § 171e Abs. 1 S. 5 SGB V, wonach der Kapitalstock „nur zweckentsprechend" zu verwenden sei, argumentiert er, dass dieser auch im eröffneten Insolvenzverfahren nur der Erfüllung von Altersversorgungszusagen zufallen dürfe. Er verweist darauf, dass auch der Bundesrat im Gesetzgebungsverfahren zum GKV-OrgWG in einem detaillierten Vorschlag die zweckgebundene Verwendung des Deckungskapitals sowie seinen Ausschluss von der Insolvenzmasse gesetzlich festhalten wollte.[519] Der Vorschlag finde sich in der aktuellen Fassung des § 171e SGB V zwar nicht wieder – dennoch müsse auch der jetzige Gesetzeswortlaut so verstanden werden.

Dass *Uwer* damit zu einem richtigen Ergebnis kommt, lässt sich mit einer Betrachtung der *ratio* des § 171e Abs. 1 S. 5 SGB V bestätigen. Betrachtet man die gesetzgeberischen Motive vor Erlass der Norm, fällt auf, dass im Insolvenzfall die Versorgungszusagen landesunmittelbarer Krankenkasse nicht systematisch gesichert gewesen waren. Anders als bei bundesunmittelbaren Kassen, für die eine Insolvenzsicherung über den Pensionssicherungsverein (PSV) besteht, sind die Altersversorgungszusagen landesunmittelbarer Krankenkassen erst seit dem 1. Januar 2010 gesetzlich gesichert. Ist zusätzlich kein (ausreichendes) insolvenzfestes Deckungskapital vorhanden, muss der Spitzenverband Bund der gesetzlichen Krankenkassen für die ungedeckten Verbindlichkeiten haften, um später bei den Kassen des Haftungsverbundes Regress zu nehmen. Hier entfaltet § 171e SGB V seine Wirkung, indem er den landesunmittelbaren Kassen den Aufbau eines Kapitalstocks vorschreibt, der sukzessive, bis zum Jahr 2049 den Gegenwert der bestehenden „Altlasten" absichern soll. In dem Maß, in dem das Deckungskapital steigt, verringert sich die Ausfallhaftung. Sinn und Zweck der Vorschrift liegt also vor allen Dingen darin, die Haftungsverpflichtung der

515 *Mühlhausen*, in: Becker/Kingreen, SGB V, § 171e Rn. 2.

516 Zur rechtlichen Möglichkeit, das Deckungskapital in einen treuhänderisch verwalteten Fonds auszulagern: *Berenz*, DB 2006, S. 2125 ff; *Rolfs*, NZA-Beilage 2012, S. 75 ff.

517 *Hirte*, in: Uhlenbruck, § 35 Rn. 226.

518 *Uwer*, GesR 2009, S. 113 (117).

519 BT-Drs. 16/10070, S. 7.

Ausfallkassen auszuschließen respektive sie schrittweise der Höhe nach zu reduzieren. Würde das Deckungskapital im Insolvenzfall zur Masse fließen, widerspräche dies dem gesetzgeberischen Regelungswillen. § 171e Abs. 1 S. 5 SGB V kann demnach nur so ausgelegt werden, dass die „zweckmäßige Verwendung" des aufzubauenden Kapitalstocks auch in der Insolvenz zu gelten hat. Ein Insolvenzbeschlag in Bezug auf das neu zu bildende Deckungskapital ist abzulehnen. Eine entsprechende Klarstellung im Gesetz wäre wünschenswert gewesen.

2. Gesamtsozialversicherungsbeitrag

Krankenkassen ziehen nicht nur die Beiträge zur gesetzlichen *Kranken*versicherung ein. Gemäß § 28h Abs. 1 S. 1 SGB IV sind sie für die Einziehung des Gesamtsozialversicherungsbeitrags zuständig. Dieser umfasst im Regelfall und nach der gesetzlichen Definition des § 28d SGB IV neben den Beiträgen zur Krankenversicherung (inklusive Zusatzbeitrag, § 220 Abs. 1 S. 1, Hs. 2 SGB V) auch die Renten- und Pflegeversicherungsbeiträge sowie den Beitrag aus einer versicherungspflichtigen Beschäftigung nach dem Recht der Arbeitsförderung.[520] Entsprechend seiner Zusammensetzung ist der Beitrag von den Krankenkassen auf die jeweils berechtigten Versicherungsträger aufzuteilen und weiterzuleiten, § 28k Abs. 1 S. 1 SGB IV. Wird über das Vermögen einer Krankenkasse das Insolvenzverfahren eröffnet, ist auch das rechtliche Schicksal der Gesamtsozialversicherungsbeiträge fraglich. Bei dessen Untersuchung muss getrennt werden zwischen dem Beitragsteil, der für die gesetzliche Krankenversicherung eingezogen wird, und dem Restbetrag, der an die übrigen Sozialversicherungsträger fließen soll.

a. Beitragsansprüche anderer Sozialversicherungsträger

Ausgehend von der Grundregel des § 171b Abs. 6 S. 1 SGB V würde der Gesamtsozialversicherungsbeitrag dann zur Insolvenzmasse zählen, wenn er als Teil der Betriebsmittel oder der Rücklage beziehungsweise des Verwaltungsvermögens der Kasse anzusehen wäre. Für die Einordnung ist damit entscheidend,

520 Die konkrete Zusammensetzung des Gesamtsozialversicherungsbeitrag wird aber in vielen Variationen von diesem Grundsatz abweichen: So kann im Einzelfall auch nur der „Beitrag zu einem Versicherungszweig" oder der „vom Arbeitgeber gemäß § 172 SGB VI oder § 346 Abs. 2 Nr. 1 SGB III zu entrichtende Beitragsteil" den Gesamtsozialversicherungsbeitrag ausmachen, *Wehrhahn*, in: KassKomm, SGB IV, § 28 d Rn. 2.

wie das zu Grunde liegende Rechtsverhältnis zwischen der Krankenkasse als Einzugsstelle und den anderen Sozialversicherungsträgern ausgestaltet ist.

§ 28h Abs. 1 S. 1 in Verbindung mit § 28k Abs. 1 S. 1 SGB IV bestimmt, dass die Krankenkasse zunächst den gesamten Sozialversicherungsbeitrag einzuziehen hat und ihn dann anteilig und arbeitstäglich an die zuständigen Träger der Pflegeversicherung, der Rentenversicherung und der Bundesagentur für Arbeit weiterleiten muss. Dabei tritt die Einzugsstelle im Außenverhältnis, gegenüber den Beitragsschuldnern als Forderungsinhaberin auf.[521] Das Bundessozialgericht geht dennoch in ständiger Rechtsprechung davon aus, dass zwischen der Einzugsstelle und den anderen Versicherungsträgern ein öffentlich-rechtliches Treuhandverhältnis in Form der fremdnützigen Treuhand besteht.[522] Es handelt sich dabei um Fälle, in denen ein Treugeber (hier: die übrigen Sozialversicherungsträger) die Ausübung eines Rechts auf einen Treuhänder (hier: die Krankenkassen) überträgt, der es im Außenverhältnis verwalten soll. Obwohl der Treuhänder dadurch rechtlich als Forderungsinhaber und Gläubiger auftritt, steht das Recht dennoch *wirtschaftlich* gesehen dem Treugeber zu. Damit unterliegen die Beitragsansprüche anderer Sozialversicherungsträger zwar zunächst dem Insolvenzbeschlag. Solange die zuständige Krankenkasse jedoch die „Treuhandbindung“[523] beachtet und die eingezahlten Beiträge auf einem gesonderten Konto verbucht[524], können diese im Insolvenzfall jedoch ein Aussonderungsrecht nach § 47 InsO geltend machen und die ihnen zustehenden Sozialversicherungsbeiträge dem Zugriff des Insolvenzverwalters entziehen.

b. Beitragsansprüche des Gesundheitsfonds

Auch für den „Krankenversicherungsanteil“ am Gesamtsozialversicherungsbeitrag gilt, dass er nicht zur Insolvenzmasse gehören kann. Wie bereits dargestellt wurde, wird die Krankenkassenfinanzierung seit der Einrichtung des Gesundheitsfonds zentral gesteuert, indem alle Beiträge zur GKV an ihn fließen und aus seinem Vermögen Zuweisungen an die Kassen erfolgen. Diese ziehen dabei sowohl den Arbeitgeberanteil (§ 28e Abs. 1 S. 1, 28k Abs. 1 S. 1 Hs. 2 in Verbindung mit § 28i SGB IV), den Arbeitnehmeranteil (§ 252 Abs. 1 S. 1, Abs. 2 S. 2 SGB V

---

521 BSG, Urt. v. 12.06.2008, Az.: B 3 P 1/07 R, in: BSGE 101, S. 1 (4).

522 BSG, Urt. v. 13.03.1997, Az.: 12 RK 11/96 in: NZS 1997, 575 (575); BSG, Urt. v. 12.06.2008, Az.: B 3 P 1/07 R, in: BSGE 101, S. 1 (4).

523 BGH Urt. 10.02.2011, Az.: IX ZR 49/10, in: NJW-RR 2011, S. 779 (781); *Bassenge*, in: Palandt, § 903 Rn. 43; *Ringstmeier*, in: Beck/Depré, § 14 Rn. 24.

524 BGH, Urt. v. 10.02.2011, Az.: IX ZR 49/10, in: NJW-RR 2011, S. 779 (779).

in Verbindung mit § 28i SGB IV) als auch ggf. erhobene Zusatzbeiträge (§ 220 Abs. 1 S. 1 Hs. 2 SGB V) ein.

Für die Ablehnung der Massezugehörigkeit muss bereits § 171b Abs. 6 S. 2 SGB V beachtet werden. Hier wird klargestellt, dass „abweichend von § 260 Abs. 2 Satz 2 […] Beitragsforderungen der Krankenkasse" nicht zu deren Vermögen zählen, „soweit sie dem Gesundheitsfonds als Sondervermögen zufließen". Überdies ist nach dem oben Gesagten auch zwischen der Krankenkasse als Einzugsstelle und dem Bundesversicherungsamt als Träger des Gesundheitsfonds ein Treuhandverhältnis anzunehmen.[525] Dies führt im Ergebnis dazu, dass in Bezug auf die Beitragsansprüche des Gesundheitsfonds ein Aussonderungsrecht nach § 47 InsO besteht. Vor der Einführung des Gesundheitsfonds, als die Kassen die GKV-Beiträge noch zu ihrem eigenen Vermögen eingezogen haben, wäre eine solche Bewertung nicht vertretbar gewesen. Nach der aktuellen Konzeption der Krankenkassenfinanzierung kann jedoch nicht mehr davon gesprochen werden, dass die Krankenkasse die GKV-Beiträge als „ihre" einziehen.

Auslegungsbedürftig bleibt, ob der Wortlaut des § 171b Abs. 6 S. 2 SGB V, der von „Beitrags*forderungen*" spricht, darauf hindeutet, dass eine Unterscheidung zwischen den bereits eingezogenen Beiträgen und noch offenen Beitragsforderungen getroffen werden muss. Immerhin gilt, dass nach § 362 BGB eine Forderung mit ihrer Erfüllung erlischt. Dementsprechend kann der Wortlaut von § 171b Abs. 6 S. 2 SGB V so interpretiert werden, dass sich der Ausschluss von der Insolvenzmasse nur auf die noch ausstehenden Beitragsforderungen bezieht. Bereits bezahlte Beiträge müssten als Konsequenz in die Masse fallen. Eine derart eng am Wortlaut orientierte Auslegung ist abzulehnen, da sie nicht die Finanzierungssystematik der gesetzlichen Krankenversicherung beachtet. Wenn man zu Grunde legt, dass die Krankenversicherungsbeiträge nicht mehr den jeweiligen Kassen, sondern dem Gesundheitsfonds zustehen, kann nicht von einer Massezugehörigkeit der bereits eingezogenen Beiträge ausgegangen werden. § 171b Abs. 6 S. 2 SGB V sollte – um dies klarzustellen – „von bereits eingezogenen Beiträgen und Beitragsforderungen" sprechen.

B. Die Auswirkungen auf gegenseitige Verträge

Die Eröffnung eines Insolvenzverfahrens hat besondere Auswirkungen auf sogenannte „schwebende" Geschäfte des Schuldners. Gemeint sind solche Rechtsverhältnisse, die zwischen dem Schuldner und einem Vertragspartner begründet

525 *Roßbach*, in: Kreikebohm, SGB IV, § 28 h Rn. 3; *Wehrhahn*, in: KassKomm, SGB IV, § 28 h Rn. 2; *Becker*, in: jurisPK, § 271 SGB V Rn. 19.

wurden, bisher aber von keiner der Parteien vollständig erfüllt worden sind.[526] Grundsätzlich ergeben sich bei Verfahrenseröffnung drei Möglichkeiten: Je nach dem, welches Rechtsgeschäft zu Grunde liegt, wird durch die §§ 103 ff. InsO entweder ein Erlöschen, ein Fortbestehen oder die Entscheidungsmöglichkeit des Insolvenzverwalters vorgesehen. Dabei legen die §§ 104 ff. InsO für spezifische Vertragstypen die Rechtsfolgen im Einzelnen fest. Lässt sich das konkrete Rechtsgeschäft nicht unter diese Normen subsumieren, gilt für gegenseitige, zum Zeitpunkt der Insolvenzeröffnung nicht oder nicht vollständig erfüllte Verträge ein Wahlrecht des Insolvenzverwalters, der entweder die Erfüllung verlangen oder sie ablehnen kann. Da im Fall einer Kasseninsolvenz nur eine Liquidation in Frage kommt, muss und wird der Insolvenzverwalter grundsätzlich von seinem Ablehnungsrecht Gebrauch machen, um keine weiteren Masseverbindlichkeiten nach § 55 Abs. 1 Nr. 1 InsO einzugehen.

C. Die Beendigung der Beschäftigungsverhältnisse

Auf Beschäftigungsverhältnisse ist § 103 InsO nicht anwendbar. Sie bestehen gemäß § 108 Abs. 1 S. 1 InsO als Dienstverhältnisse des Schuldners zunächst mit Wirkung für die Insolvenzmasse fort und unterliegen auch in der Insolvenz grundsätzlich den allgemeinen arbeitsrechtlichen Vorschriften. Da jedoch gerade im Fall von Unternehmensinsolvenzen eine gesteigerte Notwendigkeit besteht, Arbeitsverhältnisse schnell, effizient und interessengerecht zu beenden, sieht die Insolvenzordnung mit § 113 und §§ 120–128 ff. InsO einige insolvenzspezifische Besonderheiten vor. Insbesondere kann nach § 113 S. 1 InsO ein Dienstverhältnisses gekündigt werden, ohne dass (tarif-) vertragliche Vereinbarungen zu Laufzeit oder Ausschluss von Kündigungsrechten zu beachten sind. Die Höchstfrist bis zum Eintritt der Wirksamkeit einer solchen Kündigung beträgt gemäß § 113 S. 2 InsO drei Monate.

Im Fall der Insolvenz einer gesetzlichen Krankenkasse wird diese insolvenzarbeitsrechtliche Ausgangslage tiefgreifend modifiziert. § 171d SGB V, der die amtliche Überschrift „Haftung im Insolvenzfall“ trägt, verweist insoweit in Abs. 1 S. 5 auf die Vorschrift des § 164 Abs. 2 bis 4 SGB V und nimmt damit auf das Unterbringungs- und Beendigungsverfahren aus dem Schließungsrecht Bezug. Für den Insolvenzverwalter führt dies zu einer ungewöhnlichen Situation. Statt durch den Ausspruch von Kündigungen wird der Personalabbau auch im Insolvenzverfahren im Wesentlichen über das Wechselspiel aus Unterbringungsverfahren und gesetzlichem Beendigungstatbestand erfolgen. Um zu beurteilen,

526 *Bork*, § 16 Rn. 186.

wann und auf welche Weise der Insolvenzverwalter nach den insolvenzarbeitsrechtlichen Vorschriften tätig werden muss, ist deswegen auf die Grundsätze der aktuellen Rechtsprechung des Bundesarbeitsgerichts zu § 164 Abs. 3 und 4 SGB V zu blicken.[527] Mit den Urteilen vom 21. November 2013[528] wird vor allen Dingen klargestellt, dass eine automatische Beendigung von Beschäftigungsverhältnissen nur dann in Frage kommt, wenn vorher ein den Voraussetzungen des § 164 Abs. 3 SGB V entsprechendes Stellenangebot erteilt wurde. Kündigungen durch den Verwalter sind demnach nur erforderlich, wenn Beschäftigungsverhältnisse in Folge einer nicht ordnungsgemäßen Angebotserteilung bestehen bleiben. Dementsprechend wird der Insolvenzverwalter darauf angewiesen sein, dass der zuständige Landesverband und die anderen Kassen der selben Kassenart wirksame Angebote nach § 164 Abs. 3 SGB V abgeben. Im Sinne eines reibungslosen Ablaufs sollte dies in enger Kooperation zwischen dem Verwalter und den zuständigen Entscheidungsträgern bei den Kassen und dem Kassenverband erfolgen. Die Sonderproblematik für ordentlich kündbare Beschäftigte von Ersatz- und Betriebskrankenkassen[529] tritt im Kasseninsolvenzverfahren nicht auf, da ihnen ebenfalls – anders als im Schließungsrecht – ein Angebot nach § 163 Abs. 3 S. 3 SGB V gemacht werden muss. Insofern gilt auch für sie die Rechtsfolge des § 164 Abs. 1 SGB V.

D. Die Beendigung der Mitgliedschaftsverhältnisse

Die Beendigung der Mitgliedschaftsverhältnisse – und damit auch das Ende aller Versicherungsverhältnisse[530] – beruht auf sozialrechtlichen Sondervorschriften, die auch im Rahmen des Schließungsverfahrens zum Tragen kommen. Das öffentlich-rechtliche Rechtsverhältnis zwischen einer Krankenkasse und ihren Mitgliedern beziehungsweise ihren Versicherten soll dabei spätestens mit dem Tag der Eröffnung des Insolvenzverfahrens oder der Abweisung des Eröffnungsantrags enden, § 175 Abs. 3a S. 3 SGB V. Um einen möglichst reibungslosen Wechsel der betroffenen Personen zu garantieren, wurden die Vorschriften zur Ausübung des Kassenwahlrechts herangezogen und mit den Besonderheiten des Insolvenzverfahrens abgestimmt. So haben alle Versicherungspflichtigen ab Stellung des Eröffnungs*antrags* sechs Wochen Zeit, eine neue Kasse zu wählen.

527 Siehe: Kapitel 3, § 12 C. II. 3.

528 BAG, Urt. v. 21.11.2013, Az.: 2 AZR 474/12 und 2 AZR 495/12 Rn. 1 ff. [juris], DB 2014, S. 1381 (Leitsätze).

529 Siehe: Kapitel 3, § 12 C. II. 3 b.

530 Siehe ausführlich: Kapitel 2, § 6.

Durch Ausübung dieses Wahlrechts begründen sie nicht nur eine neue Mitgliedschaft, sondern wird zugleich auch die bestehende Mitgliedschaft bei der „abgewählten Kasse beendet“[531]. Damit enden auch die Leistungsansprüche gegenüber der alten Kasse.[532] Gemäß § 19 Abs. 1a S. 1 SGB V gelten jedoch die von der insolventen Krankenkasse getroffenen Leistungsentscheidungen mit Wirkung für die aufnehmende Kasse fort, so dass der Wechsel auch im Hinblick auf bereits zugesagte Leistungen nicht als eine Art „Neustart“ ausgestaltet ist.[533] Wird eine Meldebescheinigung nicht innerhalb dieses Zeitraums vorgelegt, muss – wie im Schließungsverfahren – gemäß § 175 Abs. 3a S. 2 SGB V innerhalb von zwei weiteren Wochen die zur Meldung verpflichtete Stelle tätig werden. Wird das Verfahren vor Ablauf dieser Fristen eröffnet oder ein entsprechender Antrag abgewiesen, liegt es beim Spitzenverband Bund der Krankenkassen, eine aushilfsweise Leistungsgewährung durch andere Kassen zu organisieren, § 271f Abs. 6 SGB V.

E. Die Garantiehaftung für privilegierte Forderungen

Eine besondere Modifikation erfährt das Insolvenzverfahren über das Vermögen einer Krankenkasse durch die Privilegierung bestimmter Forderungsgruppen. Diese erfolgt nach dem „schließungsrechtlichen“ Prinzip einer kaskadenförmigen Ausfallhaftung und soll im Folgenden unter Abgrenzung von der Haftungsrealisierung im Regelverfahren dargestellt und untersucht werden.

I. Grundsätze der Haftungsrealisierung im Liquidationsverfahren nach der Insolvenzordnung

Da durch die Regelungswirkung der §§ 171b ff. SGB V die Sanierung im Insolvenzverfahren faktisch und rechtlich ausgeschlossen wird, verbleibt als Verwertungsform nur die Liquidation nach den insolvenzrechtlichen Vorschriften.[534] Grundsätzlich wird also dasjenige, was an Verteilungsmasse zur Verfügung steht, auf die am Verfahren beteiligten Gläubiger verteilt werden. Deren Berücksichtigung erfolgt nach einer konkret zu berechnenden Insolvenzquote. Die

531 *Leitherer*, in: Schulin, Bd. 1, § 19 Rn. 103.

532 Soweit im Gesetz nichts anderes geregelt ist, § 19 Abs. 1 SGB V. Zu beachten sind namentlich die Vorschriften über das Fortbestehen der Mitgliedschaft in den §§ 192, 193 SGB V.

533 Probleme werden sich gegebenenfalls dort ergeben, wo es um Satzungsleistungen der alten Krankenkasse geht.

534 Siehe ausführlich: Kapitel 4, § 18.

Insolvenzordnung geht dabei allerdings nicht von einem „Einheits-Gläubiger“ aus, sondern unterscheidet zwischen verschiedenen Gläubigergruppen, die sich je nach rechtlichem Grund und Entstehungszeit ihrer Forderungen einteilen lassen. Abgesehen von den „dinglichen“ Gläubigern, die je nach Anspruch die Her ausgabe eines bestimmten Gegenstandes (§ 47 InsO) oder die Befriedigung aus der Verwertung eines bestimmten Gegenstandes (§ 49 ff. InsO) verlangen können, ist zuerst die Gruppe der Massegläubiger (§§ 53, 55 InsO) vor den übrigen Insolvenzgläubigern zu befriedigen. Diese Privilegierung wird damit begründet, dass Masseverbindlichkeiten sich gemäß § 53 InsO sowohl aus Verfahrenskosten als auch solchen Verpflichtungen zusammensetzen, die vom Insolvenzverwalter nach Verfahrenseröffnung[535] „im Interesse der Masse und damit zum Vorteil der Insolvenzgläubiger“[536] eingegangen werden. Der vom Insolvenzverwalter erzielte Erlös wird also zunächst bereinigt[537] und dann per Quote, die sich aus dem Verhältnis der Summe aller in der Insolvenztabelle festgestellten Forderungen zum verfügbaren Betrag der Aktivmasse ergibt, auf die übrigen Gläubiger aufgeteilt (§§ 187–206 InsO). Eine Rangfolge gibt es – anders als im früheren Recht – innerhalb der Insolvenzgläubiger im Sinne des § 38 InsO[538] nicht mehr.

II. Sonderregelungen im GKV-OrgWG

Vor diesem Hintergrund wirkt es zunächst inkonsistent, dass der Gesetzgeber in den §§ 171b ff. SGB V einzigartige Privilegierungen bestimmter Forderungen eingeführt hat. Schließlich läuft das Kasseninsolvenzverfahren – von den Besonderheiten der Verfahrenseröffnung abgesehen – nach den Grundsätzen der Insolvenzordnung ab.[539] Dabei ist es auf die gemeinschaftliche, maximale Befriedigung der Gläubiger ausgerichtet und wirkt so zu ihrem Schutz. Diese Art

---

535 Unter bestimmten Umständen auch schon zwischen Antragstellung und Eröffnung, § 55 Abs. 2 InsO.

536 *Hefermehl*, in: MüKo-InsO, § 53 Rn. 5. Stellt sich während des Verfahrens heraus, dass die Masse nicht einmal ausreicht, um die Masseverbindlichkeiten abzudecken, so ergibt sich die Rangordnung der Massegläubiger aus § 209 Abs. 1 InsO.

537 Auch die Aufrechnung nach §§ 94 ff. InsO verringert die zu verteilende Masse.

538 Deshalb kritisch zur eingeführten Regelung für nachrangige Insolvenzgläubiger im Sinne des § 39 InsO: *Klopp/Kluth/Pechartschek*, in: Gottwald, § 19 Rn. 36–39. Vor Einführung der Insolvenzordnung wurde der Grundsatz der Gläubigergleichbehandlung durch die Konkursvorrechte durchbrochen, die in § 61 Abs. 1 der Konkursordnung und § 17 Abs. 3 der Gesamtvollstreckungsordnung geregelt waren, und die für gewisse katalogartig aufgelistete Forderungen eine vorzugsweise Befriedigung vorsahen.

539 *Weber*, ZInsO 2009, S. 628 (632) für den Fall der Insolvenz von Kreditinstituten.

der Haftungsrealisierung bringt dabei zwangsläufig mit sich, dass es nur noch zu einer „anteilig-paritätischen" Befriedigung kommt. Handelt es sich bei dem Schuldner um eine juristische Person, die mit dem Abschluss des Abwicklungsverfahrens beendet wird, fallen die Gläubiger mit dem übrigen, nicht erfüllten Teil ihrer Forderung endgültig aus. Für solche Forderungen, die aus verfassungsrechtlichen und anderen Gründen besonders sensibel sind, bietet das Insolvenzrecht keinen ausreichenden Schutz.[540] Im Zuge der GKV-OrgWG-Reform musste die insolvenzrechtliche Haftung deshalb modifiziert werden. Sie folgt dem Prinzip der kaskadenförmigen Ausfallhaftung, wie sie im Schließungsverfahren geregelt ist.

1. Altersversorgungs- und Altersteilzeitverpflichtungen

Wird über das Vermögen einer Krankenkasse das Insolvenzverfahren eröffnet oder der Eröffnungsantrag mangels Masse abgelehnt, so ordnet § 171d Abs. 1 SGB V eine Haftung des Spitzenverbandes Bund der Krankenkassen für Altersversorgungs- und Altersteilzeitverpflichtungen an.[541] Konsequenterweise schließt die Vorschrift eine Haftung insoweit aus, als die Forderungen durch Träger der Insolvenzsicherung nach dem Betriebsrentengesetz erfüllt werden müssen. Das ist für bundesunmittelbare Krankenkassen, die seit jeher einer Beitragspflicht zur betrieblichen Altersversorgung nach § 10 Abs. 1 BetrAVG unterlagen, der Fall. Für landesunmittelbare Krankenkasse stellt § 171d Abs. 1 SGB V deklaratorisch fest, dass nur solche Verpflichtungen eine Haftung des Spitzenverbandes auslösen können, die vor dem 31. Dezember 2009 entstanden sind und keine Eintrittspflicht des Pensionssicherungsvereins (PSV) begründen. Die Norm ist also in einem notwendigen Zusammenhang mit den ungesicherten Versorgungszusagen von landesunmittelbaren Krankenkassen zu sehen.[542] Bis dieses Defizit zum 31. Dezember 2049 durch den Aufbau eines entsprechenden Deckungskapitals ausgeglichen sein wird, haftet der Spitzenverband Bund der Krankenkassen für die Nichterfüllung im Insolvenzfall. Der Gesetzgeber sah es als „nicht zu vertreten"[543] an, dass Versorgungsempfänger, die teilweise ihre gesamte Altersversorgung auf diese Zusagen stützen, durch die Gesetzesänderung

540 So auch: *Scholz*, AOK-Gutachten, S. 31.

541 § 171d Abs. 1 S. 1 SGB V umfasst in Halbsatz 2 außerdem die „Haftung für Verpflichtungen aus Darlehen, die zur Ablösung von Verpflichtungen gegenüber einer öffentlich-rechtlichen Einrichtung zur betrieblichen Altersversorgung aufgenommen worden sind".

542 Siehe ausführlich: Kapitel 4, § 21 A II. 1.

543 BT-Drs. 16/9559, S. 21.

auf eine nur anteilige Befriedigung im Rahmen des Insolvenzverfahrens verwiesen worden wären.

Anders als es der Wortlaut erscheinen lässt, haftet der Spitzenverband nicht selbst für die jeweiligen Verpflichtungen, sondern tritt lediglich als Haftungsadministrator auf. Sind die tatbestandlichen Voraussetzungen des § 171d Abs. 1 SGB V gegeben, wird zwar zunächst der Spitzenverband in Anspruch genommen. Seine Haftung soll jedoch nur die unmittelbare Verfügbarkeit von Liquidität garantieren, wobei der Gesetzgeber ganz offensichtlich davon ausgeht, dass die Finanzkraft des SpiBuKK zur Vorfinanzierung der Haftungssumme ausreichen wird.[544] Anschließend kann eine Refinanzierung bei den übrigen Kassen *derselben* Kassenart erfolgen. Sind diese hierzu nicht in der Lage, sind also alle Finanzierungsmöglichkeiten, kann der nicht gedeckte Betrag gemäß § 171d Abs. 1 S. 3, 4 SGB V anteilig bei allen anderen Krankenkassen geltend gemacht werden. Die Umsetzung dieser Vorschrift wurde auf der Grundlage von § 171d Abs. 2 S. 1 SGB V in einer Rechtsverordnung des Bundesministeriums für Gesundheit mit Zustimmung des Bundesrates konkretisiert. Hervorzuheben ist, dass der Schwellenwert für die Belastung der Kassen derselben Kassenart sich vom entsprechenden Schwellenwert im Schließungsverfahren unterscheidet. Während bei einer Kassenschließung die artgleichen Kassen als originär verpflichteter Haftungsverbund mit bis zu 2,5 Prozent ihrer jährlichen Zuweisungen aus dem Gesundheitsfonds belastet werden dürfen (§ 3 Abs. 1 KKInsOV), ist ihre Verpflichtung im Insolvenzfall auf höchstens 1,5 Prozent dieser Zuweisungen limitiert. Der Bundesrat hatte die unterschiedliche Handhabung der Haftungsmodalitäten in einer Stellungnahme zum Gesetzentwurf des GKV-OrgWG kritisiert und eine Gleichstellung vorgeschlagen.[545] Befürchtet wurde, dass eine geringere Belastung derselben Kassenart im Insolvenzfall dafür sorgen könnte, dass sich die Aufsichtsbehörde bereits deswegen gegen den Schließungsvorrang und für die Stellung eines Insolvenzantrags entscheidet. Dem Änderungsantrag wurde nicht entsprochen. In einer Gegenäußerung trug die damalige Bundesregierung vor, dass durch die Mehrbelastung stattdessen ein „Anreiz dafür geschaffen

544 Ausnahmsweise lässt § 171d Abs. 6 SGB V eine Darlehensaufnahme von bis zu 750 Millionen Euro zu, wenn diese zur Zwischenfinanzierung des Haftungsbetrags nötig ist. Gemäß § 171 f SGB V ist auch der Spitzenverband Bund der Krankenkassen insolvenzfähig.

545 BT-Drs. 16/10070, S. 15. Konkret wurde der ungleiche Schwellenwert für die Haftung nach § 171d Abs. 5 SGB V kritisiert. Die Argumentation ist jedoch auf § 171d Abs. 1 SGB V übertragbar.

(werde), die Schließung durch freiwillige Finanzhilfen gemäß § 265b SGB V zu vermeiden".[546]

Selbst wenn sich eine solche Wirkung entfalten sollte, gilt es dennoch zu berücksichtigen: Je intensiver sich die Haftungsfolgen für den Primärhaftungsverbund darstellen, desto größer wird das Risiko, dass auch die Kassen derselben Kassenart in eine finanzielle Krise geraten. Eine stärkere Verteilung der Ausfallhaftung – wie sie im Kasseninsolvenzverfahren vorgesehen ist – würde dem entgegen wirken. Dass die Bundesregierung nicht auf die vorgebrachten Bedenken einging, kann als Indiz dafür gewertet werden, wie wenig die Insolvenzoption in der politischen Betrachtung als Alternative zum Schließungsverfahren wahrgenommen wurde.

Soweit und sobald der Spitzenverband Bund der Krankenkassen Leistungen auf Grund von § 171d Abs. 1 SGB V erbringt, gehen die Ansprüche der ursprünglich berechtigten Krankenkassengläubiger im Wege einer Legalzession auf ihn über, § 171d Abs. 4 S. 1 SGB V. Der Gläubigerwechsel sorgt dafür, dass die Bezugsberechtigten von Altersversorgungs- und Altersteilzeitansprüchen nicht am Insolvenzverfahren über das Kassenvermögen beteiligt sind. Stattdessen kommt es durch die Vorab-Erfüllung zu einem besonderen Schutz der Versorgungsansprüche in der Insolvenz.

Soweit Krankenkassen zur Haftung herangezogen werden, macht der Spitzenverband Bund der Krankenkassen diese Ansprüche gemäß § 171d Abs. 4 S. 2 SGB V „im Insolvenzverfahren zu Gunsten der Krankenkassen" geltend. Unklar ist dabei, ob dem Spitzenverband damit lediglich eine Vertretungsberechtigung bei der Anmeldung von Forderungen nach den §§ 174 ff. InsO eingeräumt oder hier eine darüberhinaus eine gesetzliche Prozessstandschaft zur gerichtlichen Geltendmachung erteilt wird. Letzteres dürfte jedoch bereits nach dem Wortlaut der Vorschrift ausgeschlossen sein. Zwar kann es im Falle von Forderungen, die gemäß § 179 InsO bei ihrer Anmeldung vom Insolvenzverwalter oder einem anderen Insolvenzgläubiger bestritten werden, nötig sein, eine Feststellung im gerichtlichen Klageverfahren zu erreichen. Die Konkretisierung des § 171d Abs. 4 S. 2 SGB V auf die Geltendmachung *im* Insolvenzverfahren spricht gegen die Möglichkeit, dass der Spitzenverband die Rechte der Krankenkassen auch in einem gerichtlichen Prozess als eigene Rechte geltend machen kann. Dagegen handelt es sich bei der bloßen Anmeldung von Forderungen zur Insolvenztabelle um eine außergerichtliche Tätigkeit, die gegenüber

546 BT-Drs. 16/10070, S. 15.

dem Insolvenzverwalter und nicht gegenüber dem Insolvenzgericht erfolgt.[547] Rechtlich führt dies dazu, dass der Spitzenverband Bund zur Vertretung der betroffenen Kassen bei der Feststellung der Forderungen nach §§ 174 bis 186 InsO berechtigt ist.

2. *Verpflichtungen gegenüber Leistungserbringern*

Auch die Forderungen von Leistungserbringern werden im Insolvenzverfahren über das Vermögen einer Krankenkasse unter einen besonderen Schutz gestellt. Im Falle der Insolvenz des Vertragspartners wären sie mit ihren Forderungen (vorbehaltlich anderweitiger Sicherungen) grundsätzlich wie alle anderen Insolvenzgläubiger zu behandeln und wären auf die quotale Befriedigung im Insolvenzverfahren nach den Vorschriften der InsO verwiesen werden. Über § 171d Abs. 5 S. 1 SGB V in Verbindung mit § 155 Abs. 5 S. 1 Nr. 3 Alt. 1 SGB V hat der Gesetzgeber jedoch auch hier eine Ausfallhaftung nach Vorbild des Schließungsrechts angeordnet. Außergewöhnlich ist, dass gemäß § 171d Abs. 5 S. 2 SGB V die Krankenkassen der jeweiligen Kassenart an dieser Stelle statt mit 2, 5 Prozent nur mit 1 Prozent des Gesamtbetrags der jährlichen Zuweisungen haften. Die Abweichung wird ebenfalls mit einer Stärkung des Schließungsvorrangs gerechtfertigt.[548]

Was die Anwendung des Ausfallhaftungsmechanismus angeht, so spricht der Gesetzgeber davon, dass Leistungserbringeransprüche „aus verfassungsrechtlichen Gründen“[549] nicht lediglich mit einer Insolvenzquote befriedigt werden dürften. Dem liegen im Wesentlichen zwei Motive zu Grunde: Erstens muss die durchgehende Leistungsgewährung durch Ärzte, Krankenhäuser und andere Leistungserbringer sichergestellt sein. Dabei darf nicht riskiert werden, dass angesichts einer drohenden oder eingetretenen Insolvenzreife Gesundheitsleistungen verweigert oder nur noch gegen Vorkasse erbracht werden.[550] Zweitens ist zu berücksichtigen, dass sich die Leistungserbringer im System der gesetzlichen Krankenversicherung einer Struktur unterwerfen, die Einschränkungen ihrer Berufsfreiheit (Art. 12 Abs. 1 S. 1 GG) nach sich ziehen. Hieraus entsteht gleichzeitig eine gewisse Schutzwürdigkeit. Zwar sind sie nach wie vor freiberuflich, nicht als „Medizinbeamte“[551] tätig. Dennoch werden sie durch die

---

547 Siehe dazu auch: OLG Dresden, Urt. v. 03.02.2004, Az.: 14 U 1830/03, in: MDR 2004, S. 1132 (1132).

548 BT-Drs. 16/10070, S. 15.

549 BT-Drs. 16/9559, S. 22; BT-Drs. 16/4247, S. 50.

550 *Lundberg/Sänger*, ZInsO 2012, S. 1556 (1558).

551 *Waltermann*, § 8 Rn. 226.

Regelungen des Leistungserbringungsrechts und die Richtlinien des Gemeinsamen Bundesausschusses einigen besonderen Berufszulassungs- und Berufsausübungsschranken unterworfen. Diese Einschränkungen wiederum werden in der bundesverfassungsgerichtlichen Rechtsprechung teilweise mit dem Argument der Funktionsfähigkeit und Finanzierbarkeit des GKV-Systems, daneben aber auch mit den Vorteilen aus der Stellung als Leistungserbringer gerechtfertigt.[552] Sie sind in dem Schutz davor zu sehen „ihre Leistungen nicht, nicht vollständig oder nicht in angemessener Zeit honoriert zu bekommen".[553] Eine derartige, systemimmanente Planungssicherheit konnte nach Einführung einer allgemeinen Insolvenzfähigkeit von gesetzlichen Krankenkassen nur dadurch gewährleistet werden, dass man die Ansprüche der Leistungserbringer ebenfalls einer Privilegierung zugeführt hat.

Im Gesetz ist die Haftung abweichend von den bisher behandelten Fällen ausgestaltet. Anders als in § 171d Abs. 1 S. 1 SGB V, weist der Wortlaut des § 171d Abs. 5 S. 1 SGB V die Ausfallhaftung unmittelbar den Kassen derselben Kassenart zu. Dies ist nicht mit der Regelungsweise der KKInsOV vereinbar, die verfahrenstechnisch auf einem System aufbaut, das die Primärhaftung des Spitzenverbandes voraussetzt und seine Refinanzierung bei den verpflichteten Kassen regelt. In § 171d Abs. 2 S. 1 SGB V, der die Haftung nach § 171d Abs. 5 S. 1 SGB V umfasst, ist allerdings ausdrücklich vorgesehen, dass „das Nähere zur Geltendmachung der Beträge" über eine Verordnung des Bundesministeriums der Gesundheit mit Zustimmung des Bundesrates - die KKInsoV - zu regeln sei. Folglich ist auch bei der Haftung für Ansprüche von Leistungserbringern die Haftungsadministration über eine Zur-Verfügung-Stellung der Mittel durch den Spitzenverband durchzuführen. Eine andere Gestaltung wäre praktisch kaum handhabbar. Schließlich ist es aus Gründen der Verfahrensökonomie unerlässlich, dass die Gläubiger – hier: die Leistungserbringer – einen zentralen Ansprechpartner für die Geltendmachung ihrer Ansprüche vorfinden. Zudem kann nur dadurch, dass der Spitzenverband kurzfristig zur Zwischenfinanzierung zur Verfügung steht, die effiziente Befriedigung von Leistungserbringern garantiert werden. Gerade dieses wollte der Gesetzgeber durch das Modell der Haftungsprivilegierung erreichen. Eine Wortlautanpassung an § 171d Abs. 1 S. 1 SGB V wäre wünschenswert gewesen.

---

552 BVerfG, Beschl. v. 16.07.2004, Az.: 1 BvR 1127/01, in: NVwZ 2004, 1347 (1349); BVerfG, Beschl. v. 17.06.1999, Az.: 1 BvR 2507/97, in: NJW 1999, S. 2730 (2731); BVerfG, Beschl. v. 31.10.1984, Az.: 1 BvR 35/82, in: NJW 1985, S. 1385 (1388).

553 BSG, Urt. v. 09.12.2004, Az.: B 6 KA 44/03 R, in: BSGE 94, S. 50 (101).

3. *Verpflichtungen gegenüber Versicherten*

Neben den Ansprüchen der Leistungserbringer privilegiert § 171d Abs. 5 S. 1 SGB V ebenfalls „aus verfassungsrechtlichen Gründen"[554]Forderungen von Versicherten.[555] Ihre Ansprüche sind gerichtet auf Sozialleistungen der Kasse, die sich in Dienst-, Sach- und Geldleistungen nach § 11 S. 1 SGB I unterscheiden lassen. Gesetzliche Krankenkassen nehmen die Pflicht zur Erfüllung von Versichertenansprüchen im Wesentlichen auf Grundlage des Naturalleistungssprinzips[556] wahr. Das bedeutet, dass ein Versicherter gegen seine Krankenkasse grundsätzlich einen Anspruch auf ärztliche Behandlung hat,[557] wobei durch die Verordnung einer konkreten Therapie gegebenenfalls weitere Dienst- oder Sachleistungsansprüche festgelegt werden.[558] Ansprüche auf Geldleistungen existieren im Rahmen der gesetzlichen Krankenversicherung nur in bestimmten Fällen, wie beispielsweise dem Krankengeld bei Arbeitsunfähigkeit oder dem Mutterschaftsgeld. Ausnahmsweise können gegenüber der Krankenkasse auch dort Ansprüche in Geld bestehen, wo der Versicherte die Möglichkeit hat, für ein System der Selbstzahlung mit anschließender Kostenerstattung zu optieren, § 13 Abs. 1 SGB V.

Für das Schicksal der Versichertenansprüche in der Insolvenz gilt es zu unterscheiden: Da die Vorschriften zum Übergang von Mitgliedschaftsverhältnissen gerade die Kontinuität von Versicherungsleistungen sicherstellen sollen, ist die neue Kasse an die von der insolventen Krankenkasse zugesagten *Dienst*- und *Sach*leistungen gebunden.[559] Der Anspruch hierauf bleibt von der Eröffnung des Insolvenzverfahrens unberührt. Nicht erfüllte Ansprüche der Versicherten kann es demnach nur dort geben, wo *Geld*leistungen betroffen sind. Auch diese Forderungen hat der Gesetzgeber im Insolvenzverfahren privilegiert, indem er sie nach § 171d Abs. 5 S. 1 SGB V als Anwendungsfall der Ausfallhaftung ausgestaltet hat. Diese Sonderbehandlung lässt sich auch hier verfassungsrechtlich begründen. Geldleistungen der gesetzlichen Krankenkassen an Versicherte stellen wie Sach- und Dienstleistungen eine Ausprägung der öffentlich-rechtlichen Vorsorge im Krankheitsfall dar. Der Auftrag zur Gewährleistung eines sozialen

---

554 BT-Drs. 16/9559, S. 22; BT-Drs. 16/4247, S. 50.

555 Außerdem werden gemäß § 171d Abs. 5 S. 1 SGB V in Verbindung mit § 155 Abs. 5 S. 1 Nr. 5 SGB V solche Forderungen geschützt, die auf Grund von zwischen- oder überstaatlichem Recht gegenüber der insolventen Krankenkasse bestehen.

556 Siehe ausführlich: Kapitel 2, § 7.

557 *Igl/Welti*, § 18 Rn. 4.

558 *Richter*, in: Richter/Doering-Striening, § 2 Rn. 13.

559 § 19 Abs. 1a S. 1 SGB V.

Mindestschutzes besteht auch und gerade für den Fall, dass ein insolventer Träger der gesetzlichen Krankenversicherung zugesagte Leistungen nicht mehr (in voller Höhe) erbringen kann. Soll der soziale Auftrag, der sich aus dem Sozialstaatsprinzip ergibt, effizient umgesetzt werden, muss das Recht der gesetzlichen Krankenversicherung an dieser Stelle so ausgestaltet sein, dass die Versichertenansprüche nicht beeinträchtigt werden. Eine quotale Befriedigung der Forderungen wäre hier nicht ausreichend.

Für das Insolvenzverfahren über das Vermögen einer Krankenkasse ergibt sich durch die Garantiehaftung für privilegierte Forderungen insgesamt eine bemerkenswerte Veränderung: Indem die Altersversorgungs- und Altersteilzeitverpflichtungen sowie die Ansprüche von Leistungserbringern und Versicherten bereits vorab durch das Instrument der Ausfallhaftung erfüllt werden, nehmen die wesentlichen Gläubiger gar nicht an der Haftungsrealisierung im Insolvenzverfahren teil. Die Gestaltung unterscheidet sich von den Konkursvorrechten, die in § 61 Abs. 1 Konkursordnung (KO) und § 17 Abs. 3 Gesamtvollstreckungsordnung (GesO) geregelt waren. Statt einer vorzugsweisen Befriedigung aus der Konkursmasse werden die privilegierten Forderungen im Kasseninsolvenzverfahren von Dritthaftenden erfüllt. Damit ist – unabhängig vom Umfang der Masse – die Befriedigung dieser Ansprüche gesichert. Die Haftungs*verpflichteten* nehmen anschließend mit den auf sie übergegangenen Forderungen als Insolvenzgläubiger am Insolvenzverfahren teil. Das Risiko, dass es dort nur zu einer quotalen Befriedigung kommen wird, geht zu ihren Lasten.

§ 22 Verwaltung und Verwertung der Insolvenzmasse

Mit der Eröffnung des Insolvenzverfahrens geht das Recht des Schuldners, das zur Insolvenzmasse gehörende Vermögen zu verwalten und darüber verfügen, auf den Insolvenzverwalter über, § 80 Abs. 1 InsO. Er nimmt es nach § 148 Abs. 1 InsO sofort in Besitz und Verwaltung und verschafft sich einen Überblick über die Aktiva und Passiva, indem er ein Verzeichnis über die Massegegenstände (§ 151 InsO), ein Gläubigerverzeichnis (§ 152 InsO) sowie eine Vermögensübersicht (§ 153 InsO) erstellt. Auf dieser Grundlage hat er das insolvente Unternehmen regelmäßig fortzuführen und der Gläubigerversammlung im Berichtstermin zu erläutern, wie sich die wirtschaftliche Lage des Schuldners darstellt und welches ihre Ursachen sind. Nach der Grundausrichtung der Insolvenzordnung, welche die Gläubigerautonomie als zentrales Prinzip vorsieht[560], soll hier die Weichenstellung für

560 Siehe: Kapitel 4, § 18.

den weiteren Verfahrensablauf erfolgen und darüber entschieden werden, wie das Schuldnervermögen verwertet wird. In der Insolvenz einer Krankenkasse ist diese Entscheidungsalternative ausgeschlossen, da das gesamte Verfahren von Beginn an auf eine Liquidation zugeschnitten ist. Ab der Eröffnung des Verfahrens existiert die Krankenkasse nur noch als Versicherungsträger in Abwicklung, ohne öffentlichen Auftrag und ohne Mitglieder. Ist eine Fortführung der Kasse aber weder wirtschaftlich sinnvoll noch sozialrechtlich geboten, muss – anders als im vorläufigen Insolvenzverfahren[561] – zwingend auch die Fortführungspflicht des Insolvenzverwalters aufgehoben werden. Rechtstechnisch könnte dies unter Heranziehung des Rechtsgedankens von § 158 Abs. 2 InsO mit Zustimmung des Insolvenzgerichts erfolgen, da hier Gründe vorliegen, die eine sofortige Stilllegung rechtfertigen.

Um die Insolvenzgläubiger im Rahmen einer Verteilung der Masse befriedigen zu können, muss der Verwalter das vorgefundene Schuldnervermögen, auch als „Ist-Masse“ bezeichnet, zur „Soll-Masse“ verwerten. Dies geschieht zunächst dadurch, dass er die fälligen Forderungen des Schuldners einzieht. Besonders relevant für die Vermehrung der Insolvenzmasse kann dabei die Geltendmachung von Rückgewähransprüchen im Rahmen der Insolvenzanfechtung sein. Die Voraussetzungen und Rechtsfolgen einer insolvenzrechtlichen Anfechtung sind in §§ 130 bis 147 InsO geregelt. Tatbestandlich werden dabei in allen Fällen Vermögensverschiebungen umfasst, die in einem bestimmten zeitlichen Abstand vor der Verfahrenseröffnung stattgefunden haben, und die Insolvenzgläubiger benachteiligen. Indem die betreffenden Rechtshandlungen rückgängig gemacht werden und das veräußerte, weggegebene oder aufgegebene Vermögen zur Masse fließt, sorgt das Instrument der Insolvenzanfechtung für eine konsequente Durchsetzung des Prinzips der Gläubigergleichbehandlung. Fraglich ist, inwieweit die Regelungen über die Insolvenzanfechtung auch im Kasseninsolvenzverfahren anwendbar sind.

Eine ausdrückliche Einschränkung durch die Vorschriften des Sonderinsolvenzrechts in den §§ 171b ff. SGB V findet sich nicht. Im Umkehrschluss ist davon auszugehen, dass die nicht explizit modifizierten oder ausgeschlossenen Vorschriften des insolvenzrechtlichen Regelverfahrens volle Anwendung finden. Demnach kann der Verwalter bei Vorliegen eines Tatbestandes der §§ 129 ff. InsO den Rückgewähranspruch nach § 143 InsO geltend machen beziehungsweise ist unter Umständen sogar hierzu verpflichtet. Denn aus dem Übergang der Verwaltungs- und Verfügungsbefugnis mit Verfahrenseröffnung ergibt sich eine

561 Siehe: Kapitel 4, § 20.

allgemeine Pflicht zur Erhaltung und sorgfältigen Verwertung der Insolvenzmasse. Zwar räumt § 129 Abs. 1 InsO dem Verwalter ein Ermessen ein. Dieses reduziert sich aber dann gegen Null, wenn ein Anfechtungstatbestand gegeben ist und die Geltendmachung des Rückgewährsanspruchs zur Masse in der *ex ante* Betrachtung Erfolg verspricht. Unterlässt es der Verwalter, erreichbare Vermögenswerte zur Insolvenzmasse zu ziehen, löst dieser Pflichtverstoß seine Haftung nach § 60 Abs. 1 S. 1 InsO aus.

Obgleich durch das Insolvenzrecht eindeutig festgelegt, stellt sich im Bereich der gesetzlichen Krankenkassen trotzdem die Frage, wie die Vorschriften der Insolvenzanfechtung praktisch zu handhaben sind. Insbesondere, ob auch Zahlungen auf privilegierte Forderungen der Insolvenzanfechtung unterliegen.[562] Relevant wird diese Problematik beispielsweise, wenn in den letzten drei Monaten vor dem Eröffnungsantrag Zahlungen auf Forderungen von Leistungserbringern oder Versicherten vorgenommen wurden, gleichzeitig die Zahlungsunfähigkeit der Krankenkasse vorlag und der Gläubiger sie zu diesem Zeitpunkt kannte. In diesem konkreten Fall muss klargestellt werden: Durch das Instrument der Ausfallhaftung wird im Ergebnis gewährleistet, dass die Forderungen der geschützten Gläubiger trotz einer möglichen Insolvenzanfechtung in jedem Fall befriedigt werden. Sie spielt also für Risiko ihres Forderungsausfalls keine Rolle. Durch die Anfechtung würde sich aber verändern, wer für die Forderungen aufkommt und inwiefern die anderen Gläubiger hiervon betroffen sind. Lässt man die Insolvenzanfechtung für Zahlungen an privilegierte Gläubiger zu, müsste im Fall einer wirksamen Geltendmachung das Erhaltene zur Masse zurückgewährt werden, § 143 Abs. 1 S. 1 InsO. Dies würde zu einer Erhöhung der Insolvenzmasse führen. Gleichzeitig müsste die offene Forderung dann über das System der Ausfallhaftung befriedigt werden, so dass bei der Abschlussverteilung auch die auf die Ausfallkassen übergegangenen Forderungen der privilegierten Gläubiger zu berücksichtigen wären. Lehnt man die Anfechtung privilegierter Forderungen ab, wäre ein Eingreifen der Ausfallhaftungssystematik insoweit nicht erforderlich. Der Entlastung des jeweiligen Haftungsverbundes würde dann aber eine entsprechende Verschmälerung des Schuldnervermögens vor der Insolvenzverfahrenseröffnung gegenüber stehen.

Eine generelle Kausalität zwischen der Privilegierung im eröffneten Verfahren und der Möglichkeit zur Anfechtung von Rechtshandlungen, die vor der Eröffnung erfolgt sind, ist abzulehnen. Zwar hat das Insolvenzverfahren im Bereich

562 Auf das Problem hinweisend: *Lundberg/Sänger*, ZInsO 2012, S. 1556 (1561); *Bohlen-Schöning*, KrV 2009, S. 289 (294).

des Krankenkassenrechts entscheidende Modifikationen erfahren, dennoch gelten im Übrigen die zentralen Prinzipien der Insolvenzordnung. Hierzu zählt der Grundsatz der Gläubigergleichbehandlung. Beurteilt man die Modifikation der Haftungsregelungen im Kasseninsolvenzverfahren, ist festzuhalten, dass die Art der Gläubigerprivilegierung nicht dazu führt und führen soll, dass andere Gläubiger schlechter gestellt werden. Anders als nach dem System der Konkursvorrechte bedeutet die Bevorzugung bestimmter Forderungen nicht, dass eine Rangfolge bei der Verteilung der Insolvenzmasse hergestellt wird und dadurch andere Gläubiger Gefahr laufen, dass ihre Forderungen in geringerer Höhe erfüllt werden. Durch den Eintritt der Garantiehaftung kommt es lediglich zu einem Gläubigerwechsel, der dazu führt, dass statt der privilegierten Gläubiger nun die haftenden Kassen das Insolvenzrisiko (einer geringen quotalen Befriedigung im Insolvenzverfahren) tragen müssen. Die Prinzipien der Masseverteilung nach der Insolvenzordnung werden davon nicht beeinträchtigt. Konsequenterweise muss deswegen auch die Gläubigergleichbehandlung durch das Instrument der Insolvenzanfechtung uneingeschränkt bestehen bleiben.[563] Dies würde grundsätzlich für die volle Anwendbarkeit der §§ 129 ff. InsO sprechen.

Eine Einschränkung in Bezug auf privilegierte Forderungen ergibt sich jedoch aus dem Anfechtungsrecht selbst. § 129 Abs. 1 InsO setzt für alle Anfechtungstatbestände voraus, dass die durchgeführte Rechtshandlung eine gläubigerbenachteiligende Wirkung haben muss. Dazu zählt nicht nur, dass dasjenige, was weggegeben wurde, zum relevanten Zeitpunkt zum Schuldnervermögen gehörte. Erforderlich ist darüber hinaus, dass dieses Vermögen zum Zeitpunkt der Vornahme der Rechtshandlung auch dem Zugriff der Gläubiger unterlag und somit pfändbar war.[564] Anderenfalls kann nicht von einem Nachteil zu ihren Lasten gesprochen werden. Für die Frage, zu welchem Zeitpunkt die Unpfändbarkeit vorgelegen haben muss, ist auf die Vornahme der Rechtshandlung abzustellen.[565] Wie bereits dargestellt wurde, ist das Krankenkassenvermögen im Vorfeld des Insolvenzverfahrens insoweit als unpfändbar anzusehen, als es im Sinne des § 882a Abs. 2 S. 1 ZPO als unentbehrlich für die Erfüllung öffentlicher Aufgaben

563 So auch: *Hengst*, S. 156.

564 *Hirte*, in: Uhlenbruck, § 129 Rn. 184; *Groß*, S. 250, 251. In seinem Urteil vom 06.10.2009, Az.: IX ZR 191/05, in: BGHZ 182, S. 317 (321), weicht der BGH zwar von diesem Grundsatz ab, bezieht sich dabei aber explizit auf „ die Auslegung des § 129 Abs. 1 InsO für den Fall von Zahlungen unter Inanspruchnahme von Überziehungskredit". Die Rechtsprechung ist nicht ohne weiteres verallgemeinerungsfähig.

565 *Hirte*, in: Uhlenbruck, § 129 Rn. 187; *Groß*, S. 250, 251.

des Schuldners anzusehen ist.[566] Die Erfüllung von Forderungen der Versicherten oder Leistungserbringer stellt dafür einen klassischen Anwendungsfall dar. Solche Rechtshandlungen sind demnach nicht nach den §§ 129 ff. InsO anfechtbar. Etwas anderes gilt für die Leistungen auf Altersversorgungs- und Altersteilzeitansprüche von bezugsberechtigten Arbeitnehmern. Diese sind zwar im Rahmen des Kasseninsolvenzverfahrens unter Umständen privilegiert. Sie können jedoch nicht unter § 882a Abs. 2 ZPO subsumiert werden und unterliegen damit einer insolvenzrechtlichen Anfechtung. Die betroffenen Gläubiger müssten in diesem Fall nach § 171d Abs. 1 SGB V befriedigt werden.

Neben der Einziehung von Forderungen wird die Insolvenzmasse auf dem Weg zur „Soll-Masse“ durch die Abwicklung der rechtlichen Beziehungen des Schuldners allerdings auch vermindert. Insbesondere die Befriedigung der Aussonderungs- und Absonderungsgläubiger, die Aufrechnung nach den §§ 94 ff. InsO sowie die Vorweg-Befriedigung der Massegläubiger ist hier relevant. Durch Verwertung, im vorliegenden Fall: Liquidationsverwertung, wird die verbliebene Masse in Geld umgesetzt und steht anschließend als Teilungsmasse für das Verfahren nach den §§ 187 ff. InsO zur Verfügung.

§ 23 Befriedigung der Insolvenzgläubiger und Einstellung des Verfahrens

Nach der Insolvenzordnung erfolgt die Verteilung der Insolvenzmasse an die Insolvenzgläubiger anhand einer Insolvenzquote. Dafür werden die zur Tabelle angemeldeten und im Prüfungstermin festgestellten Forderungen zur Grundlage der Verteilung gemacht. Die verfahrensspezifische Quote errechnet sich aus dem Verhältnis aller festgestellten Forderungen zum verfügbaren Betrag der Barmittel. Die Erfüllungsquote liegt nach einer Datenerhebung des Instituts für Mittelstandsforschung durchschnittlich bei circa 5,4 Prozent.[567] Bemerkenswert ist, dass im Fall des Krankenkasseninsolvenzverfahrens an dieser Schlussverteilung nur die nicht-privilegierten Gläubiger sowie mittelbar diejenigen Kassen teilnehmen, die im Rahmen der Garantiehaftung für privilegierte Forderungen zur Zahlung herangezogen worden sind. Mit Beendigung der Schlussverteilung,

566 Kapitel 4, § 21 A.; *Groß*, S. 224.

567 Institut für Mittelstandsforschung Bonn, Die Quoten der Insolvenzgläubiger in Regel- und Insolvenzplanverfahren, Ergebnisse von Insolvenzverfahren nach der Insolvenzrechtsreform, S. 19, Tabelle 10, dort für die Eröffnungsjahrgänge 2002 bis 2007 in Nordrhein-Westfalen, siehe: http://www.ifm-bonn.org//uploads/tx_ifmstudies/IfM-Materialien-186.pdf (Stand: 1. August 2014).

die nur mit Zustimmung des Insolvenzgerichts vorgenommen werden kann, § 196 Abs. 2 InsO, wird das Insolvenzverfahren durch einen Beschluss aufgehoben. Mit Abschluss des Insolvenzverfahrens ist die rechtliche Existenz der Kasse beendet.

§ 24 Abschließende Bewertung

Das Insolvenzverfahren über das Vermögen einer Krankenkasse trägt auf Grund der Modifikationen in den §§ 171b ff. SGB V starke aufsichtsrechtliche Elemente. Dies ist folgerichtig, denn Ausgangspunkt für die Entwicklung des Krankenkasseninsolvenzverfahrens waren die Besonderheiten des Marktumfeldes, in dem gesetzliche Krankenkassen tätig sind. Bereits dort ist eine grundsätzliche Spannung angelegt, die sich daraus ergibt, dass die gesetzliche Krankenversicherung als öffentlich-rechtliches Vorsorgesystem wettbewerbliche Züge erhalten hat. Das Bundesverfassungsgericht spricht insofern von einer „Wettbewerbsordnung auf Basis des Solidarprinzip“[568].

Diese Ambivalenz im Recht der Abwicklung von Krankenkassen abzubilden, war eine wesentliche Bestrebung des Gesetzgebers. Er hatte das System des Kassenschließungsrechts als reformbedürftig angesehen[569] und mit der Einführung des Insolvenzverfahrens für alle Krankenkassen ein zweifaches Ziel verfolgt: Im Fall ihrer unvermeidlichen Auflösung und Beendigung sollte das Verfahrensrecht der Insolvenzordnung Grundlage einer Abwicklung sein, die im Kern rein „vermögensorientiert“[570] ist. Gleichzeitig sollte der Schutz bestimmter sensibler Interessen garantiert sein.

Dieses Abwicklungsregime musste notwendigerweise einen vermittelnden Weg zwischen dem Insolvenzrecht und dem Sozialrecht darstellen, was sich an zentralen Stellen im Verfahren widerspiegelt. So kann ein Antrag auf Verfahrenseröffnung nur von der zuständigen Aufsichtsbehörde gestellt werden. Dennoch liegt die Verfahrenseröffnung beim Insolvenzgericht, während die Zentralfigur bei der Verwaltung und Verwertung der Insolvenzmasse der Insolvenzverwalter ist. Im Falle des Insolvenzverfahrens über das Vermögen einer Krankenkasse ist er in enger Zusammenarbeit mit dem Spitzenverband Bund der gesetzlichen Krankenkassen sowie der Aufsichtsbehörde und dem Abwicklungsvorstand tätig.

---

568 BVerfG Beschl. v. 18.07.2005, Az.: 2 BvF 2/01, in: BVerfGE 113, S. 167 (233).

569 BT-Drs. 16/9559, S. 1.

570 *Gottwald*, in: Gottwald, § 1 Rn. 41.

Bemerkenswert ist, dass an verschiedenen Punkten im Insolvenzverfahren ganz oder teilweise auf Vorschriften des Schließungsrechts verwiesen wird. Dies betrifft nicht nur die Regelungen zum Übergang der Mitgliedschaftsverhältnisse sowie zur Beendigung der Beschäftigungsverhältnisse. Außergewöhnlich ist insbesondere, dass die Sanierung einer gesetzlichen Krankenkasse im Insolvenzverfahren in ihrer Gesamtheit rechtlich und faktisch ausgeschlossen ist. Dadurch ist der Rahmen der Insolvenzordnung entscheidend beschränkt und das Insolvenzverfahren auf die Verwertungsform der Liquidation reduziert.

Insgesamt zeigt sich: Das Insolvenzrecht, das in seiner Grundausrichtung stark am Gedanken des Gläubigerschutzes orientiert ist, wurde für Bereich der gesetzlichen Krankenkassen nicht aus einem Gläubigerschutzgedanken heraus anwendbar gemacht.[571] Schließlich konnte es für die Kassengläubiger keinen besseren Schutz als die existierende, einhundertprozentige Befriedigung aller Forderungen im Schließungsverfahren geben. Ihre „Rundumversorgung" durch eine Komplettübernahme von Verpflichtungen im Schließungsfall erscheint zwar als besonders soziale und gläubigerschonende Form der Abwicklung.[572] Sie war und ist jedoch nicht in jedem Fall zu rechtfertigen. Das zeigen die Beispiele der nicht-privilegierten Gläubiger. Anders als für die im Verfahren berücksichtigten, privilegierten Gläubiger besteht zu ihren Gunsten keine besondere Schutzwürdigkeit. Wie jeder, der am Geschäftsverkehr teilnimmt, tragen sie das „Insolvenzrisiko" ihres Vertragspartners und können sich grundsätzlich vertraglich dagegen absichern.

Mit der Anwendung der Insolvenzordnung verfolgt der Gesetzgeber bewusst das Ziel, auch im Rahmen der Abwicklung gesetzlicher Krankenkassen die Leitidee des solidarischen Wettbewerbs aufzugreifen. Dies gelingt, indem sensible Forderungen eine Sonderbehandlung erfahren, die Gläubigerbefriedigung jedoch im Übrigen nach den Regelungen der Insolvenzordnung erfolgt. Zudem erlauben es die rechtlichen Befugnisse des Insolvenzverwalters, zum Beispiel die Möglichkeit zur Insolvenzanfechtung und zur Entscheidung über das rechtliche Schicksal von schwebenden Geschäfte nach den §§ 103 ff. InsO, die Masse effizienter als im Schließungsverfahren zu verwalten oder zu verwerten. Durch die Anwendung insolvenzrechtlicher Regelungen wird eine Angleichung an wirtschaftsrechtliche Standards herbeigeführt. Dies dient im Bereich der Krankenkasseninsolvenz einem Zweck, der über die oftmals vorgebrachte

571 So auch: *Pfohl/Sichert/Otto*, NZS 2011, S. 8 (14).
572 *Lundberg/Sänger*, ZInsO 2012, S. 1556 (1560).

Bestrebung nach einheitlichen „wettbewerblichen Ausgangspositionen“[573] für alle Krankenkassen hinausgeht: Die Regelungen des Insolvenzverfahrens sollen unter der Leitidee einer stärkeren „Nachhaltigkeit der Finanzierung“[574] für die Haftungsverringerung der Ausfallkassen und damit für die Schonung des Haftungsverbundes fruchtbar gemacht werden. Zwar können selbst im Insolvenzverfahren andere Kassen – das bedeutet auch: ehemalige Wettbewerber der insolventen Kasse – im Einzelfall zur Haftung für deren ungedeckte Verbindlichkeiten herangezogen werden. Jedoch soll durch die Durchführung von Krankenkasseninsolvenzverfahren die hierfür benötigte Haftungssumme so gering wie möglich gehalten werden.

573 BT-Drs. 16/9559, S. 1.

574 BT-Drs. 16/9559, S. 1.

Kapitel 5 Die Verfahrensfolgen im Vergleich

Zum Abschluss der Untersuchung sollen die wesentlichen Unterschiede sich bei der Durchführung eines Kasseninsolvenzverfahrens im Vergleich zum Schließungsverfahren aufgezeigt werden.

Beide Regelungsregime decken sich in ihrer Grundausrichtung: Sowohl das Schließungsverfahren als auch das Insolvenzverfahren sind auf eine Auflösung und Beendigung von gesetzlichen Krankenkassen durch Liquidation ausgelegt. Das rechtliche Schicksal der betroffenen Kasse ist demnach identisch. Darzustellen bleibt, wie sich die Verfahren jeweils auf die Beschäftigten, die Leistungserbringer, die Mitglieder und Versicherten sowie auf die nicht-privilegierten Gläubiger und den Haftungsverbund auswirken. Die Vergleichsergebnisse können dann unmittelbar Aufschluss über die Frage geben, welche sachlichen Erwägungen unter der aktuellen Rechtslage für die Durchführung eines Insolvenzverfahrens und gegen den gesetzlich vorgesehenen Schließungsvorrang sprechen.

§ 25 Die Folgen für Beschäftigte

Aus Sicht der Krankenkassenbeschäftigten ist durch die Verweisung des § 171d Abs. 1 S. 5 SGB V auf die schließungsrechtliche Vorschrift des § 164 Abs. 2 bis 4 SGB V ein weitgehender Gleichlauf im Bezug auf die Beendigung ihrer Vertragsverhältnisse vorgegeben. Dies betrifft neben den dienstordnungsmäßigen Angestellten der Krankenkassen solche Beschäftigten, die nur außerordentlich kündbar sind. Auch besteht ein Regelungsgleichlauf für die ordentlich kündbaren Beschäftigten aller gesetzlichen Krankenkassen – mit Ausnahme der Betriebskrankenkassen sowie der Ersatzkassen. Die Beendigung erfolgt in beiden Verfahren über das Zweistufensystem des Schließungsrechts, das neben der Pflicht zur Durchführung eines Unterbringungsverfahrens einen gesetzlichen Beendigungstatbestand vorsieht. Scheitert eine Unterbringung, so ist der relevante Zeitpunkt für die gesetzliche Beendigung nach § 164 Abs. 4 S. 1 SGB V der Tag der Schließung, bei Stellung eines Insolvenzeröffnungsantrags der Tag, an dem das Verfahren eröffnet wird beziehungsweise der Antrag rechtskräftig abgewiesen wird.

Unterschiede zwischen den Verfahren ergeben sich in Bezug auf die ordentlich kündbaren Beschäftigten der Betriebskrankenkassen und der Ersatzkassen. Die Abweichungen sind- wie dargestellt – auf die Verweisungstechnik des SGB V zurückzuführen. Im Ergebnis führt dies dazu, dass die betroffenen

Beschäftigungsverhältnisse bei Durchführung eines Kassenschließungsverfahrens nach den allgemeinen arbeitsrechtlichen Grundsätzen gekündigt werden müssen.

Im Insolvenzverfahren greift dagegen der Mechanismus von § 164 Abs. 3 und Abs. 4 SGB V ohne Unterschied auch für alle ordentlich kündbaren Beschäftigten, § 171d Abs. 1 S. 5 SGB V. Erst nachgelagert und nur für den Fall, dass das Unterbringungsverfahren nicht ordnungsgemäß durchgeführt wurde, kommt es auf eine Kündigung durch den Insolvenzverwalter an. Diese Abweichung kann, je nachdem, wie viele Beschäftigte hiervon betroffen sind, eine erhebliche Tragweite haben. Hinzu kommt: Sollte eine Kündigung nach den allgemeinen Vorschriften erforderlich sein, ergibt sich im Insolvenzrecht ein zeitlicher Vorteil dadurch, dass die Kündigungsfrist gemäß § 113 S. 2 InsO auf maximal drei Monate reduziert ist.

Mit Blick auf die Sicherung der Ansprüche von Beschäftigten im Schließungs- und Insolvenzfall ist zu differenzieren: Die Altersversorgungs- und Altersteilzeitansprüche sind sowohl im Fall einer Kassenschließung als auch im Insolvenzverfahren über den Mechanismus einer Ausfallhaftung geschützt. Unterschiede ergeben sich in Bezug auf die Sicherung vor möglichen Lohnausfällen: Während im Schließungsverfahren alle Gläubigerforderungen der allgemeinen Ausfallhaftung unterfallen, gibt es einen solchen Automatismus im Insolvenzverfahren nicht. Zwar hat der Gesetzgeber punktuell eine Privilegierung bestimmter Forderungen vorgesehen. Im Umkehrschluss sind jedoch alle anderen Ansprüche zur Insolvenztabelle anzumelden und werden im Rahmen der Schlussverteilung lediglich quotal befriedigt. Das Krankenkasseninsolvenzverfahren bietet hier keine Besonderheiten für offene Lohnforderungen. Jedoch wird im Insolvenzverfahren ein Schutz der Arbeitnehmer auf die Weise vorgesehen, dass sie unter den Voraussetzungen des § 165 Abs. 1 S. 1 SGB III für bis zu drei Monate vor dem Insolvenzereignis Insolvenzgeld bei der Agentur für Arbeit beantragen können.[575] Die Ansprüche auf Arbeitsentgelt gehen mit dem Antrag auf das Insolvenzgeld auf die Bundesagentur über, § 169 S. 1 SGB III, die sie dann im Insolvenzverfahren geltend machen wird.

---

575 Dieses orientiert sich am Nettoarbeitsentgelt, § 167 Abs. 1 SGB III, und ist der Höhe nach durch die Beitragsbemessungsgrenze in der Arbeitslosenversicherung gedeckelt, § 341 SGB III.

§ 26 Die Folgen für Leistungserbringer

Die „Sicherheit der Leistungserbringer“[576] ist ein entscheidender Faktor für die Funktionsfähigkeit der gesetzlichen Krankenversicherung. Dementsprechend hat der Gesetzgeber ihre Forderungen auch im Insolvenzverfahren unter einen besonderen Schutz gestellt. Aus Sicht der Leistungserbringer macht die Art und Weise, wie eine Krankenkasse abgewickelt wird, keinen Unterschied.

§ 27 Die Folgen für Mitglieder und Versicherte

Dies gilt auch für die Sicherheit der Rechte von Mitgliedern und Versicherten der betroffenen Krankenkasse. Sie wird ebenfalls als überragend wichtiges Schutzgut eingestuft und in beiden Abwicklungsverfahren auf dieselbe Weise gewährleistet. Der Übergang der Mitgliedschaften, an die auch die Versicherungsverhältnisse von Familienversicherten geknüpft sind, ist über § 175 Abs. 3a SGB V für Schließung und Insolvenz einheitlich ausgestaltet. Hierdurch soll garantiert werden, dass zu jedem Zeitpunkt eine Krankenkasse für die Betreuung der Versicherungsverhältnisse zur Verfügung steht. Das Schutzniveau für Mitglieder und Versicherten ist in beiden Verfahren identisch.[577]

§ 28 Die Folgen für nicht-privilegierte Gläubiger

Für Gläubiger, deren Ansprüche im Insolvenzverfahren nicht privilegiert sind, können sich wesentliche Unterschiede ergeben. Betroffen sind diejenigen, die einen persönlichen Anspruch gegen die Kasse haben, ohne Versicherte oder Leistungserbringer zu sein. Im Übrigen lässt sich verallgemeinernd sagen, dass solche Vertragspartner nicht mehr mit einer vollständigen Befriedigung rechnen können, deren Ansprüche sich nicht als Leistungsausgaben der Krankenkasse und damit nicht unmittelbar aus der Versorgung der Versicherten ergeben. Der prozentuale Anteil ihrer Forderungen an der Gesamtverpflichtung von Krankenkassen kann im Einzelfall schwanken. Die Netto-Verwaltungskosten, bestehend aus Personalkosten und Sachkosten (die Unterhaltung von Gebäuden und Grundstücken, Aufwendungen für Fahrzeuge)[578], liegen dabei in den

---

576 *Scholz*, AOK-Gutachten, S. 28.

577 So auch: *Heberlein*, GesR 2009, S. 141 (141).

578 Verband der Ersatzkassen e.V. – Landesvertretung Bayern, Verwaltungskosten in der gesetzlichen Krankenversicherung – ein Faktenpapier, http://www.vdek.com/LVen/BAY/Politik/Verwaltungskosten/Verwaltungskosten_Stand_November_2010_end.pdf (Stand: 01.08.2014).

vergangenen Jahren durchschnittlich in einem Bereich von durchschnittlich etwa 6 Prozent der Gesamtverpflichtungen einer Krankenkasse.[579] Während im Fall der Kassenschließung auch insoweit die volle Garantiehaftung greifen würde, sind die nicht-privilegierten Gläubiger im Insolvenzverfahren – vorbehaltlich etwaiger Sicherungsvereinbarungen – auf die Befriedigung nach der Insolvenzquote verwiesen.

§ 29 Die Folgen für den Haftungsverbund

Vorhersagen lassen sich die Haftungsfolgen für den Einzelfall nicht. Dennoch können einige abstrakte Ergebnisse für den Haftungsverbund festgehalten werden:

Unterschiedliche Belastungen können sich aus den verschiedenartigen Haftungsmechanismen der beiden Verfahren ergeben. Das Schließungsrecht sieht eine Differenzhaftung vor. Soweit das Vermögen einer geschlossenen Kasse nicht ausreicht, um die Gläubiger zu befriedigen, stellt der Spitzenverband Bund die entsprechenden Mittel vorübergehend zur Verfügung und refinanziert sich bei den jeweils zuständigen Haftungskassen. Hiervon sind *alle* bestehenden Verpflichtungen der Kasse erfasst. Eine weitreichendere Belastung als diejenige, die durch die absolute Garantiehaftung im Schließungsverfahren ausgelöst wird, ist also nicht denkbar. Daraus wird teilweise geschlossen, dass das Kasseninsolvenzverfahren automatisch das Verfahren mit den besseren – weil für den Haftungsverbund günstigeren – wirtschaftlichen Ergebnissen sei.[580] Diese Feststellung ist jedoch im Ergebnis nicht vertretbar.

Im Insolvenzverfahren über das Vermögen einer Krankenkasse erfolgt eine Trennung in privilegierte und sonstige, nicht-privilegierte Forderungen erfolgt. Hierdurch können sich zunächst Unterschiede gegenüber der Haftung nach dem Schließungsrecht ergeben, da eine „Garantiehaftung" im Insolvenzverfahren nur für die privilegierten Gläubiger geregelt ist. Die Kennzahlen der gesetzlichen Krankenversicherung von 2002 bis 2014 zeigen jedoch, dass der „Löwenanteil" der Ansprüche gegen eine Krankenkasse, das bedeutet im Durchschnitt etwa

---

579 Eigene Berechnung nach: Bundesministerium für Gesundheit, Kennzahlen der Gesetzlichen Krankenversicherung 2001 bis 2014, http://www.bmg.bund.de/fileadmin/dateien/Downloads/Statistiken/GKV/Kennzahlen_Daten/KF2015Bund_Juni_2015.pdf (Stand: Juni 2015).

580 *Poertzgen/Meyer*, MedR 2012, S. 301 (303), ebenso: *Engelhard*, in: Hauck/Noftz, SGB V, § 171b Rn. 36 – dort in Bezug auf Belastung für die Krankenkassen derselben Kassenart.

94 Prozent[581], den Leistungserbringern und Versicherten zusteht und damit auch im Insolvenzverfahren eine Privilegierung erfährt. Eine Haftungsreduzierung *kann* damit überhaupt nur in Höhe der übrigen circa 6 Prozent eintreten.

Führt man sich das Volumen der Schließungskosten für die City BKK und die BKK für Heilberufe vor Augen, ist auch eine bis zu etwa 6 Prozent verringerte Haftung für die übrigen Kassen relevant. Nach Berechnungen des BKK Bundesverbandes war man vorab von Schließungskosten in Höhe von rund 150 Millionen Euro für die City BKK[582] sowie rund 53 Millionen Euro für die BKK für Heilberufe[583] ausgegangen worden. Wie weit die Gesamtkosten angestiegen sind, lässt sich aufgrund der noch andauernden Verfahren auch heute nicht genau beziffern. Belastbare Zahlen hierzu sind – soweit ersichtlich – nicht öffentlich verfügbar.[584] Aus der Antwort der Parlamentarischen Staatssekretärin im Bundesministerium für Gesundheit auf eine schriftliche Anfrage an die Bundesregierung ergibt sich jedenfalls, dass bereits bis zum 21. Dezember 2011 ein Betrag von 109 Millionen Euro alleine für die Schließung der City BKK zur Verfügung gestellt werden musste.[585] Da es dem Spitzenverband Bund der gesetzlichen Krankenkassen über § 5 Abs. 1 S. 2 KKInsOV offensteht, Haftungsbeträge zu unterschiedlichen Zeitpunkten fällig zu stellen sowie Teilbeträge zu verlangen, war und ist während des gesamten Verfahrens mit weiteren Haftungsverpflichtungen für die betroffenen Kassen zu rechnen. Soweit deren Geschäftsberichte die besonderen Ausgaben für Schließungskosten als eigenen Bilanzpunkt

581 Eigene Berechnung nach: Bundesministerium für Gesundheit, Kennzahlen der Gesetzlichen Krankenversicherung 2001 bis 2014, http://www.bmg.bund.de/fileadmin/dateien/Downloads/Statistiken/GKV/Kennzahlen_Daten/KF2015Bund_Juni_2015.pdf (Stand: Juni 2015). Ähnlich äußert sich Füsser, in: SGB 2009, S. 126 (129), die von einem Betrag „weit über 90 Prozent" spricht. *Bohlen-Schöning* in: KrV 2009, S. 289 (291) beziffert die Leistungsausgaben auf „ca. 95 Prozent".

582 Pressemitteilung der City BKK vom 14. Juni 2010, Stellungnahme zu Medienberichten über den Fortbestand der City BKK, siehe: http://www.krankenkasseninfo.de/krankenkassen/city-bkk/city-bkk-pressemitteilungen-stellungnahme-zu-medienberichten-ueber-den-fortbestand-der-city-bkk.html (Stand: 1. August 2014).

583 Interview mit der Pressesprecherin des ehemaligen Bundesverbandes für Betriebskrankenkassen (der zum 31. Dezember 20013 aufgelöst wurde), 7. November 2011, siehe: http://www.krankenkassenratgeber.de/im-interview-pressesprecherin-bkk-bundesverband-gbr-2c-christine-ri.html (Stand: 1. August 2014).

584 Sie waren auf Nachfrage beim Spitzenverband Bund der gesetzlichen Krankenkassen, dem Bundesversicherungsamt sowie der City BKK i.A. und der BKK für Heilberufe i.A. nicht zu erhalten.

585 BT-Drs. 17/8279, S. 113.

ausweisen, wird auch die Belastung dieser Krankenversicherungsträger deutlich. So zeigt sich, dass auf Basis der Kennzahlen des Jahres 2011 beispielsweise die BKK Essanelle (308.268 Mitglieder/32,2 Millionen Euro Jahresüberschuss[586]) mit 4,3 Millionen Euro zur Haftung herangezogen wurde, die SKD BKK (35.543 Mitglieder/3.705.245 Euro Jahresüberschuss[587]) mit 460.000 Euro. Die Henschel Plus BKK (22.608 *Versicherte*[588]) gibt in ihrem Geschäftsbericht an, dass die Ausgaben für Schließungskosten inklusive weiterer finanzieller Hilfen im besagten Zeitraum eine Summe von 304.136,23 Euro ergeben hätten. Dies entsprach dabei „annähernd dem Betrag"[589], der sich für 2011 als Überschuss ergeben hatte.

Selbst wenn feststeht, dass sich der Haftungsumfang bei der Durchführung eines Insolvenzverfahrens um die Höhe der Verwaltungskosten vermindert, ist im Ergebnis dennoch nicht von einem Haftungsunterschied dieses Umfangs auszugehen. Es darf nicht übersehen werden, dass die Ausfallkassen im Insolvenzverfahren für rund 94 Prozent der Forderungen haften, ohne dass eventuell noch vorhandenes Vermögen im Sinne der Differenzhaftung in Anrechnung gebracht wird. Dieses steht den Krankenkassen zwar mittelbar als Insolvenzmasse „zur Verfügung". An der Schlussverteilung partizipieren sie allerdings nur als Insolvenzgläubiger, so dass ein Vermögensrückfluss nur in Höhe der Insolvenzquote erfolgt. Wie hoch die Quote in einem Insolvenzverfahren über das Vermögen einer Krankenkasse ausfallen dürfte, kann aus der *ex ante*-Sicht nicht bestimmt werden. Jedoch ist zu berücksichtigen, dass auch die nicht-privilegierten Gläubiger ihre Forderungen zur Tabelle anmelden. Hinzu kommt, dass – anders als im Schließungsverfahren – von der Insolvenzmasse vorab in jedem Fall die Gerichtskosten sowie die Auslagen und Vergütungen für den vorläufigen Insolvenzverwalter und den Insolvenzverwalter abzuziehen sind, deren Höhe sich wiederum am Umfang der Verteilungsmasse bei Verfahrensende orientiert, § 63 Abs. 1

---

586 BKK Essanelle, Geschäftsbericht 2011, S. 6 und 8, siehe: https://www.bkk-essanelle.de/fileadmin/medien/DownloadCenter/weitere/sonstiges_format/geschaeftsbericht-bkk-essanelle-2011.pdf (Stand: 1. August 2014).

587 SKD BKK, Geschäftsbericht 2011, S. 4 und 8, siehe: https://www.bkk-essanelle.de/fileadmin/medien/DownloadCenter/weitere/sonstiges_format/geschaeftsbericht-bkk-essanelle-2011.pdf (Stand: 1. August 2014).

588 Die Zahl der Mitglieder wird im Geschäftsbericht nicht gesondert ausgewiesen. Zur Unterscheidung siehe: Kapitel 2, § 6.

589 BKK Henschel Plus, Geschäftsbericht 2011, in: Gesundheit 3|12, S. 15, siehe: http://www.bkkhenschelplus.de/fileadmin/medien/dokumente/versicherte/magazin_gesundheit/gesundheit_03-12.pdf (Stand: 1. August 2014).

S. 2 InsO[590]. Wie sich die konkreten Haftungsfolgen der beiden Verfahren darstellen, hängt also wesentlich von der Gläubigerstruktur sowie dem Restvermögen der Kasse ab. Auf Grundlage der bisherigen Untersuchungsergebnisse wird jedoch kaum damit zu rechnen sein, dass sich die Haftungsunterschiede in Höhe der vollen Summe der nicht-privilegierten Forderungen bewegen. Sie dürften regelmäßig darunter liegen.

Wenn davon gesprochen wird, die Kassen würden im Insolvenzverfahren „zum einen"[591] von der Haftung für nicht-privilegierte Forderungen befreit und „zum anderen"[592] würde der Pensionssicherungsverein für Altersversorgungsverpflichtungen haften, ist dies missverständlich. Durch die (vollständige oder teilweise) Eintrittspflicht des Pensionssicherungsvereins wird keine *zusätzliche* Entlastung des Haftungsverbundes erreicht. Wenn als Nachteil des Schließungsverfahrens angeführt wird, dass dort das Insolvenzsicherungssystem für Arbeitnehmer keine Anwendung finden, während im Insolvenzverfahren die „Solidargemeinschaft der GKV"[593] durch den Eintritt des Pensionssicherungsvereins entlastet wird, ist dies richtig. Diese Systematik darf jedoch nicht dahingehend missinterpretiert werden, dass Verpflichtungen betroffen sein können, die über die 6 Prozent-Grenze hinausgehen. Denn die Erfüllung von Alterssicherungsansprüchen ist für die Krankenversicherungsträger ein Teil der Verwaltungskosten. Dem Grundsatz nach würde im Insolvenzverfahren also gar keine Haftungsverpflichtung der Ausfallkassen bestehen. Da diese jedoch nach § 171d Abs. 1 S. 1 SGB V als privilegierte Forderungen eingestuft werden, besteht insoweit eine *Sonderhaftung*. Im Ergebnis müsste damit für die Leistungsausgaben *plus* die Altersversorgungszusagen gehaftet werden, was in der Summe mehr als nur 94 Prozent der Verpflichtungen der insolventen Kasse ergibt. Hier kommt die Eintrittspflicht des Pensionssicherungsvereins zum Tragen. Wenn und soweit dieser für die Erfüllung der Altersversorgungszusagen einstehen muss, kommt es zu einer *Sonderentlastung* der Solidargemeinschaft. Da hierdurch jedoch maximal die Haftung nach § 171d Abs. 1 S. 1 SGB V entfällt, bewegt sich der mögliche Unterschied zum Schließungsverfahren weiterhin im Spektrum der Höhe der Verwaltungskosten – und geht nicht darüber hinaus.

---

590 Weitere Regelungen zur Vergütung des Insolvenzverwalters ergeben sich aus § 65 InsO in Verbindung mit der Insolvenzrechtlichen Vergütungsverordnung (InsVV, BGBl. Jahrgang 1998, Teil I, S. 2205, zuletzt geändert durch Art. 5 des Gesetzes vom 15.07.2013, BGBl. Jahrgang 2013, Teil I, S. 2379).

591 *Engelhard*, in: Hauck/Noftz, § 171b SGB V Rn. 36.

592 *Engelhard*, in: Hauck/Noftz, § 171b SGB V Rn. 36.

593 *Krasney*, NZS 2010, S. 443 (449).

Auf den Haftungsunterschied kann sich schließlich auswirken, dass nur im Insolvenzverfahren die Möglichkeit der Anfechtung durch den Insolvenzverwalter besteht. Außerdem kann er bei nicht vollständig erfüllten Rechtsgeschäften gegebenenfalls ein Wahlrecht ausüben und zusätzlich Gegenstände aus der Insolvenzmasse freigeben. In welcher Höhe hierdurch mit Haftungserleichterungen zu rechnen ist, wird auf den Einzelfall ankommen.

Abschließend ist festzustellen, dass das Haftungsrisiko für die Kassen derselben Kassenart auch durch die Festlegung der Haftungsschwellenwerte in der KKInsOV variiert. Die Grenze, bis zu welcher die Ausfallhaftung alleine vom Primärhaftungsverbund zu tragen ist, weicht im Insolvenzverfahren um 1 Prozentpunkt[594] (für Verpflichtungen nach §§ 171d Abs. 1 SGB V) beziehungsweise um 1,5 Prozentpunkte[595] (für Verpflichtungen nach § 171d Abs. 5 S. 1 SGB V) von denjenigen im Schließungsverfahren ab. Die *Anders*verteilung wird zwar erst relevant, wenn die Grenzwerte tatsächlich erreicht sind, kann dann jedoch von großer Bedeutung sein. Am Beispiel der Kassenart der Betriebskrankenkassen (Zuweisungen aus dem Gesundheitsfonds für das Jahr 2012: 27.781 Millionen Euro[596]) lässt sich zeigen, dass eine Mehrbelastung von lediglich 1 Prozentpunkt einen Unterschied von rund 278 Millionen ergeben würde.

§ 30 Bedeutung für die Konkurrenz von Schließungs- und Insolvenzverfahren

Welche Rolle spielen diese Verfahrensergebnisse aber für die Entscheidung der Behörde, wenn neben einem Schließungsgrund auch ein Insolvenzgrund gegeben ist?

---

594 Die Differenz ergibt sich aus dem Schwellenwert im Insolvenzverfahren von 1,5 Prozent der jährlichen Zuweisungen aus dem Gesundheitsfonds und dem entsprechenden Schwellenwert im Schließungsverfahren von 2,5 Prozent, siehe: § 4 Abs. 1 und 3 KKInsoV.

595 Die Differenz ergibt sich aus dem Schwellenwert im Insolvenzverfahren von 1,0 Prozent der jährlichen Zuweisungen aus dem Gesundheitsfonds und dem entsprechenden Schwellenwert im Schließungsverfahren von 2,5 Prozent, siehe: § 171d Abs. 5 S. 1 SGB V in Verbindung mit § 4 Abs. 1 und 2 KKInsoV.

596 Bundesversicherungsamt, Zuweisungen aus dem Gesundheitsfonds im Jahresausgleich 2012, siehe: http://webcache.googleusercontent.com/search?q=cache:9yHZhBZl0twJ:www.bundesversicherungsamt.de/fileadmin/redaktion/Risikostrukturausgleich/Zuweisungen_aus_dem_G-esundheitsfonds_im_Jahresausgleich_2012_1.xls+&cd=1&hl=de&ct=clnk&gl=de (Stand: 1. August 2014).

Ob die finanzielle Belastung des Haftungsverbundes ein Entscheidungskriterium sein sollte, ist umstritten. Während dies teilweise bejaht wird[597] stellt *Baier* apodiktisch fest, dass „insbesondere die Vermeidung der Einstandspflicht (…) anderer Krankenkassen“[598] kein sachlicher Grund sein könne. Ziel des Schließungsvorrangs sei es schließlich, die „Gläubiger nicht nur mit einer Quote zu befriedigen“.[599] Dadurch – so ist seine Begründung zu verstehen – habe der Gesetzgeber die umfassende Haftung des Schließungsrechts gebilligt. Eine Abweichung aus Gründen der Haftungsreduzierung sei demnach nicht denkbar. Dabei wird übersehen, dass der Schließungsvorrang eigentlich auf die Verlängerung der Sanierungs- oder Fusionsmöglichkeiten für betroffene Krankenkassen zurückzuführen ist.[600] Die vorliegende Untersuchung hat jedoch ergeben, dass auch diese Begründung den Vorrang des Schließungsrechts nicht letztgültig rechtfertigen kann und somit keinen Aufschluss über die Bestimmung eines sachlichen Grundes gibt.[601] Richtigerweise muss bei der Beantwortung der Frage, was unter sachlichen Gründen zu verstehen ist auf den Ermächtigungszweck des § 171b Abs. 3 S. 2 SGB V abgestellt werden. Dieser liegt abstrakt darin, eine passgenaue Einzelfallentscheidung der Behörde zu ermöglichen. Führt man sich vor Augen, dass die Funktion der Staatsaufsicht, damit auch die aufsichtsbehördliche Tätigkeit als solche, alleine im öffentlichen Interesse liegt[602], müssen aber auch die Haftungsfolgen beider Verfahren zur Entscheidungsgrundlage gemacht werden. Denn als Sachverhalt von öffentlichem Interesse kommt vorliegend der Bestand der gesetzlichen Krankenversicherung in Betracht. Hiervon umfasst ist nicht nur die Stabilität jeder einzelnen Kasse. Die Entscheidung für oder gegen ein bestimmtes Verfahren hat sich vielmehr insgesamt am Gedanken des Systemschutzes zu orientieren und kann nur auf Zweckmäßigkeitserwägungen beruhen, die auf den Erhalt der Funktionsfähigkeit der gesetzlichen Krankenversicherung als solcher abzielen.[603] Dabei gilt: Je höher das Haftungsvolumen bei einer Kassenabwicklung ausfällt, desto größer die Belastung des Haftungsverbundes. So sind es gerade diese Haftungsfolgen, die als Kriterium für eine Entscheidung zwischen dem Insolvenz- und dem Schließungsverfahren herangezogen werden

597 *Füsser*, SGB 2009, S. 126 (127); *Krasney*, NZS 2010, S. 443 (448); *Groß*, S. 204.
598 *Baier*, in: Krauskopf, Bd. 2, § 171b SGB V Rn. 12; so auch: *Bultmann*, MedR 2009, S. 25 (31).
599 *Baier*, in: Krauskopf, Bd. 2, § 171b SGB V Rn. 12.
600 BT-Drs. 16/9559, S. 16.
601 Siehe: Kapitel 4, § 15 A.
602 Siehe: Kapitel 4, § 19 B.
603 LSG Hamburg, Urt. v. 28.06.2012, Az.: L1KR148/11, in: KrV 2012, S. 217 (221).

müssten. Ein Vergleich der Haftungsunterschiede beider Verfahren hat jedoch ergeben, dass sich die relevanten Summen regelmäßig nur unwesentlich unterscheiden dürften. In der Praxis werden sie demnach keine sachlichen Grund für die Behördenentscheidung darstellen können.

Die Ermessensentscheidung der Aufsichtsbehörde kann schließlich auch nicht an die unterschiedlichen Schwellenwerte im Rahmen der Haftungsverteilung geknüpft werden. Zwar besteht die Gefahr, dass die Krankenkassen derselben Kassenart dadurch im Schließungsfall deutlich höher belastet werden. Die diesbezüglichen Festlegungen der KKInsOV hat das Bundesministerium für Gesundheit mit Zustimmung des Bundesrates allerdings auf Grundlage von § 171d Abs. 2 S. 1 SGB V getroffen. Darüber hinaus hat Gesetzgeber die Haftung nach § 171d Abs. 5 S. 1 SGB V bewusst und entgegen der Kritik des Bundesrates auf einen Schwellenwert von 1 Prozent festgelegt. Dies zu umgehen ist nicht Aufgabe der Aufsichtsbehörde und kann nicht Zweck der Ermächtigung sein.

Im Übrigen wird auch die zu erwartende Verfahrensdauer nicht ausschlaggebend sein. Zwar ist es durchaus denkbar, dass mit der Länge des Abwicklungszeitraums die Kosten des Verfahrens ansteigen. Im Moment der behördlichen Entscheidung kann allerdings nur schätzungsweise bestimmt werden, wie viel Zeit die Abwicklung in Anspruch nehmen wird. Die bisherigen Erfahrungswerte zeigen, dass sich die Schließungen der City BKK und der BKK für Heilberufe seit dem 1. Juli 2011 beziehungsweise dem 21. Dezember 2011 hinziehen und sich theoretisch bis zum Ende der Laufzeit der bestehenden Vertragsverhältnisse verlängern können. Ohne die tatsächliche Durchführung eines Insolvenzverfahrens über das Vermögen einer gesetzlichen Krankenkasse kann im Vergleich nur abstrakt auf die durchschnittliche Verfahrensdauer bei einer mittelständischen Unternehmensinsolvenz verwiesen werden, die circa vier Jahre beträgt.[604] Auch in der Verfahrensdauer ist demnach kein sachlicher Grund zu sehen.

Sachliche Gründe, die für die Stellung eines Eröffnungsantrags und gegen den gesetzlich vorgesehenen Schließungsvorrang sprechen, sind demnach nicht erkennbar.

---

604 Institut für Mittelstandsforschung, http://www.ifm-bonn.org/studien/studie-detail/?tx_ifmstudies_detail%5Bstudy%5D=36&cHash=ea192e62a3d954cdda17fe981b418fe1 (Stand: 1. August 2014).

Kapitel 6 Ergebnis

Mit der Reform durch das GKV-OrgWG wollte der Gesetzgeber das Organisationsrecht der gesetzlichen Krankenkassen auf Basis der „Strukturentscheidungen des GKV-WSG“[605] weiterentwickeln. Dabei ging es um das Erreichen von gleichen Wettbewerbsvoraussetzungen für alle Kassen, mehr Transparenz bezüglich ihrer tatsächlichen finanziellen Situation sowie die „stärkere Nachhaltigkeit der Finanzierung der gesetzlichen Krankenversicherung“[606]. Auf Grundlage der Ergebnisse der vorliegenden Arbeit ergibt sich, dass diese Ziele nur teilweise erreicht werden. Da die Durchführung von Kasseninsolvenzverfahren insgesamt ein theoretisches Konzept bleibt, führt die Reform zu einer Scheinlösung (§ 31). Dennoch zeigt die Untersuchung, dass im Bereich des Krankenkassenrechts auch weiterhin der Bedarf an Gesetzesänderungen besteht (§ 32). Diesbezüglich werden im Folgenden *de lege ferenda*-Vorschläge aufgezeigt (§ 33), daran anschließend weitere Überlegungen, die zur Vermeidung insolvenzbegründender finanzieller Krisen von gesetzlichen Krankenkassen beitragen sollen (§ 34).

§ 31 Das GKV-OrgWG als Scheinlösung

In Bezug auf die Herstellung gleicher wettbewerblicher Ausgangspositionen ist anzuerkennen, dass seit dem 1. Januar 2010 für alle gesetzlichen Krankenkassen ein einheitliches Organisationsrecht gilt. Infolge der Insolvenzfähigkeit entstehen nunmehr auch für alle Kassen Umlagepflichten zur Insolvenzsicherung von Arbeitnehmern, so dass die bisher an diesem Punkt vorliegende finanzielle Ungleichbehandlung unter ihnen aufgehoben ist. Unabhängig davon, ob die Mehrbelastung im Einzelfall tatsächlich so gravierend war, dass man von einem Wettbewerbsnachteil sprechen konnte[607], hat der Gesetzgeber das vorgegebene Ziel insoweit erreicht.

Auch ist die Transparenz in Bezug auf die Finanzlage jeder einzelnen Kasse im Zuge der GKV-OrgWG-Reform noch einmal erhöht worden. Die Einführung bilanzieller Handelsgrundsätze in Verbindung mit verschärften Informationspflichten für die Versicherungsträger dürften die Möglichkeit eines frühzeitigen Tätigwerdens der zuständigen Aufsichtsbehörde weiter befördern.

605 BT-Drs. 16/9559, S. 1.

606 BT-Drs. 16/9559, S. 1.

607 Dies bezweifelnd: *Bohlen-Schöning*, KrV 2009, S. 289 (290).

Eine darüber hinausgehende „programmatisch beabsichtigte Stärkung des Wettbewerbs“[608] war und ist durch die Reform nicht zu erwarten. Dass die Einführung der Insolvenzfähigkeit quasi synonym für einen erhöhten Wettbewerb steht, ist irreführend. Nicht von der Hand zu weisen ist zwar, dass die Gefahr der Auflösung und Abwicklung einen grundsätzlichen Einfluss auf das Marktgebaren der Teilnehmer haben dürfte. Da diese auch bisher schon durch das Schließungsverfahren gegeben war, kann die Insolvenzfähigkeit nicht als zentraler Ausgangspunkt für mehr Kassenwettbewerb bezeichnet werden. Seine Ursprünge finden sich vielmehr im materiellen Sozialversicherungsrecht und gehen auf die Wahlfreiheit der Versicherten sowie Vorschriften des Leistungsrechts im SGB V zurück.

Auch eine gesteigerte Nachhaltigkeit der Finanzierung der gesetzlichen Krankenversicherung ist in Folge der Reform nicht zu verzeichnen. Wie sich diese hätte darstellen sollen, wird aus der Begründung des GKV-OrgWG-Entwurfs nicht unmittelbar deutlich. Klar ist jedoch, dass die Reform des Abwicklungsrechts nicht die *Finanzierung* der gesetzlichen Krankenversicherung im eigentlichen Sinne verbessern kann – auf Strukturen und Maßnahmen der Mittelbeschaffung vermag das Abwicklungsrecht schließlich keinen Einfluss zu nehmen. Die Durchführung von Insolvenzverfahren über das Vermögen einer Krankenkasse spielt mit Blick auf die Gesamtheit aller gesetzlichen Krankenkassen dort eine Rolle, wo die Höhe der Abwicklungskosten für einzelne Versicherungsträger betroffen ist. Jede Reduzierung der Haftungssumme führt im Ergebnis zu einer finanziellen Entlastung des Haftungsverbundes. Damit stellt die Weiterentwicklung des Organisationsrechts von Krankenkassen eigentlich einen Faktor für die *Finanzierbarkeit* der gesetzlichen Krankenversicherung dar. Dass sich diesbezüglich in Folge der Reform keine Veränderungen ergeben haben, liegt indes nicht alleine an den wirtschaftlichen Ergebnissen, die sich durch eine insolvenzrechtliche Liquidation erzielen lassen. In erster Linie ist hier auf die Unentschlossenheit des Gesetzgebers zu verweisen, der es versäumt hat, das Kasseninsolvenzverfahren als praktikable Variante im Abwicklungsfall zu etablieren. Statt sich entweder für die Modifikation des Schließungsrechts oder für seine Ersetzung durch die Anwendung des Insolvenzverfahrens zu entscheiden, hat der Gesetzgeber einen Mittelweg gewählt, der die Reform in eine Sackgasse geführt hat.

Die Alternative der Abwicklungsregime, das Antragsmonopol der Aufsichtsbehörde sowie der gesetzlich geregelte Schließungsvorrang bewirken, dass die Vorschriften zur Durchführung eines Krankenkasseninsolvenzverfahrens leerlaufen.

608 *Uwer*, GesR 2009, S. 113 (116).

Schwierigkeiten bei der Abgrenzung der Verfahrenseröffnungsgründe tragen faktisch dazu bei, dass sowohl die City BKK als auch die BKK für Heilberufe geschlossen wurden, obwohl ihre Vorstände jeweils eine Insolvenzanzeige nach § 171b Abs. 2 S. 1 SGB V erstattet hatten.[609] Diese Entscheidung der Aufsichtsbehörde ist rechtlich nicht zu beanstanden und wird vom aktuellen gesetzlichen Rahmen ausdrücklich ermöglicht. Angesichts der schwierigen Differenzierung zwischen den beiden Verfahrenseröffnungsgründen ist auch weiterhin zu erwarten, dass Insolvenzanzeigen – falls eine Auflösung nicht mehr verhindert werden kann – zu Kassenschließungen führen. Die zentrale Reformidee von der Fortentwicklung des Organisationsrechts muss daher wohl als gescheitert angesehen werden, wenn sich die Zusammenführung von Insolvenz- und Aufsichtsrecht nur im theoretisch möglichen Kasseninsolvenzverfahren zeigt, faktisch aber die Auflösung und Abwicklung nach den Grundsätzen des „alten" Schließungsrechts betrieben wird.

§ 32 Fortbestehen des Reformbedarfs

Haben also diejenigen Stimmen Recht behalten, die schon vor In-Kraft-Treten der Gesetzesänderungen an dem Erfolg der Reform gezweifelt haben?[610] Die Ergebnisse dieser Untersuchung zeigen, dass wesentliche Punkte der Regelungen zu kritisieren sind. Daraus kann jedoch nicht geschlossen werden, dass der im Entwurf zum GKV-OrgWG beschriebene Reformbedarf nicht existieren würde.

Der Bedarf nach einem „hybriden" Verfahren ist in der heutigen Konzeption des SGB V angelegt, in der sich das Erfordernis der Versorgungssicherheit und das Element des Wettbewerbs begegnen. Vor diesem Hintergrund besteht die Anforderung an den Gesetzgeber, im Fall der Auflösung von Krankenkassen ein passgenaues Abwicklungsrecht zur Verfügung zu stellen, das wirtschaftsrechtliche Grundsätze mit den Strukturprinzipien der gesetzlichen Krankenversicherung vereint. Das Verfahren hat dabei einen Doppelzweck zu erfüllen: Ein *Prävention*seffekt liegt darin, dass durch die „Existenz eines effizienten und transparenten"[611] Abwicklungsverfahren ein disziplinierender Einfluss auf das Verhalten der betroffenen Entscheidungsträger entsteht. Dies betrifft zum einen die Verhinderung eines exzessiven und ruinösen Wettbewerbs unter den Krankenkassen sowie zum anderen die Bereitschaft zur Verhandlung über

609 Für die City BKK siehe: LArbG Baden-Württemberg, Urt. v. 21.05.2012, Az.: 1 Sa 2/12 Rn. 5 [juris]; für die BKK für Heilberufe siehe: ArbG Berlin, Urt. v. 24.11.2011, Az.: 50 Ca 8663/11 Rn. 3 [juris].

610 Siehe: Kapitel 1, § 1.

611 *Paulus*, DStR 2002, S. 1865 (1867).

vorinsolvenzliche Sanierungshilfen. Hierzu muss erkennbar werden, unter welchen Umständen eine Liquidation zu erfolgen hat. Die nötige Transparenz ist bei der momentanen Gesetzeslage nicht gewährleistet, da sich der Schließungsgrund des § 153 S. 1 Nr. 3 SGB V kaum objektiv bestimmen lässt.

Daneben kann die Abwicklung von Krankenkassen eine *Konsolidierung*swirkung für das System der GKV entfalten[612], wenn dadurch die dauerhafte finanzielle Abhängigkeit eines Krankenversicherungsträgers von Unterstützungsleistungen der zuständigen Haftungskassen beendet wird. Hier ist das Schließungsverfahren nicht konsistent: Zu hinterfragen ist, warum alle bestehenden Verpflichtungen einer geschlossenen Kasse in identischer Weise erfüllt werden müssen, obwohl deren unterschiedlich starke Prägung durch das Prinzip der Sozialstaatlichkeit unverkennbar ist. Nach hier vertretener Auffassung muss es für die Behandlung der Forderungen im „sozialstaatlichen" Schließungsverfahren eine Rolle spielen, inwiefern sie tatsächlich mit Art. 20 Abs. 1 GG in Verbindung gebracht werden können und deswegen im Vergleich zu anderen Forderungen als privilegiert anzusehen sind. Entsprechend der verfassungsrechtlich verankerten Aufgabe des Gesetzgebers, ein Mindestmaß an staatlicher Gesundheitsfürsorge zu etablieren, sind Forderungen von Versicherten sowie von Leistungserbringern zu schützen. Dass allerdings das Sozialstaatsprinzip die volle Ausfallshaftung für alle nicht erfüllten Forderungen rechtfertigen soll, ist im Ergebnis nicht akzeptabel.

Zudem laufen nach aktueller Rechtslage die Systeme zur Insolvenzsicherung von Arbeitnehmern faktisch leer. Zwar unterliegen mittlerweile auch die landesunmittelbaren Versicherungsträger einer Beitrags- und Umlagepflicht nach § 10 Abs. 1 BetrAVG und § 358 Abs. 1 S. 1 SGB III. Da die Einstandspflicht des Pensionssicherungsvereins sowie der Agentur für Arbeit im Schließungsverfahren nicht besteht, für das Insolvenzverfahren über das Vermögen von Krankenkassen jedoch kein Anwendungsfall existiert, bleiben diese Zahlungen für die Krankenversicherungsträger ohne Gegenwert.

Weitere wirtschaftliche Vorteile, die sich durch die GKV-OrgWG-Reform hätten ergeben können, liegen in den speziellen Befugnissen des Insolvenzverwalters (Insolvenzanfechtung, Wahlrechte und Verwertungsbefugnisse). Praktisch relevant werden sie momentan nicht.

Insgesamt zeigt sich, dass die bereits erfolgten Gesetzesänderungen in einer nächsten Reformstufe fortgeführt werden müssen, um die berechtigten Ausgangsziele des GKV-OrgWG zu erreichen.

---

612 So für das Kassenschließungsverfahren: BVerwG, Beschl. v. 28.11.2012, Az.: 6 P 11/11 Rn. 33 [juris].

§ 33 Vorschläge *de lege ferenda*

Folgende Vorschläge sind zur weiteren Harmonisierung von Insolvenzrecht und Sozialversicherungsrecht denkbar.

A. Aufhebung der Verfahrensalternative

Entgegen der momentan vorgesehenen Alternative zweier Abwicklungsregime wird vorgeschlagen, die Liquidation von Krankenkassen künftig nur nach einem einzigen Verfahren durchzuführen, das die Besonderheiten des Krankenkassenmarktes ausreichend abbilden kann. Durch das GKV-OrgWG wurden entsprechende Modifikationen unternommen, um das Insolvenzverfahren anzupassen. Jedoch stellt sich zwangsläufig die Frage, ob eine wesensgleiche Lösung nicht ebenfalls durch eine Reform des Schließungsverfahrens möglich gewesen wäre. Einen solchen Ansatz – der im Folgenden dargestellt werden soll – hatten im Jahr 2006 bereits die Bundestagsfraktionen von CDU/CSU und SPD vorgeschlagen.[613] In der Gesamtschau ergibt sich jedoch, dass diese Gestaltung (Variante 1) anders als das Kasseninsolvenzverfahren (Variante 2) rechtlich nicht darstellbar ist.

- Variante 1: Die Reform des Schließungsrechts

Orientiert man sich an den wesentlichen Motiven des GKV-OrgWG, namentlich: der Angleichung von Wettbewerbspositionen und der Weiterentwicklung des Abwicklungsrechts auf den Grundlagen des GKV-WSG, so würde eine (potentielle) Modifikation des Schließungsrechts zwei grundlegende gesetzgeberische Schritte erfordern. Erstens den *Ausschluss* der Insolvenzfähigkeit aller gesetzlichen Krankenkassen, zweitens die Rechtsverweisung auf einzelne geeignete Vorschriften der Insolvenzordnung.

Die Anordnung der Insolvenz*un*fähigkeit aller konkurrierenden Krankenversicherungsträger wäre nötig, um einheitliche Wettbewerbsvoraussetzungen zu schaffen. In Umkehrung zu dem, was im GKV-OrgWG vorgesehen war, würden dann auch für die bundesunmittelbaren Kassen die Beitrags- und Umlagepflichten zur Insolvenzsicherung von Arbeitnehmern entfallen. Auf diesem Wege könnte man insofern eine Gleichbehandlung aller Krankenversicherungsträger herstellen. Diese Lösung ist rechtlich denkbar[614], führt aber zu dem Problem, dass dann eine Ausfallhaftung des Bundes nach § 12 Abs. 2 InsO analog erwachsen

613 BT-Drs. 16/3100, S. 154.

614 Kritisch allerdings: *Ehricke*, ZIP 2004, S. 2262 (2264).

würde. Gegen diese Rechtsfolge hatten sich bereits die Länder in Bezug auf die landesunmittelbaren Kassen gewandt.[615]

Eine Verzahnung des Sozialversicherungsrechts mit den Instrumenten des Wirtschaftsrechts würde in einem weiteren Schritt geeignete Verweisungen auf die Insolvenzordnung erfordern. Ein stimmiges Abwicklungsverfahren ließe sich dadurch jedoch nicht erreichen. So könnte zwar ohne weiteres für die Bestimmung des Schließungsgrundes auf die entsprechenden Regelungen der §§ 17–19 InsO verwiesen werden. Die Haftungssystematik des Schließungsrechts – genauer gesagt: die vollumfassende Garantiehaftung – ist jedoch auch mit einer Verweisung auf die Schlussverteilungsvorschriften der Insolvenzordnung nicht zu lösen. Bereits im Gesetzesentwurf der Fraktionen von CDU/CSU und SPD zum GKV-WSG war „die Aufhebung der Verbandshaftung und die Anwendung der Vorschriften der Insolvenzordnung über die Befriedigung der Insolvenzgläubiger“[616] (§§ 174 ff. InsO) vorgeschlagen worden. Dieser konkrete Ansatz ist zwar zu unspezifisch, weil er nicht auf die unterschiedlichen Gläubigergruppen der Insolvenzordnung eingeht und keine Privilegierung von verfassungsrechtlich geschützten Ansprüchen umfasst. Führt man den Gedanken jedoch fort, könnte man versuchen, nicht-privilegierte Gläubiger auch im Kassenschließungsverfahren nach den Vorschriften der Insolvenzordnung zu befriedigen. Dies scheitert dennoch aus zwei Gründen: Erstens ist die quotale Befriedigung von Insolvenzgläubigern nicht mit dem Haftungsmechanismus des Schließungsrechts vereinbar.[617] Hier wird das vorhandene Vermögen zur Befriedigung offener Forderungen verwendet und die Differenz der nicht erfüllten Forderungen von den Haftungskassen getragen. Dadurch steht keine Haftungsmasse zur Verfügung, die über eine Insolvenzquote an die Gläubiger verteilt werden könnte. Wollte man dies erreichen, müsste die Haftung insgesamt nach dem Vorbild des Kasseninsolvenzverfahrens konzipiert werden. Zweitens muss das Insolvenzverfahren als abgeschlossenes Gesamtkonzept gesehen werden, das die Interessen der Beteiligten in Ausgleich bringt und deswegen nicht nur teilweise zur Anwendung kommen kann. Die Rechtsfolge, dass die Insolvenzgläubiger im Liquidationsverfahren nur mit einer quotenmäßigen Befriedigung rechnen können, ist nur dadurch zu rechtfertigen, dass im Rahmen der Gesamtvollstreckung eine Verlust – und Zwangsgemeinschaft aus Schuldner und Gläubigern gebildet wird und der Insolvenzverwalter das Schuldnervermögen zu Gunsten

615 BR-Drs. 342/08, S. 25; BR-Plenarprotokoll 380, S. 18.
616 BT-Drs. 16/3100, S. 154.
617 Siehe: Kapitel 3, § 12 C. II 7.

aller Gläubiger verwaltet und verwertet. Problematisch ist, dass das Insolvenzverfahren dabei Eingriffe in die Rechtspositionen der Beteiligten vornimmt, die dem Schließungsverfahren fremd sind. Nach der Verfahrenseröffnung wird dem Schuldner die Befugnis entzogen, sein Vermögen zu verwalten sowie darüber zu verfügen (§ 80 InsO) und den Gläubigern wird auferlegt, ihre Forderungen nur noch nach den Regeln des Insolvenzverfahrens durchzusetzen (§ 87 InsO). Der Insolvenzverwalter schließlich, der als Verwaltungs- und Verfügungsbefugter die Ziele des Insolvenzverfahrens realisieren soll, erhält die bereits angesprochenen weitreichenden Eingriffsbefugnisse. Dabei unterliegt er nicht nur einer strengen persönlichen Haftung, sondern wird in Ausübung seiner Tätigkeit durch den Gläubigerausschuss (so dieser eingesetzt wurde, § 67 Abs. 1 InsO) und das Insolvenzgericht überwacht. Die Beteiligung eines persönlich haftenden Insolvenzverwalters beziehungsweise die gerichtliche Kontrolle von einzelnen Verfahrensmaßnahmen durch Dritte lässt sich jedoch mit dem Charakter des aufsichtsbehördlichen Verfahrens der Kassenschließung nicht vereinbaren. Eine Reform des Schließungsrechts scheidet damit als Lösung aus.

- Variante 2: Das Insolvenzverfahren über das Vermögen von Krankenkassen

Damit verbleibt als geeignetes Liquidationsverfahren die bereits im GKV-OrgWG angelegte Variante des modifizierten Insolvenzverfahrens. Die Untersuchung hat gezeigt, dass die Privilegierung der verfassungsrechtlich geschützten Forderungen gewährleistet wird, die Einbindung der Aufsichtsbehörde sowie des Spitzenverbandes Bund im Gesetz vorgesehen ist und sich aufgrund der insolvenzrechtlichen Vorschriften Schwächen des Schließungsverfahrens beheben lassen. Die Verfahrenseröffnung wird durch die Verweisung auf die Insolvenzgründe zwar aufwendig und mit Schwierigkeiten behaftet bleiben[618], ist jedoch im Vergleich zur aktuellen Rechtslage wegen der gesetzlichen Definitionen der Insolvenzordnung und der umfangreichen Rechtsprechung hierzu klarer strukturiert. Hinzu kommt, dass der Haftungsmechanismus des Insolvenzverfahrens rechtlich konsequent in privilegierte und nicht-privilegiert Gläubiger unterscheidet – und dadurch im Einzelfall auch zu leichten finanziellen Vorteilen für den Haftungsverbund führen kann. Diese Wirkung kann möglicherweise auch durch die Eingriffsbefugnisse des Insolvenzverwalters erreicht werden. Über ihn dürfte dem Verfahren insgesamt auch ein besonderes Abwicklungs-*know how* zugeführt werden.

618 Auch hier besteht die Gefahr, dass die materielle Insolvenz lange vor Eröffnung des Insolvenzverfahrens vorlag, siehe: *Paulus*, Insolvenzrecht, S. 4.

Darüber kann auch nicht der häufig geübte Vorwurf hinwegtäuschen, die Gesetzesänderungen durch das GKV-OrgWG seien nicht sachpolitisch motiviert gewesen. Hier wird vor allen Dingen angeführt, die Bundesländer hätten, um einer möglichen Haftung nach § 12 Abs. 2 InsO zu entgehen, bereits aus diesem Grund auf die Anordnung der Insolvenzfähigkeit aller Krankenkassen gedrängt.[619] Außerdem wird auf Grundlage der Aussage der ehemaligen Bundesgesundheitsministerin Ulla Schmidt, in Zukunft seien „30 bis 50 Kassen“[620] für einen funktionierenden Kassenwettbewerb ausreichend, unterstellt, das GKV-OrgWG sei ein weiterer Schritt auf dem Weg zu einer langfristigen Kassenreduzierung.[621] Schließlich wird die Insolvenzoption auch als reine Drohkulisse interpretiert. Aus Angst vor dem Stigma der Insolvenz würden die Krankenkassenvorstände zu wirtschaftlichem Handeln beziehungsweise zur Kooperation bei Maßnahmen der Aufsichtsbehörde angehalten, um einen drohenden Imageschaden für die Krankenkasse, die Krankenkassenart oder die gesetzliche Krankenversicherung insgesamt zu verhindern – worin sich auch der Zweck der Reform erschöpfe.[622] Dabei wird allerdings übersehen: Sollte die Liquidation einer Krankenkasse als *ultima ratio* unumgänglich sein, sprechen rechtliche und (in geringem Umfang) auch wirtschaftliche Aspekte für die Anwendung insolvenzrechtlicher Vorschriften beziehungsweise die Durchführung von Insolvenzverfahren über das verbliebene Kassenvermögen.

In Folge der Einführung der allgemeinen Insolvenzfähigkeit von Krankenkassen ist die materielle Insolvenzgefahr nicht gestiegen ist. Schließlich wird die wirtschaftliche Lage der einzelnen Versicherungsträger nicht durch die Vorschriften des Abwicklungsrechts beeinflusst. Wenn die Gesetzesänderungen durch das GKV-OrgWG die Gefahr eines Marktaustritts für gesetzliche Krankenkassen erstmals zu einem „realistischeren Szenario“[623]werden lassen, ist dies zum einen auf die erfolglose Krisenbewältigung auf der Ebene der Krankenkassen und der Krankenkassenart, zum anderen auf die Entscheidungen der Aufsichtsbehörde zurückzuführen.

Gesetzestechnisch bedürfte es für die Reduzierung auf das Insolvenzverfahren einer Streichung des Schließungsgrundes in § 153 S. 1 Nr. 3 SGB V, der

619 *Reuter*, Indat-Report, 04/2008, S. 8 (9).

620 Interview mit Ulla Schmidt, zum damaligen Zeitpunkt Bundesministerin für Gesundheit, in: Weser-Kurier, 65. Jahrgang, Nr. 190, 15.08.2009, S. 2.

621 *Scheurer*, in: Kassenwettbewerb und Insolvenz, S. 9 (11).

622 Vgl. *Reuter*, Indat-Report, 04/2008, S. 8 (8); *Lundberg/Sänger*, ZInsO 2012, S. 1556 (1556).

623 *Bohlen-Schöning*, KrV 2009, S. 289 (289).

eingreift, wenn „ ihre Leistungsfähigkeit nicht mehr auf Dauer gesichert“ ist.[624] Die Schließungsgründe in § 153 S. 1 Nr. 1 und 2 SGB V sowie die übrigen Regelungen des Schließungsrechts bleiben hiervon unberührt. Sie finden auch dann Anwendung, wenn das Insolvenzgericht die Eröffnung des Insolvenzverfahrens mangels Masse ablehnt.[625]

B. Änderungen im „Kasseninsolvenzrecht“

Auch bei einer Festlegung auf das Kasseninsolvenzverfahren bestünde weiterer Reformbedarf:

- Notwendige Anpassung von § 171b Abs. 3 S. 3 SGB V

Nach dem Entfallen der Verfahrensalternativen wäre die Anordnung einer starren dreimonatigen Prüfungsphase nach § 171b Abs. 3 S. 3 SGB V nicht mehr geboten. Auch im Bereich der Bankenaufsicht und des Versicherungsaufsichtsgesetzes ist keine Frist geregelt, innerhalb derer die Behörde einen Eröffnungsantrag stellen muss.[626] Diese Entscheidung liegt im Ermessen der Aufsicht, die anhand eines öffentlichen Interesses entscheidet. Von einer Antragstellungspflicht in Folge einer Ermessensreduzierung auf Null wird jedoch dort auszugehen sein, wo die Behörde auf Grundlage ihrer Überprüfung einen Insolvenzgrund für gegeben hält. Zwar haben Dritte keinen Anspruch auf eine rechtzeitige Antragstellung. Dennoch können Amtshaftungsansprüche gegenüber denjenigen beaufsichtigten *Kassen* entstehen, die ebenfalls als Insolvenzgläubiger am Verfahren teilnehmen und durch die verspätete Antragstellung einen finanziellen Schaden erleiden. § 171b Abs. 3 S. 3 SGB V kann daher entfallen.

- Notwendige Anpassung von § 171b Abs. 6 S. 2 SGB V

In § 171b Abs. 6 S. 2 SGB V sollte durch die Ergänzung „eingezogene Beiträge und Beitragsforderungen“ klargestellt werden, dass der Krankenkassenbeitrag insgesamt nicht in das Vermögen der einzelnen Kasse fällt und damit nicht zur Insolvenzmasse zählt.[627]

---

624 Auch im Übrigen sind die §§ 171b ff. SGB V dort zu überarbeiten, wo die Schließungsoption im Gesetzestext vorkommt.

625 Siehe: Kapitel 4, § 19 D. II.

626 Siehe: § 46 b Abs. 1 S. 4 KWG, § 88 Abs. 1 VAG.

627 Siehe ausführlich: Kapitel 4, § 21 A. II. 2.

- Notwendige Anpassung von § 171d Abs. 5 SGB V

Um einen Haftungsgleichlauf herzustellen, wie ihn die KKInsoV vorsieht, sollte in § 171d Abs. 5 SGB V klargestellt werden, dass auch hier der Spitzenverband Bund der gesetzlichen Krankenkassen als zentraler Haftungsadministrator auftritt. § 171d Abs. 5 S. 3 SGB V ist insofern missverständlich[628] und könnte gestrichen werden.

- Notwendige Anpassung von § 171e SGB V

In § 171e Abs. 1 S. 5 SGB V sollte das Merkmal der zweckentsprechenden Verwendung dahingehend konkretisiert werden, dass das Deckungskapital für Altersversorgungsverpflichtungen nicht dem Insolvenzbeschlag unterliegt.[629]

- Kein Bedarf zur Einführung einer Sanierungsoption im Insolvenzverfahren

Dass die Verfahrensergebnisse des Insolvenzverfahrens in weiten Teilen mit denjenigen des Schließungsrechts übereinstimmen, wurde bereits dargelegt. Dies lässt sich auf zwei entscheidende Punkte zurückführen: Die Reduzierung des Krankenkasseninsolvenzverfahrens auf die Liquidationsoption sowie die weitreichende Privilegierung von wesentlichen Gläubigergruppen innerhalb dieser Haftungssystematik. Während die Modifikation der Haftung aus verfassungsrechtlichen Gesichtspunkten unabdingbar ist, wird aus insolvenzrechtlicher Sicht der Ausschluss der Sanierungsoption *innerhalb* des eröffneten Verfahrens beklagt.[630] Eine Modifikation des „Kasseninsolvenzrechts" zu Gunsten einer Sanierungsmöglichkeit auf Basis der Insolvenzordnung mag rechtlich denkbar sein.[631] Erforderlich erscheint sie nicht.

Die Sanierung im Insolvenzverfahren setzt neben der Sanierungsfähigkeit des Schuldnerunternehmens die Sanierungswürdigkeit und vor allen Dingen den Sanierungswillen der Gläubiger voraus. Immerhin ist ein Insolvenzverfahren,

628 Siehe: Kapitel 4, § 21 E. II. 2.

629 Siehe ausführlich: Kapitel 4, § 21 A. II. 1.

630 Statt vieler: *Reuter*, Indat-Report, 04/2008, Editorial, S. 3, der davon spricht, dass das „Bild des Verwalters als Bestatter" durch die Regelungen des GKV-OrgWG „wiederbelebt" wird.

631 Dazu müsste der Auflösungszeitpunkt der Krankenkasse statt an die Eröffnungsantragstellung an eine Liquidationsentscheidung der Gläubigerversammlung im Sinne des § 157 S. 1 InsO angeknüpft werden. Notwendig wäre auch die (jedenfalls befristete) Einschränkung des Sonderkündigungsrechts nach § 175 Abs. 3a S. 1 SGB V.

das sich in einer „Entschuldungsfunktion“[632] erschöpft, nicht vorgesehen. Aktuell scheitert die Sanierungsoption im Insolvenzverfahren bereits am Kriterium der Sanierungs*fähigkeit*, da die Stellung des Eröffnungsantrags ein Krankenkassenwahlrecht nach § 175 Abs. 3a S. 1 SGB V auslöst und bis zur tatsächlichen Verfahrenseröffnung regelmäßig alle Mitgliedschaftsverhältnisse beendet sind. Damit ist der betroffenen Krankenkasse als Körperschaft des öffentlichen Rechts nicht nur ihr öffentlicher Auftrag entzogen, sondern es fehlt automatisch auch die finanzielle Sanierungsgrundlage.

Selbst wenn rechtlich und tatsächlich die Möglichkeit zur Einleitung von Sanierungsmaßnahmen bestünde, könnte ein Sanierungs*wille* der Kassengläubiger dennoch mit an Sicherheit grenzender Wahrscheinlichkeit ausgeschlossen werden. Ausgangspunkt ist die Überlegung, dass auch im Sanierungsverfahren das Ziel der gemeinschaftlichen Gläubigerbefriedigung im Mittelpunkt steht. Demnach ist Voraussetzung einer Sanierungsentscheidung, dass die Betroffenen bereit sind, Beiträge zur Erhaltung des Schuldnerunternehmens zu leisten, sei es durch Zuführung von Kapital oder in Form von Verzichtsbeiträgen. Bereits im Regelinsolvenzverfahren ergibt sich trotz der rechtlichen Möglichkeit zur Sanierung dann ein „faktisches Desinteresse“[633] hieran, wenn im Vergleich zur Liquidation keine gesteigerten Befriedigungsquoten zu erwarten sind. Dabei darf nicht auf die privilegierten Kassengläubiger abgestellt werden, da diese durch den gesetzlich festgelegten Gläubigerwechsel nicht am Insolvenzverfahren beteiligt sind. Neben den nicht-privilegierten Gläubigern käme es vor allen Dingen auf die Kassen des Haftungsverbundes an.

Betrachtet man den Zweck der insolvenzrechtlichen Sanierung, kann jedoch auch bei gegebener Sanierungsfähigkeit kaum davon ausgegangen werden, dass die Haftungskassen für eine Sanierung nach der Insolvenzordnung zur Verfügung stünden. Dafür dürfte zum einen das geringe Sanierungspotential sorgen, da kurz- und mittelfristig Mitgliedschaftskündigungen in großem Umfang zu erwarten wären. Dass Mitglieder ihre Kündigungsrechte schnell wahrnehmen lässt sich bereits daran zeigen, dass die Erhebung von Zusatzbeiträgen in der Vergangenheit zu erheblichen Kassenwechseln geführt hat.[634] Hinzu kommt, dass durch den öffentlichen Auftrag der Krankenkassen Veränderungen im operativen Geschäft zwar in geringem Umfang auf der Ebene der Verwaltungskosten, nicht jedoch im Leistungsbereich denkbar sind, der – wie gezeigt – rund 94 Prozent

632 *Häsemeyer*, S. 17.
633 *Gottwald*, in: Gottwald, § 1 Rn. 59.
634 *Kruse/Kruse*, WzS 2011, S. 7 (10).

der Gesamtausgaben darstellt. Für die finanzwirtschaftlichen Maßnahmen bleibt zu berücksichtigen, dass die anderen Kassen über die Ausfallhaftung untrennbar mit dem weiteren finanziellen Schicksal der insolventen Kasse verbunden bleiben. Jedes Aufrechterhalten der Tätigkeit und die dadurch produzierten Verluste fielen auf die Haftungskassen zurück, ohne dass ihnen im Sanierungsverfahren zusätzliche Sicherheiten zustehen. Ein zukünftiger Überschuss der Kasse, der im Fall einer gelungenen Sanierung zur Befriedigung der Gläubiger zur Verfügung stünde, ist nicht verlässlich zu kalkulieren, da hier der „Faktor Gesundheit" die entscheidende Rolle spielt. Im Ergebnis würden sie damit einen Konkurrenten am Markt halten, wobei sie durch das System der Solidarhaftung einem Wiederholungsrisiko ausgesetzt wären. Sanierungsbemühungen der anderen Kassen sind deswegen nur im Vorfeld der Insolvenz sinnvoll. Hierfür stehen die Krisenbewältigungsinstrumente des SGB V zur Verfügung. Damit bleibt dem Insolvenzverfahren zwangsläufig nur die Aufgabe der Liquidation. Es tritt damit eins zu eins an die Stelle des Kassenschließungsverfahrens.

§ 34 Weiterführende Gedanken zur Stärkung eines Insolvenzvermeidungssystems

Trotz allem gilt es zu berücksichtigen, dass nicht nur vorinsolvenzliche, finanzielle Hilfen, sondern gerade auch die Abwicklung einer Krankenkasse mit erheblichen Kosten für den Haftungsverbund einhergeht. Obwohl die Kassen nach der gesetzlichen Ausgangslage in § 4 Abs. 3 S. 1 SGB V grundsätzlich zur Zusammenarbeit verpflichtet sind, beruhen die SGB V-Maßnahmen zur Krisenbewältigung fast ausnahmslos auf Freiwilligkeit.[635] Art und der Umfang ihrer finanziellen Unterstützung werden die anderen Kassen demnach vor dem wirtschaftlichen Gesichtspunkt einer drohenden Haftung abzuwägen haben.[636]. Für

635 Darunter fallen der Finanzausgleich für aufwendige Leistungsfälle gemäß § 265 S. 1 SGB V sowie die freiwilligen finanziellen Hilfen gemäß § 265b Abs. 1 S. 1 SGB V. Selbst bei einer „Zwangsfusion" nach § 172 Abs. 3 SGB V kann die Aufsichtsbehörde nur den Vorstandsbeschluss der gefährdeten Kasse ersetzen. Einzig die Beiträge zur Finanzierung der Gesamtrücklage (§ 262 Abs. 4 S. 2 SGB V) sowie die Finanzierung der Hilfen nach § 265a Abs. 1 S. 1 SGB V sind verpflichtend. Die Gewährung der Mittel durch den jeweiligen Landesverband der Kassenart (§ 264 Abs. 4 S. 2 SGB V) beziehungsweise den Spitzenverband Bund (§ 265a Abs. 1 SGB V) erfolgt jedoch wiederum nur im Einzelfall.

636 Auch der Gesetzentwurf zum GKV-OrgWG spricht davon, dass die „erforderliche Solidarität (unter den Krankenkassen) immer schwieriger eingefordert werden" könne, BT-Drs. 16/9559, S. 1.

die Kassen derselben Kassenart dürfte ein weiteres Motiv darin liegen, dass ihre „Dachmarke" ohne den Makel der Insolvenz zurückbleibt.

Ob die Liquidation einer Krankenkasse den anderen Versicherungsträgern sogar zu einem Vorteil gereichen kann – die Unterstützung in der Krise also auch daran orientiert werden wird – ist nicht eindeutig zu beantworten. Abstrakt betrachtet lässt sich sagen, dass die Marktmacht einer Kasse in Relation zu ihrer Mitgliederzahl steigt und sich dadurch zum Beispiel unmittelbare Vorteile bei Vertragsverhandlungen mit Leistungserbringern ergeben können.[637] Deswegen ist es nicht spekulativ zu behaupten, dass auch solche Wettbewerbsstrategien die vorinsolvenzliche Sanierungsbereitschaft einzelner Kassen beeinflussen können. Einschränkend ist hinzuzufügen, dass ein Ausbau der eigenen Marktposition zu Lasten der insolventen Kasse wegen des Rechts zur freien Kassenwahl nicht konkret planbar ist.

Wenn allerdings die Abwicklung eines Versicherungsträgers nicht immer zu den besten Ergebnissen für das GKV-System führt, ist es unerlässlich, weitere Möglichkeiten zur Insolvenzvermeidung vorzusehen. Damit auch in Zukunft die Auflösung und Abwicklung von Krankenversicherungsträgern nur als *ultima ratio* in Betracht kommt, war es nicht nur notwendig, die Informations- und Kontrollmöglichkeiten der Aufsichtsbehörden zu erweitern. Zusätzlich sollte auch den Kassen, die im Falle einer Insolvenzverfahrenseröffnung der Ausfallhaftung nicht entgehen können, mehr Gelegenheit gegeben werden, den Eintritt der Insolvenzreife zu verhindern. Darüber hinaus gilt es, Insolvenzrisiken auch auf Basis der Finanzierungsebene der GKV entgegenzuwirken. Folgende – nicht abschließende – politische und gesetzgeberische Schritte zur Stärkung der präventiven Insolvenzvermeidung[638] sind hierbei denkbar:

A. Änderungsmaßnahmen für den morbiditätsorientierten Risikostrukturausgleich (Morbi-RSA)

Einheitliche und bedarfsgerechte Finanzierungsgrundlagen sind die Voraussetzung für einen stabilen Krankenkassenmarkt. Denklogisch könnte der Gefahr einer finanziellen Krise von Krankenversicherungsträgern bereits durch die Verbesserung ihrer Finanzausstattung, beispielweise durch die Erhöhung des allgemeinen Beitragssatzes oder die Ausweitung staatlicher Zuschüsse (§ 221 SGB V), begegnet werden. Angesichts steigender Kosten im Gesundheitswesen hatte der Gesetzgeber in der jüngeren Vergangenheit allerdings gerade den gegenteiligen

637 Vgl. *Scheurer*, in: Kassenwettbewerb und Insolvenz, S. 9 (10).

638 *Steinmeyer*, NZS 2008, S. 393 (400).

Ansatz im Blick und wollte durch die Einführung eines Kassenwettbewerbs dafür sorgen, dass die zur Verfügung stehenden Mittel so effizient wie möglich eingesetzt werden.[639] Diese Verantwortung liegt bei den Kassen. Dennoch dürfen nicht „strukturelle" Risiken, die sich aus der Art der Krankenkassenfinanzierung ergeben, auf sie übertragen werden. Das heißt, dass die Krankenversicherungsträger nicht alleine durch ihre Versichertenstruktur, beispielsweise die Krankheitsrisikoanlage oder den Altersdurchschnitt, dauerhaft in finanzielle Schwierigkeiten geraten dürfen. Aktuell versucht das SGB V mit Hilfe des morbiditätsorientierten Risikostrukturausgleichs ein gewisse Äquivalenz zwischen der Höhe der Zuweisungen und den statistisch zu erwartenden Leistungsausgaben einzelner Kassen herzustellen, indem die Mittel des Gesundheitsfonds als Grundpauschale zuzüglich oder abzüglich einer Alters-, Geschlechts- und Risikoanpassung nach § 266 SGB V an die Kassen fließen. Dass eine Deckungsgleichheit in der Praxis nicht zu garantieren ist, stellt wirtschaftlich gesehen sowohl Chance als auch Risiko für die Kassen dar. Als Ausnahme hiervon müssen sogenannte „Hochkostenfälle" gelten, die einen überdurchschnittlichen finanziellen Aufwand erfordern. Soweit sie nicht ausreichend durch Zuweisungen aus dem Gesundheitsfonds gedeckt werden, sind sie als ein strukturelles Risiko der gesetzlichen Krankenversicherung zu sehen. Anders als die Frage, mit welcher Wahrscheinlichkeit der Versicherungsfall („Faktor Gesundheit") eintritt, können diese Fälle nicht zur Risikosphäre einzelner Kassen gezählt werden, sondern betreffen die Solidargemeinschaft als solche. Denn es ist ein Wesenszug der gesetzlichen Krankenversicherung, dass sich ihre Mitgliedsbeiträge nicht am Umfang des Leistungsversprechens orientieren und ein freies Kassenwahlrecht für die Mitglieder besteht. Vor diesem Hintergrund muss sichergestellt werden, dass Kassen nicht durch besonders teure Behandlungsfälle, die sie nach den gesetzlichen Vorgaben zu tragen haben, in eine finanzielle Krise geraten. Zwar kommen die Verfasser des *Evaluationsberichts zum Jahresausgleich 2009 im Risikostrukturausgleich* zu dem Ergebnis, dass für den zugrunde liegenden Betrachtungszeitraum kein Zusammenhang zwischen einzelnen Hochkostenfällen und der konkreten Unterdeckung von Krankenkassen zu verzeichnen war.[640] Dennoch gab die BKK HenschelPlus zwei Jahre später – in ihrem Geschäftsbericht

639 Vgl. *Becker/Kingreen*, NZS 2010, S. 417 (418).

640 Evaluationsbericht zum Jahresausgleich 2009 im Risikostrukturausgleich – Endfassung 22.06.2011, S. 101, 150, siehe: http://www.bmg.bund.de/fileadmin/dateien/Publikationen/Gesundheit/Forschungsberichte/Evaluationsbericht_zum_Jahresausgleich.pdf.

für das Jahr 2011 – an, dass sie alleine für ihre „neun teuersten Versicherten“[641] eine Unterdeckung in Höhe von 1,9 Millionen Euro zu verkraften hatte. Auch wenn sich das Zustandekommen der konkreten Summe nicht überprüfen lässt, zeigt der Fall, dass es trotz der Existenz des Morbi-RSA zu erheblichen Sonderbelastungen einzelner Krankenkassen kommen kann. Zur Lösung des Problems fordert der BKK Dachverband die Wiedereinführung eines „Hochrisikopools“[642], wie er bereits in § 266 a.F. SGB V als Übergangslösung vor In-Kraft-Treten des morbiditätsorientierten Risikostrukturausgleichs vorgesehen war. Er könne als ergänzendes Instrument neben dem morbi-RSA für eine gerechtere Verteilung der Gesundheitsfondszuweisungen sorgen. Nach der ursprünglichen Konzeption wurden den Krankenkassen bestimmte Leistungsausgaben, die einen festgelegten Schwellenwert (im Jahr 2003 waren dies 20.450 Euro pro Versichertem) überschritten, zu 60 Prozent erstattet. Die Verfasser des *Evaluationsberichts zum Jahresausgleich 2009 im Risikostrukturausgleich* raten auf der Grundlage von verschiedenen Modellrechnungen von einer solchen Wiedereinführung ab. Sie begründen dies mit dem Argument einer „Finanzierungsillusion“[643]. Da insgesamt nicht mehr Mittel zur Verfügung stünden, könne eine Andersverteilung denklogisch nur zu Lasten der Grundpauschale gehen, was im Ergebnis für die Mehrzahl der Kassen zu einer finanziellen Neutralisierung führen würde. Selbst wenn eine große „Varianz auf Einzelkassenebene“[644] denkbar sei, würde der Gesamteffekt der Maßnahme und der damit verbundene Verwaltungsaufwand einen solchen gesetzgeberischen Schritt nicht rechtfertigen. Aus demselben Grund war das Konzept eines Risikopools auch früher schon großer Kritik ausgesetzt. Es ist deswegen auch heute kein taugliches Mittel.

Dass § 265 SGB V einen Finanzausgleich für aufwendige Leistungsfälle auf Ebene der Landesverbände vorsieht, ist als Lösung ebenso ungenügend. Es bedarf

641 BKK-HenschelPlus, Geschäftsbericht 2011, in: Gesundheit 3/12, S. 14 (15), http://www.bkkhenschelplus.de/fileadmin/medien/dokumente/versicherte/magazin_gesundheit/gesundheit_03-12.pdf (Stand: 1. August 2014).

642 BKK Dachverband, Beratungsvorlage zur Mitgliederversammlung am 29. Oktober 2013, S. 1, siehe: http://www.bkk-mittelstandsoffensive.de/content/PDF/Positionierung_zum_Morbi-RSA.pdf (Stand: 1. August 2014).

643 Evaluationsbericht zum Jahresausgleich 2009 im Risikostrukturausgleich – Endfassung 22. Juni 2011, S. 94, (aaO).

644 Evaluationsbericht zum Jahresausgleich 2009 im Risikostrukturausgleich – Endfassung 22. Juni 2011, S. 99, siehe: http://www.bmg.bund.de/fileadmin/dateien/Publikationen/Gesundheit/Forschungsberichte/Evaluationsbericht_zum_Jahresausgleich.pdf (Stand: 1. August 2014).

zur Vermeidung dieses Risikos eines gesamtheitlichen Ansatzes der gesetzlichen Krankenversicherung. Darum ist eine Weiterentwicklung des Risikostrukturausgleichs geboten. Dabei kann und muss darüber nachgedacht werden, dass an Stelle eines Risikopools bestimmte, bisher nicht berücksichtigte Krankheiten im Rahmen der Berechnungsgrundlage von § 266 SGB V berücksichtigt werden, um auf diesem Weg die Genauigkeit der Zuweisungen aus dem Gesundheitsfonds zu erhöhen.[645] Zusätzlich sollten gebietsabhängige Unterschiede bei der Höhe der Leistungsausgaben mit einem „Regionalfaktor"[646]berücksichtigt werden, um die wettbewerblichen Ausgangsvoraussetzungen der gesetzlichen Krankenkassen zu verbessern. Zwar besteht die Gefahr, dass hierdurch die Strukturen sogenannter Hochpreisregionen verfestigt werden.[647] Dennoch dürfen nicht konkret erforderliche Mehrausgaben, die von Faktoren wie der medizinischen und klinischen Infrastruktur abhängen und damit nicht im Machtbereich der Kasse zu suchen sind, diesen nicht zum Nachteil gereichen.

Diese Anpassungen könnten dazu beitragen, dass sich ein echter Wettbewerb entwickelt, der – im Sinne der bundesverfassungsgerichtlichen Rechtsprechung – dort beginnt, wo die Solidarität unter den Krankenkassen endet.[648]

B. Erhöhung des gesetzlichen Rücklagerahmens

Zur besseren Absicherung vor Insolvenzen könnte man außerdem daran denken, die bereits bestehende Verpflichtung zur Rücklagenbildung von Krankenkassen nach oben zu korrigieren. Die Rücklage auf Ebene der Kassen ist strukturell von der Liquiditätsreserve des Gesundheitsfonds (§ 271 Abs. 2 SGB V) zu unterscheiden und soll eingesetzt werden, wenn Schwankungen bei Einnahmen und Ausgaben nicht mehr durch den Einsatz von Betriebsmitteln ausgeglichen werden können, §§ 82 SGB IV, 261 Abs. 3 S. 1 SGB V. Zu ihrer Höhe legt der Gesetzgeber in § 261 Abs. 2 S. 2 SGB V einen Rahmen fest, der sich an den monatlichen Ausgaben orientiert, wie sie in den Haushaltsplänen der Kassen vorgesehen sind. Per Gesetz ist festgelegt, dass die Rücklage zwischen einem Viertel und dem Einfachen des Betrages liegen kann, was in der Praxis auch in dieser

645 Zu diesem Ergebnis kommt auch der Evaluationsbericht zum Jahresausgleich 2009 im Risikostrukturausgleich – Endfassung 22. Juni 2011, S. 132, (aaO).

646 So auch: BKK Dachverband, Beratungsvorlage zur Mitgliederversammlung am 29. Oktober 2013, S. 4, siehe: http://www.bkk-mittelstandsoffensive.de/content/PDF/Positionierung_zum_Morbi-RSA.pdf (Stand: 1. August 2014).

647 Evaluationsbericht zum Jahresausgleich 2009 im Risikostrukturausgleich – Endfassung 22. Juni 2011, S. 62, (aaO).

648 BVerfG, Beschl. v. 18. Juli 2005, Az.: 2 BvF2/01, in: BVerfGE 113, S. 167 (233).

Gestaltungsvarianz genutzt wird. So legt beispielsweise die BKK Textilgruppe Hof in ihrer Satzung die Rücklagenhöhe auf 100 Prozent[649] des Bezugsbetrages fest, während die Techniker Krankenkasse oder die Siemens-Betriebskrankenkasse einen Anteil von 50 Prozent[650] gewählt haben. Andere Kassen, darunter die AOK Bayern oder die Securvita BKK bilden hingegen lediglich eine Rücklage in Höhe von 25 Prozent[651] hiervon.

Die wirtschaftliche Bedeutung der gesetzlichen Rücklage beziehungsweise die Möglichkeiten einer Erhöhung werden bei einem Blick auf die konkreten Zahlen deutlich und sollen exemplarisch an zwei Kassen aufgezeigt werden. Die Siemens-Betriebskrankenkasse hat auf Grundlage der satzungsmäßigen festgelegten Rücklagenhöhe von 50 Prozent im Haushaltsjahr 2012 eine Rücklagensumme von 101 Millionen gebildet.[652] Dem gegenüber steht im gleichen Zeitraum ein Überschuss von 48 Millionen Euro. Die BKK Textilgruppe Hof, die bei einer Rücklagenquote von 100 Prozent der monatlichen Ausgaben eine Summe von 1,5 Millionen Euro zurücklegte, hat im Geschäftsjahr 2012 einen Überschuss von 960.000 Euro erzielt.[653]

Hieran werden zwei Dinge deutlich: Erstens, angesichts der Relation zwischen Rücklage und erzieltem Jahresüberschuss wäre eine signifikante Erhöhung (beispielsweise eine Verdoppelung) des Rücklagensolls durch den Gesetzgeber für

649 § 11 Satzung der BKK Textilgruppe Hof (Juli 2013), siehe: http://www.bkk-textilgruppe-hof.de/files/textilgruppe/downloads/Satzung/Satzung%20Krankenversicherung%2001-07-2013.pdf (Stand: 1. August 2014).

650 § 13 Satzung der Techniker Krankenkasse (01. Januar 2014), siehe: http://www.tk.de/centaurus/servlet/contentblob/48710/Datei/122349/TK-Satzung-Stand-01-01-2014-PV-01-07-2011.pdf (Stand: 1. August 2014); § 11 Satzung der Siemens-Betriebskrankenkasse vom 1. Januar 2010 einschließlich 22. Nachtrag, siehe: https://www.sbk.org/fileadmin/pdf/SVD/Satzung_SBK_vom_1.1.2010__einschl.22._Nachtrag__Stand_12. Dezember 2013.pdf (Stand: 1. August 2014).

651 § 37 Satzung der AOK Bayern (1. Januar 2014), siehe: http://www.aok.de/bayern/die-aok/wir-ueber-uns-satzung-und-geschaeftsbericht-24827.php (Stand: 1. August 2014); § 12 Satzung der Securvita BKK (August 2013), siehe: http://www.securvita.de/fileadmin/user_upload/PDF-Dateien/krankenkasse/satzung.pdf (Stand: 1. August 2014).

652 Siemens-Betriebskrankenkasse, Geschäftsbericht 2012, S. 14, siehe: https://www.sbk.org/fileadmin/images/ueber_uns/SBK_Geschaeftsbericht_2012.pdf (Stand: 1. August 2014).

653 BKK Textilgruppe Hof, Geschäftsbericht 2012, siehe: http://www.bkk-textilgruppe-hof.de/files/textilgruppe/downloads/Sonstiges/Geschaeftsbericht%202012.pdf (Stand: 1. August 2014).

die Krankenversicherungsträger im Einzelfall kaum zu finanzieren. Dies würde vielfach die Summe mehrerer Jahresüberschüsse übersteigen. Zweitens, der Rücklagensumme kann auch bei einer Veränderung der gesetzlichen Rahmenvorgaben nur eine Überbrückungsfunktion für wenige Wochen zukommen. Tatsächlich hätten die im Jahr 2012 vorhandenen Gesamtrücklagen der gesetzlichen Krankenversicherung in Höhe von etwa 10 Milliarden Euro deren Gesamtausgaben im Schnitt für circa 20 Tage decken können.[654]

Dennoch bleibt festzuhalten, dass mit Hilfe einer Anhebung des Rücklagensolls nach § 261 Abs. 2 S. 1 SGB V für eine (in ihrem Umfang begrenzte) zusätzliche Finanzierungssicherheit auf Seiten der gesetzlichen Krankenkassen gesorgt werden könnte. Im Sinne einer gerechten Interessenabwägung, die einerseits die Tragfähigkeit aller Krankenkassenhaushalte steigert, andererseits die wirtschaftliche Handlungsfreiheit der Kassen erhalten sowie Zusatzbeitragserhöhungen für die Versicherten vermeiden soll, wird vorgeschlagen, die Untergrenze des Rücklagesolls gesetzlich auf 50 Prozent der monatlich vorgesehenen Leistungsausgaben anzuheben.[655] Weiterhin sollte es den Kassen wie bisher offen stehen, freiwillig die Rücklagenhöhe bis zum Einfachen einer Monatsausgabe zu steigern. Eine darüberhinausgehende Rücklageverpflichtung erscheint angesichts des oben Gesagten nicht verhältnismäßig.

C. Änderungsmaßnahmen für das Sanierungs- und Haftungskonzept

Als Reaktion auf die Doppelrolle von Krankenkassen als Körperschaften des öffentlichen Rechts sowie Wettbewerber sollte zudem das bisherige *Sanierungs-* und *Haftungs*konzept für den Insolvenzfall im SGB V geändert werden. Einerseits, um präventiv für eine Verringerung der Insolvenzgefahr zu sorgen. Andererseits, um zu verhindern, dass die (gegebenenfalls unvermeidbare) Liquidation einzelner Krankenversicherungsträger zu einer finanziellen Krise der Ausfallhaftungskassen führt.

Als Lösung könnte über eine Abschaffung des Haftungsverbundes in seiner bisherigen Verfassung und über die Ersetzung durch einen von „allen Krankenkassen gespeisten Ausfallfonds“[656] (Variante 1) nachgedacht werden, wie es *Becker/Schweitzer* in ihrem Gutachten anlässlich des 69. Deutschen Juristentages befürworten. Alternativ wird hier eine Modifikation des bisherigen

654 *Boecken/Jacobsen*, ZRP 2012, S. 76 (78).
655 Vgl. *Fichte*, in: Analysen, Argumente, Anstöße: Sonderinformation, No. 65, S. 28.
656 *Becker/Schweitzer*, Gutachten B, 69. Deutscher Juristentag, S. 75.

Haftungsrechts vorgeschlagen, die die bestehende Systematik durch ein „Anrechnungsmodell" sowie die Herabsetzung der Haftungsschwellenwerte nach den §§ 2, 1 KKInsOV abändert (Variante 2).

- Variante 1: „Ausfallfonds-Modell"

Die Eckpunkte des aktuellen Sanierungs- und Haftungskonzepts lassen sich auf Basis der vorliegenden Untersuchung folgendermaßen zusammenfassen: Die vorinsolvenzlichen *Sanierungs*instrumente[657] beruhen auf dem Prinzip der Freiwilligkeit. Die Möglichkeit zur finanziellen Unterstützung knüpft dabei vor allen Dingen an die Krankenkassenart an[658] und richtet sich an gleichartige Kassen beziehungsweise deren Landesverbände. Nur subsidiär gibt es die Möglichkeit, finanzielle Hilfen auf Bundesebene zu organisieren (§ 265a SGB V). Betrachtet man die Vorschriften zur *Haftung* im Liquidationsfall, so lässt sich ebenfalls feststellen, dass hier die eigene Kassenart den primären Haftungsverbund bildet, bevor auf einer zweiten Stufe die Solidarhaftung des GKV-Systems zum Tragen kommt.

Die vorliegende Untersuchung hat im Hinblick auf das *Sanierungs*konzept gezeigt, dass dessen Wirksamkeit in Folge heterogener Interessen der Krankenkassen im Einzelfall beeinträchtigt sein kann. Auch muss die Grundsatzfrage gestellt werden, ob die Konzentration der Krisenbewältigung auf die betroffene Kassenart noch (systemkonform) beizubehalten ist. Zwar sind die Kassenarten historisch gewachsen und ihre Gliederung ist als organisatorisches Grundprinzip in § 4 Abs. 2 SGB V festgelegt. Hieraus konnte sich eine gemeinsame Identität beziehungsweise eine „Dachmarke" entwickeln, die eine Zusammengehörigkeit nahelegt. Daher ist es sicherlich nicht spekulativ zu behaupten, dass die Kassenart als solche schon aus Gründen der Außenwirkung ein Interesse daran haben wird, die Insolvenz(-gefahr) für ihre Mitglieder abzuwehren. Dies alleine dürfte jedoch seit Einführung des freien Kassenwahlrechts nicht als Argument für die Ausgestaltung des Sanierungskonzepts genügen.

Die Übertragung eines besonderen Sanierungs- und Haftungsverantwortung muss zusätzlich daran gemessen werden, ob und inwiefern die Kassenartzusammengehörigkeit die Geschäftstätigkeit von Kassen beeinflussen kann.[659] Hierzu ist festzustellen, dass sich die Kassen in Landesverbänden und auf Bundesebene

657 Siehe: Kapitel 3, § 11, 12.

658 So die Maßnahmen der §§ 265b Abs. 1 S. 1, 265 S. 1, 262 Abs. 4 S. 2 SGB V.

659 Mit ebendiesem Argument hatten sich auch die Länder im Rahmen des GKV-OrgWG für die Abschaffung ihrer Haftungsverpflichtung nach § 11 Abs. 2 InsO eingesetzt, siehe: BR-Drs. 342/08, S. 25; BR-Plenarprotokoll 380, S. 18.

in Interessenverbänden organisieren. Landesverbände können dabei Aufgaben wie die Kollektivvertragsverhandlungen oder Aspekte der Pressearbeit wahrnehmen.[660] Auf Bundesebene kann das Spektrum der Tätigkeiten von der Begleitung von Gesetzgebungsprozessen bis hin zur „Ausrichtung von Symposien und Fachtagungen“[661] reichen. Einfluss auf die tatsächlichen Geschäftsentscheidungen einzelner Kassen wird dadurch nicht geübt. Denkbar wäre deswegen, die Sanierungsverantwortung auf die ganze Solidargemeinschaft zu erstrecken.

Dies könnte durch die Abschaffung der Haftungsverbünde[662] erreicht werden bei gleichzeitigem Aufbau eines Ausfallfonds, der durch Pflichtabgaben aller gesetzlichen Krankenkassen finanziert wird.[663] Die Folge wäre eine Institutionalisierung der gesetzlich vorgesehenen Solidarität unter den Kassen. Heterogene Interessen, die laut Gesetzesentwurf des GKV-OrgWG für die Einführung der Insolvenzfähigkeit aller Krankenkassen mitursächlich waren[664], wären über die Zwischenschaltung eines Fonds nicht mehr ausschlaggebend. Auch könnte hierdurch die schnelle Verfügbarkeit von Finanzmitteln sichergestellt und die Möglichkeiten der präventiven Krisenabwendung verbessert werden.

Ob das bestehende „Verbündekonzept“ auch für die *Ausfallhaftung* aufgegeben werden könnte, muss getrennt betrachtet werden. Im Hinblick auf die Weiterentwicklung des Kassenwettbewerbs wäre es denklogisch, die Haftung im Liquidationsfall unmittelbar und ohne die Primärverpflichtung des Haftungsverbundes auf alle Kassen zu erstrecken. Eine (anteilige) Verpflichtung aller Kassen würde die Kassenart durch geringere Haftungsforderungen entlasten und könnte zu einer Verhinderung oder Abschwächung der Krisenausbreitung sorgen. Denn ein „Domino-Effekt“ dürfte insbesondere in den Fällen zu erwarten sein, in denen kleinere Kassen gesetzlichen Haftungsverpflichtungen ausgesetzt sind, die ihren Jahresüberschuss aufzehren beziehungsweise diesen übersteigen.

Dennoch genügt das Ausfallfonds-Modell nicht als Antwort auf alle Probleme, die sich im Sanierungs- und Haftungskonzept des SGB V ergeben: Das System einer derartigen Solidarhaftung und solidarischen Aufbringung von

---

660 Statt vieler: Betriebskrankenkassen Landesverband Bayern – Aufgaben: http://www.bkk-bayern.de/wir-ueber-uns/unsere-aufgaben/ (Stand: 1. August 2014).

661 Statt vieler: Satzung des BKK Dachverband e.V. vom 14. Januar 2013, § 2 „Zweck und Aufgaben“, siehe: http://www.bkk-dachverband.de/images/bkk/sonst/Satzung_BKK_Dachverband.pdf (Stand: 1. August 2014).

662 Vgl. *Vieß*, in: Kassenwettbewerb und Insolvenz, S. 13 (18).

663 So schon angedeutet bei: *Becker/Schweitzer*, Gutachten B, 69. Deutscher Juristentag, S. 75.

664 BT-Drs. 16/9559, S. 1.

Sanierungsleistungen mag angemessen und erforderlich sein, wo Körperschaften des öffentlichen Rechts einen staatlichen Auftrag erledigen. Wesensfremd ist es jedoch in einem wettbewerblichen Rahmen. Zudem könnte es als Abkehr von der gegliederten Kassenstruktur und sowie als Entwicklung in Richtung einer Einheitsversicherung interpretiert werden, die das Gesetz momentan nicht vorsieht. Bedenklich erscheint außerdem, dass – wie bei den Vorschriften über die Bildung von Deckungskapital nach § 171e SGB V – nur ein stufenweiser Aufbau in Betracht kommt. Auch hier dürfte der Ausfallfonds erst nach einer mehrjährigen Anlaufzeit voll zur Verfügung stehen.

Bei der Umsetzung des Ausfallfonds-Modells wäre außerdem detailliert zu regeln, unter welchen Umständen eine Kasse auf die Unterstützung des Fonds zurückgreifen darf, in welcher Höhe Leistungen fließen und wie unterschiedliche Haftungsrisiken[665], die die Kassen aktuell aufweisen, zu erfassen sind.

Das Ausfallfonds-Modell im Bereich der GKV müsste dabei nicht nach dem Vorbild des Sicherungsfonds im Bereich der privaten Krankenversicherung ausgestaltet werden. Dieser hat gemäß § 222 Abs. 2 S. 1 VAG auch die Aufgabe, die Ansprüche von Versicherungsnehmern zu schützen, indem die Verträge solcher Versicherungsunternehmen weitergeführt werden, für die eine Insolvenzanzeige wegen Zahlungsunfähigkeit oder Überschuldung erstattet wurde (§ 311 Abs. 1 S. 1 oder S. 2 VAG) oder solche bei denen eine Prüfung ergibt, dass sie „auf die Dauer nicht mehr imstande“ sind, ihre „Verpflichtungen zu erfüllen, die Vermeidung des Insolvenzverfahrens aber zum Besten der Versicherten geboten scheint“ (§ 314 Abs. 1 S. 1 VAG). Dazu kann die Aufsichtsbehörde im Bereich der PKV als *ultima ratio* die Bestandsübertragung auf den Fonds anordnen, § 222 Abs. 2 VAG. Das Bedürfnis nach einer aufsichtsbehördlich angeordneten Übertragung von Mitgliedschaften besteht im Rahmen des SGB V nicht. Die Möglichkeit zum Kassenwechsel im Insolvenzfall und damit auch die Sicherstellung des Versicherungsschutzes für alle Betroffenen ist innerhalb des Krankenkassenrechts in 175 Abs. 3a SGB V vorgesehen. Für eine Zwangsübertragung von Mitgliedschaften noch vor der Eröffnung des Insolvenzverfahrens besteht auf Grund der bisherigen Ausgestaltung des Krisenbewältigungssystems, vor allen Dingen auch durch die Möglichkeit von Krankenkassenfusionen, kein Anwendungsbereich. Sie würde dem freien Kassenwahlrecht widersprechen[666], welches sich gerade an den Leistungs-, Service- und Finanzunterschieden der einzelnen Versicherungsträger orientieren soll. Einem (potentiellen) Ausfallfonds-Modell könnte damit

665 *Vieß*, in: Kassenwettbewerb und Insolvenz, S. 13 (17).
666 So auch: *Heeg/Kehbel*, ZIP 2009, S. 302 (309, 310).

ausschließlich die Funktion eines Finanzausgleichs zukommen, wie er auf staatlicher Ebene in Form des Länderfinanzausgleichs existiert.[667] Dass dadurch der Wettbewerb unter den Kassen begrenzt wird, spricht nicht grundsätzlich gegen ein Fonds-Modell. Die Untersuchung hat hierzu gezeigt, dass eine gewisse Form der Solidarhaftung im Rahmen der gesetzlichen Krankenversicherung – wie sie bereits jetzt besteht – unabdingbar ist.

- Variante 2: „Anrechnungsmodell"

Im Folgenden soll eine weitere Alternative vorgeschlagen werden, die sich systemkonform in die rechtlichen und organisatorischen Prinzipien der gesetzlichen Krankenversicherung einfügt und damit zur Stärkung des Insolvenzvermeidungssystems beitragen kann.

Zentraler Aspekt des „Anrechnungs-Modells" ist, dass eine Doppelbelastung von Kassen derselben Kassenart in Folge von finanziellen Sanierungsmaßnahmen *und* einer potentiell nachfolgenden Ausfallhaftung zu vermeiden ist. Die zweifache Inanspruchnahme des Primärhaftungsverbundes wird der aktuellen Wettbewerbssituation im Recht der GKV nicht mehr gerecht. Zusätzlich kann hierdurch auch die Bereitschaft zur vorinsolvenzlichen Sanierung beeinträchtigt sein. Angesichts dessen wird vorgeschlagen, dass solche finanziellen Hilfen, die Krankenversicherungsträger zur Insolvenzvermeidung einer Kasse beitragen, im Falle einer anschließenden Liquidation auf ihre Ausfallhaftungsverpflichtung angerechnet werden. Damit läge auch weiterhin die primäre Sanierungsverantwortung bei den Kassen derselben Kassenart, was aus tatsächlicher und rechtlicher Sicht in gewissem Umfang angemessen zu sein scheint. Das wird bereits daran deutlich, dass zwischen ihnen eine gesteigerte Form der Zusammenarbeit auf Landes- und Bundesebene erfolgt. Diese kann für ein erhöhtes Erfordernis an Solidarität sprechen. Hinzu kommt, dass der Gesetzgeber trotz der Einführung eines allgemeinen Kassenwettbewerbs und insbesondere angesichts eines freien Kassenwahlrechts an der Gliederung in Kassenarten festhält.

Eine Anrechnung von finanziellen Hilfen könnte einerseits Sanierungsanreize schaffen, da die Kassen keine Doppelbelastung mehr zu fürchten brauchten. Sollte der Einwand erhoben werden, dass kassenartinterne Sanierungsversuche möglicherweise auf die Gefahr hin unternommen werden könnten, dass die übrigen Kassen höhere Ausfallhaftungsverpflichtungen tragen müssen, ist dies nicht sachgerecht. Schließlich ist die Verteilung des wirtschaftlichen Risikos *alleine* nach Anknüpfung an die Kassenartzugehörigkeit nicht mehr mit dem

667 *Peters*, in: KassKomm, SGB V, § 265 SGB V Rn. 3.

wettbewerblichen Ansatz des SGB V zu vereinbaren. Das „Anrechnungs-Modell" würde hier unter Beibehaltung des Freiwilligkeitsgrundsatzes zu einer anderen Risikoverteilung führen. Die Aufrechterhaltung einer Primärverantwortung für dieselbe Kassenart bei gleichzeitigem Ausschluss einer Doppelbelastung könnte Solidarität und Wettbewerb in Einklang bringen.

Zusätzlich sollten in einem unterstützenden Schritt die Schwellenwerte der KKInsoV für die Aktivierung der Haftung aller gesetzlichen Krankenkassen weiter herabgesetzt werden. Hierdurch würde für eine Entlastung der betroffenen Kassenart gesorgt, ohne dass dazu eine Abschaffung der Haftungsverbünde nötig wäre. Durch eine Absenkung der Haftungsschwellen wäre ein systemkonformer Mittelweg zwischen dem aktuellen Haftungsregime und dem bereits dargestellten Ausfallfonds-Modell geschaffen. Hierdurch könnte insbesondere vermieden werden, dass sich die Krise einer einzelnen Kasse zu einer systemischen Gefahr entwickelt und in Folge eines „Domino-Effekts"[668] weitere Krankenversicherungsträger in finanzielle Schwierigkeiten kommen.

Regelungstechnisch ist diese Lösung durch eine Änderung der KKInsOV zu erreichen. Für eine Anrechenbarkeit geleisteter finanzieller Hilfen wäre in § 2 Abs. 2 S. 1 KKInsoV einzufügen dass *„die im Rahmen der Maßnahmen des* SGB *V geleisteten Hilfen – Geldzahlungen oder Darlehen, soweit sie nicht mehr geltend zu machen sind, auf die Haftungssumme der einzelnen Kassen anzurechnen sind."* Die Änderung der Haftungsschwellenwerte erfordert eine Neuregelung der Prozentzahlen in § 3 Abs. 1 KKInsoV sowie in § 4 Abs. 2 und 3 KKInsoV.

Durch die modifizierte Verteilung des wirtschaftlichen Risikos dürfte ein Beitrag zur Insolvenzvermeidung geleistet und die Gefahr einer Krisenausbreitung auf andere Kassen reduziert werden. Auf diese Weise würden die notwendigen Maßnahmen im Hinblick auf die Gesetzesänderungen des GKV-OrgWG sinnvoll ergänzt.

668 *Scholz*, AOK-Gutachten, S. 34.

Literaturverzeichnis

Andres, Dirk/Leithaus, Rolf/Dahl, Michael, Insolvenzordnung (InsO), Kommentar, 3. Auflage, München 2014 (zit.: *Bearbeiter*, in: Andres/Leithaus, § Rn.).

Axer, Peter, Finanzierung und Organisation der gesetzlichen Krankenversicherung nach dem GKV-Wettbewerbsstärkungsgesetz – Zu verfassungsrechtlichen Fragen der Errichtung eines Gesundheitsfonds und eines Spitzenverbandes Bund, in: GesR (GesundheitsRecht) 2007, S. 193–200 (zit.: *Axer*, GesR 2007, S.).

Bachof, Otto Teilrechtsfähige Verbände des öffentlichen Rechts, in: Archiv des öffentlichen Rechts (AöR) 1958, S. 208–279 (zit.: *Bachof*, in: AöR 1958, S.).

Badura, Peter, Staatsrecht, Systematische Erläuterungen des Grundgesetzes, 6. Auflage, München 2015 (zit.: *Badura*, S. Rn.).

Baumbach, Adolf / Hueck, Alfred, Gesetz betreffend die Gesellschaften mit beschränkter Haftung, Kommentar, 20. Auflage, München 2013 (zit.: *Bearbeiter*, in: Baumbach/Hueck, § Rn.).

Beck, Siegfried/Depré, Peter, Praxis der Insolvenz, Ein Handbuch für die Beteiligten und ihre Berater, 2. Auflage, München 2010 (zit.: *Bearbeiter*, in: Beck/Depré, § Rn.).

Becker, Ulrich, Das Recht auf Gesundheitsleistungen, in: Manssen, Gerrit, Jachmann, Monika, Gröpl, Christoph (Hrsg.), Nach geltendem Verfassungsrecht, Festschrift für Udo Steiner zum 70. Geburtstag, Stuttgart 2009, S. 50–76 (zit.: *Becker*, in FS Steiner, S.).

Becker, Ulrich/Kingreen, Thorsten, SGB V, Gesetzliche Krankenversicherung, Kommentar, 4. Auflage, München 2014 (zit.: *Bearbeiter*, in: Becker/Kingreen, SGB V, § Rn.).

Becker, Ulrich/ Kingreen, Thorsten, Der Krankenkassenwettbewerb zwischen Sozial- und Wettbewerbsrecht – Zur geplanten Ausdehnung des GWB auf das Handeln der Krankenkassen, in: NZS (Neue Zeitschrift für Sozialrecht) 2010, S. 417–422 (zit.: *Becker/Kingreen*, NZS 2010, S.).

Becker, Ulrich/Schweitzer, Heike, Wettbewerb im Gesundheitswesen – Welche gesetzlichen Regelungen empfehlen sich zur Verbesserung eines Wettbewerbs der Versicherer und Leistungserbringer im Gesundheitswesen?, in: NJW (Neue Juristische Wochenschrift) – Beilage 2012, S. 82–86 (zit.: *Becker/Schweitzer*, NJW-Beil. 2012, S.).

Becker, Ulrich/Schweitzer, Heike, Wettbewerb im Gesundheitswesen – Welche gesetzlichen Regelungen empfehlen sich zur Verbesserung eines Wettbewerbs der Versicherer und Leistungserbringer im Gesundheitswesen?, Gutachten B zum 69. Deutschen Juristentag, München 2012 (zit.: *Becker/Schweitzer*, Gutachten B, 69. Deutscher Juristentag, S.).

Berenz, Claus, Contractual Trust Agreements (CTA) und die gesetzliche Insolvenzsicherung der betrieblichen Altersversorgung durch den PSVaG, in: DB (Der Betrieb)2006, S. 2125–2127 (zit.: *Berenz*, DB 2006, S.).

Binder, Jens-Hinrich, Verfassungs- und aufsichtsrechtliche Überlegungen nach der Entscheidung des Bundesgerichtshofs vom 20.01.2005 (WM 2005, 369), in: WM (Wertpapiermitteilungen – Zeitschrift für Wirtschafts- und Bankrecht) 2005, S. 1781–1790 (zit.: *Binder*, WM 2005, S.).

Bley, Helmar/Kreikebohm, Ralf/Marschner, Andreas, Sozialrecht, 9. Auflage, Neuwied 2007 (zit.: *Bley/Kreikebohm/Marschner,* Kapitel Rn.).

Blomeyer, Wolfgang/Rolfs, Christian/Otto, Klaus, Betriebsrentengesetz – Gesetz zur Verbesserung der betrieblichen Altersversorgung, Kommentar, 6. Auflage, München 2015 (zit.: *Blomeyer/Rolfs/Otto*, BetrAVG, § Rn.).

Boecken, Winfried/Jacobsen, Daniel C., Verteilung von „Milliardenüberschüssen" der gesetzlichen Krankenversicherung: Realitäten und Begehrlichkeiten, in: ZRP (Zeitschrift für Rechtspolitik), 2012, S. 76–79 (zit.: *Boecken/Jacobsen*, ZRP 2012, S.).

Bogs, Walter, Grundfragen des Rechts der sozialen Sicherheit und seiner Reform, Berlin 1955 (zit.: *Bogs*, S.).

Bohlen-Schöning, Sylvia, Krankenkassen in Finanznot – Fusion, Schließung oder Insolvenz, in: KrV (Die Krankenversicherung) 2009, S. 289–294, (zit.: *Bohlen-Schöning*, KrV 2009, S.).

Bohlen-Schöning, Sylvia, Die geschlossene Krankenkasse – Rechtsprobleme und erste Erfahrungen mit der Abwicklung, in: KrV (Die Krankenversicherung) 2012, S. 101–104, (zit.: *Bohlen-Schöning*, KrV 2012, S.).

Bork, Reinhard, Wie erstellt man eine Fortbestehensprognose, in: ZIP (Zeitschrift für Wirtschaftsrecht) 2000, S. 1709–1713 (zit.: *Bork*, ZIP 2000, S.).

Bork, Reinhard, Einführung in das Insolvenzrecht, 7. Auflage, Tübingen 2014 (zit.: *Bork*, § Rn.).

Braun, Eberhard, Insolvenzordnung (InsO), Kommentar, 6. Auflage, München 2014 (zit.: *Bearbeiter*, in: Braun, § Rn.).

Bultmann, Britta, Die Insolvenzfähigkeit der gesetzlichen Krankenkassen nach dem GKV-OrgWG, in: MedR (Medizinrecht) 2009, S. 25–32 (zit.: *Bultmann*, MedR 2009, S.).

Bundesarbeitskreis Insolvenzgerichte e.V., Empfehlung des BAKinso e.V. – Checkliste zur Gutachtenerstellung, in: NZI (Neue Zeitschrift für Insolvenzrecht) 2009, S. 37–41 (zit.: *Bundesarbeitskreis Insolvenzgerichte e.V.*, NZI 2009, S.).

Cassel, Dieter/Jacobs, Klaus/Wasem, Jürgen, Der Risikostrukturausgleich soll Wettbewerb und Solidarität sichern, in: Wirtschaftsdienst – Zeitschrift für Wirtschaftspolitik 2001, S. 187–198 (zit.: *Cassel/Jacobs/Wasem*, Wirtschaftsdienst 2001, S.).

Cranshaw, Friedrich L., Insolvenz- und finanzrechtliche Perspektiven der Insolvenz von juristischen Personen des öffentlichen Rechts, insbesondere Kommunen, Berlin 2007 (zit.: Cranshaw, S Rn.).

Detterbeck, Steffen, Allgemeines Verwaltungsrecht mit Verwaltungsprozessrecht, 13. Auflage, München 2015 (zit.: *Detterbeck*, § Rn.).

Dreier, Horst, Grundgesetz Kommentar, Bd. II, Artikel 20–82, 3. Auflage, Tübingen 2015 (zit.: *Bearbeiter*, in: Dreier, Bd. II, Art. Rn.), Bd. III, Artikel 83–146, 2. Auflage, Tübingen 2008 (zit.: *Bearbeiter*, in: Dreier, Bd. III, Art. Rn.).

Engelhard, Wolfgang, Errichtung von Betriebs- und Innungskrankenkassen nach dem SGB V, in: SGB (Die Sozialgerichtsbarkeit) 1992, S. 534–538 (zit.: *Engelhard*, SGB 1992, S.).

Engelmann, Klaus, Die Kontrolle medizinischer Standards durch die Sozialgerichtsbarkeit, in: MedR (Zeitschrift für Medizinrecht) 2006, S. 245–259 (zit.: *Engelmann*, MedR 2006, S.).

Engelsing, Felix, Zahlungsunfähigkeit von Kommunen und anderen juristischen Personen des öffentlichen Rechts – Vollstreckung und finanzielle Einstandspflicht, Dissertation, Stuttgart 1999 (zit.: *Engelsing*, S.).

Ehlers, Dirk, Die Lehre von der Teilrechtsfähigkeit juristischer Personen des öffentlichen Rechts und die Ultra-Vires Doktrin des öffentlichen Rechts, Dissertation, Berlin 2000 (zit.: *Ehlers*, S.).

Ehricke, Ulrich, Die Änderungen im Unternehmensinsolvenzrecht nach dem RefE eines Gesetzes zur Änderung der InsO, des KWG und anderer Gesetze, in: ZIP (Zeitschrift für Wirtschaftsrecht) 2004, S. 2262–2277, (zit.: *Ehricke*, ZIP 2004, S.).

Eichenhofer, Eberhard, Sozialrecht, 9. Auflage, Tübingen 2015 (zit.: *Eichenhofer*, § Rn.).

Erbs, Georg/Kolhaas, Max/Ambs, Friedrich (Hrsg.) Strafrechtliche Nebengesetze, Kommentar, Bd. 1, 205. Ergänzungslieferung, Stand: Oktober 2015, München 2015 (zit.: *Bearbeiter*, in: Erbs/Kolhaas, § Rn.).

Erichsen, Hans-Uwe/Ehlers, Dirk (Hrsg.), Allgemeines Verwaltungsrecht, 14. Auflage, Berlin 2010 (zit.: *Bearbeiter*, in: Erichsen/Ehlers, § Rn.).

Fastabend, Katrin/Schneider, Egbert, Das Leistungsrecht der gesetzlichen Krankenversicherung, Berlin 2004 (zit.: *Fastabend/Schneider* Rn.).

Felix, Dagmar, Die Haftung für Verpflichtungen geschlossener Betriebskrankenkassen – Zur Auslegung des § 155 Abs. 4 SGB V, in: NZS (Neue Zeitschrift für Sozialrecht) 2005, S. 57–62 (zit.: *Felix*, NZS 2005, S.).

Fichte, Damian, Rücklagen in der gesetzlichen Sozialversicherung: Zweckbindung und sachgerechte Bemessung – Analysen, Argumente, Anstöße: Sonderinformation, No. 65, Bonn 2012 (zit.: *Fichte*, in: Analysen, Argumente, Anstöße: Sonderinformation, No. 65, S.).

Finkenbusch, Norbert, Die Träger der Krankenversicherung, Verfassung und Organisation, 6. Auflage, Sankt Augustin 2008 (zit.: *Finkenbusch*, S.).

Fischer, Mattias G., Der Sachleistungsgrundsatz – ein unantastbares Urprinzip der GKV?, in: *SGB* (Die Sozialgerichtsbarkeit) 2008, S. 461–465 (zit.: *Fischer*, SGB 2008, S.).

Fischer, Gero, Zur Feststellung der Zahlungsunfähigkeit – Folgerungen aus der Rechtsprechung des IX. Zivilsenats, in: Berger, Christian/Kayser, Godehard/Pannen, Klaus, Sanierung, Insolvenz, Berufsrechts der Rechtsanwälte und Notare, Festschrift für Hans Gerhard Ganter, München 2010, S. 153–162 (zit.: *Fischer*, in: FS Ganter, S.).

Frege, Michael C./Keller, Ulrich/Riedel, Ernst, Handbuch der Rechtspraxis, Bd. 3, Insolvenzrecht, 7. Auflage, München 2008 (zit.: *Frege/Keller/Riedel*, Teil Rn).

Fuchs-Heintritz, Werner, Lexikon zur Soziologie, 5. Auflage, Wiesbaden 2010 (zit.: *Bearbeiter*, in: Fuchs-Heintritz, S.).

Füsser, Sonja, Das GKV-Org WG- Gesetz zur Weiterentwicklung der Organisationsstrukturen in der gesetzlichen Krankenversicherung – Inhalte und Motive, in: SGB (Die Sozialgerichtsbarkeit) 2009, S. 126–131 (zit.: *Füsser*, SGB 2009, S.).

Gabler, Theodor, Gablers Wirtschafts-Lexikon, 18. Auflage, Wiesbaden 2013 (zit.: Gablers Wirtschafts-Lexikon, S.).

Gaßner, Maximilian/Eggert, Albrecht, Wettbewerb in der GKV, Kartellrecht versus Sozialrecht, in: NZS (Neue Zeitschrift für Sozialrecht) 2011, S. 249–255 (zit.: *Gaßner, Eggert*, NZS 2011, S.).

Gaßner, Max-Theo/ Hager, Johannes, Die Schließung von Krankenkassen wegen Überschuldung, in: NZS (Neue Zeitschrift für Sozialrecht) 2004, S. 632–638 (zit.: *Gaßner/Hager*, NZS 2004, S.).

Gitter, Wolfgang/Schmitt, Jochem (Hrsg.), Sozialrecht, 5. Auflage, München 2001 (zit.: *Gitter/Schmitt*, § Rn.).

Gottwald, Peter, Insolvenzrechts-Handbuch, 5. Auflage, München 2015 (zit.: *Bearbeiter*, in: Gottwald, § Rn.).

Grau, Timon/Sittard, Ulrich, Die Schließung von Krankenkassen als arbeitsrechtlicher Problemfall, in: KrV (Die Krankenversicherung) 2012, S. 6–13 (zit.: *Grau/Sittard*, KrV 2012, S.).

Groß, Simone, Gesetzliche Krankenkassen in der Krise und Insolvenz, Dissertation, Hamburg 2013 (zit.: *Groß*, S.).

Gundlach, Ulf/Frenzel, Volkhard/Jahn, Andreas, Haftungsbegrenzung des Schuldners in seiner Insolvenz, in: NZI (Neue Zeitschrift für Insolvenzrecht) 2009, S. 839–840 (zit.: *Gundlach/Frenzel/Jahn*, NZI 2009, S.).

Gutzeit, Martin, Verfassungsfragen einer gesetzlichen Beendigung von Arbeitsverhältnissen bei der Schließung von (Betriebs)Krankenkassen (Teil 1), in: NZS (Neue Zeitschrift für Sozialrecht) 2012, S. 361–367 (zit.: *Gutzeit*, NZS 2012, S.).

Haarmeyer, Hans/Frind, Frank, Insolvenzrecht, 4. Auflage, Stuttgart 2014 (zit.: *Haarmeyer/Frind*, S.).

Hänlein, Andreas/Kruse Jürgen/Schuler Rolf (Hrsg.), Sozialgesetzbuch V – Gesetzliche Krankenversicherung, Lehr- und Praxiskommentar, 5. Auflage, Baden-Baden 2016 (zit.: *Bearbeiter*, in: LPK-SGB V, § Rn.).

Hajen, Leonhard, Wettbewerb der Krankenkassen untereinander (Grundsatzreferat), in: Felix, Dagmar (Hrsg.), Auswirkungen des GKV-WSG auf Versorgungsstruktur und Wettbewerbsordnung, Berlin 2008, S. 9–49 (zit.: *Hajen*, in: Felix, S.).

Häsemeyer, Ludwig, Insolvenzrecht, 4. Auflage, Köln 2007 (zit.: *Häsemeyer*, S.).

Harz, Michael, Kriterien der Zahlungsunfähigkeit und der Überschuldung unter Berücksichtigung der Änderungen nach dem neuen Insolvenzrecht, in: ZInsO 2001, s. 193–202 (zit.: Harz, ZInsO 2001, S.).

Hauck, Karl/Noftz, Wolfgang (Hrsg.), SGB V, Gesetzliche Krankenversicherung, Kommentar, 4. Bd, Stand: 10. Ergänzungslieferung 2015, Berlin 2015 (zit.: Bearbeiter, in: Hauck/Noftz, SGB V, § Rn.).

Hebeler, Timo, Die Vereinigung, Auflösung und Schließung von Sozialversicherungsträgern, in: NZS (Neue Zeitschrift für Sozialrecht) 2008, S. 238–244 (zit.: *Hebeler*, NZS 2008, S.).

Heberlein, Ingo, Die Insolvenz von Krankenkassen aus der Sicht von Versicherten – ein verfehltes Paradigma, in: GesR (GesundheitsRecht) 2009, S. 141–146 (zit.: *Heberlein*, GesR 2009, S.).

Heeg, Volker/ Kehbel, Jan Gerrit, Risiken und Nebenwirkungen der Gesundheitsreform: Droht die Insolvenz von gesetzlichen Krankenkassen, in: ZIP (Zeitschrift für Wirtschaftsrecht) 2009, S. 302–310 (zit.: *Heeg/Kehbel*, ZIP 2009, S.).

Hengst, Jennifer, Insolvenzfähigkeit von Krankenkassen, Recht- und Zweckmäßigkeit der Neuregelungen in §§ 171b ff. SGB V, Dissertation, Baden-Baden 2012 (zit.: *Hengst*, S.).

Henckel, Wolfram/Gerhardt, Walter (Hrsg.), Jaeger – Insolvenzordnung, Großkommentar, Band 1, Berlin 2004 (zit.: *Bearbeiter*, in: Jaeger, § Rn.).

Hofmann, Edgar, Privatversicherungsrecht, 3. Auflage, München 1991 (zit.: *Hofmann*, § Rn.).

Holzer, Johannes, Die Insolvenzfähigkeit von Krankenkassen, in: InsBüro (Zeitschrift für das Insolvenzbüro) 2009, S. 11–16 (zit.: *Holzer*, InsBüro 2009, S.).

Igl, Gerhard/Welti, Felix, Sozialrecht, 8. Auflage, Düsseldorf 2007 (zit.: *Igl/Welti*, § Rn.).

Isensee, Josef, Sozialversicherung über Privatversicherer, in: Heinze, Meinhard/Schmitt, Jochem (Hrsg.), Festschrift für Wolfgang Gitter: zum 65. Geburtstag am 30. Mai 1995, Wiesbaden 1995, S. 401–416 (zit.: *Bearbeiter*, in: FS Gitter, S.).

Isensee, Josef/Kirchhof, Paul, Handbuch des Staatsrechts, Bd. V, Rechtsquellen, Organisation, Finanzen, 3. Auflage, Heidelberg 2007 (zit.: *Bearbeiter*, in: Isensee/Kirchhof, Bd. V, § Rn.).

Jacobs, Claus/Schulze, Sabine, Systemwettbewerb zwischen gesetzlicher und privater Krankenversicherung: Idealbild oder Schimäre?, in: GGW (Gesundheit und Gesellschaft-Wissenschaft) 2004, S. 7–14 (zit.: *Jacobs/Schulze*, GGW 2004, S.).

Jochum, Heike, Das Erbe Friedrich Carl von Savignys – Zur 225ten Wiederkehr des Geburtstags von Friedrich Carl von Savigny, in: NJW (Neue Juristische Wochenschrift) 2004, S. 568–573 (zit.: *Jochum*, NJW 2004, S.).

Kingreen, Thorsten, Das Sozialstaatsprinzip im europäischen Verfassungsverbund, Gemeinschaftsrechtliche Einflüsse auf das deutsche Recht der gesetzlichen Krankenversicherung, Habilitationsschrift, Tübingen 2003 (zit.: *Kingreen*, S.).

Kingreen, Thorsten, Soziale und private Krankenversicherung: Gemeinschaftsrechtliche Implikationen eines Annäherungsprozesses, in: ZESAR (Zeitschrift für europäisches Sozial- und Arbeitsrecht) 2007, S. 139–149 (zit.: *Kingreen*, ZESAR 2007, S.).

Kingreen, Thorsten, Legitimation und Partizipation im Gesundheitswesen – Verfassungsrechtliche Kritik und Reform des Gemeinsamen Bundesausschusses, in: NZS (Neue Zeitschrift für Sozialrecht) 2007, S. 113–121 (zit.: *Kingreen*, NZS 2007, S.).

Kirchhof, Hans-Peter/Stürner, Rolf/ Eidenmüller, Horst, Münchener Kommentar zur Insolvenzordnung, Bd. 1, §§ 1–79, 3. Auflage, München 2013, Bd. 3, §§ 217–359 (mit Art. 103a-110EGInsO), Konzerninsolvenzrecht und

Insolvenzsteuerrecht, 3. Auflage, München 2014 (zit.: *Bearbeiter*, in: MüKo-InsO, § Rn.).

Kirchhof, Paul, Das Soziale – Aufgabe der freiheitsberechtigten Gesellschaft und des freiheitsverpflichteten Staats, in: Manssen, Gerrit/Jachmann, Monika/Gröpl, Christoph (Hrsg.), Nach geltendem Verfassungsrecht, Festschrift für Udo Steiner zum 70. Geburtstag, Stuttgart 2009, S. 430–457 (zit.: *Kirchhof*, in FS Steiner, S.).

Kirchhoff, Guido, Die Rechtsnatur von Verträgen zwischen gesetzlichen Krankenkassen und Leistungserbringern gem. §§ 69 ff. SGB V, in: SGB (Die Sozialgerichtsbarkeit) 2005, S. 499–508 (zit.: *Kirchhoff*, SGB 2005, S.).

Krasney, Martin, Das Insolvenzrecht und gesetzliche Krankenkassen, in: NZS (Neue Zeitschrift für Sozialrecht) 2010, S. 443–449 (zit.: *Krasney*, NZS 2010, S.).

Krasney, Martin, Maßnahmen zur Vermeidung von Schließung oder Insolvenz von Krankenkassen aus Sicht des GKV-Spitzenverbandes, in: Pitschas, Rainer (Hrsg.), Kassenwettbewerb und Insolvenz, Frankfurt am Main 2010, S. 37–40 (zit.: *Krasney*, in: Kassenwettbewerb und Insolvenz, S.).

Krause, Peter, Sozialstaat und Sozialrecht, in: JuS (Juristische Schulung) 1986, S. 349–354 (zit.: *Krause*, JuS 1986, S.).

Krauskopf, Dieter, Soziale Krankenversicherung, Pflegeversicherung, Kommentar, Bd. 1: SGB I, SGB IV, SGB V, §§ 1–68, 89. Ergänzungslieferung, Stand: August 2015, München (zit.: *Bearbeiter*, in: Krauskopf, Bd. 1, § Rn.), Bd. 2: SGB V, vor § 69 – § 283, 89. Ergänzungslieferung, Stand: August 2015, München (zit.: *Bearbeiter*, in: Krauskopf, Bd. 2, § Rn.).

Kreft, Gerhart, Insolvenzordnung – Heidelberger Kommentar, 7. Auflage, Heidelberg 2014 (zit.: *Bearbeiter*, in: HK-InsO, § Rn.).

Kruse, Udo/Kruse, Silke, Die Finanzierung der gesetzlichen Krankenversicherung am Wendepunkt, in: WzS (Wege zur Sozialversicherung) 2011, S. 7–11 (zit.: Kruse/Kruse, WzS 2011, S.).

Kübler, Bruno M./Prütting, Hanns/Bork, Reinhard, RWS-Kommentar zur Insolvenzordnung, Stand 2015 (zit.: *Bearbeiter*, in: Kübler/Prütting/Bork, § Rn.).

Larenz, Karl/ Canaris, Claus-Wilhelm, Methodenlehre der Rechtswissenschaft, 3. Auflage, Berlin 1995 (zit.: *Larenz/Canaris*, S.).

Lee, Yu-Jun, Die Selbstverwaltung als Organisationsprinzip der deutschen Sozialversicherung, Dissertation, Baden-Baden 1997 (zit.: *Lee*, S.).

Leitherer, Stephan u.a. (Hrsg.), Kasseler Kommentar zum Sozialversicherungsrecht, Bd. 1, 87. Ergänzungslieferung, Stand: 01.09.2015, München (zit.: *Bearbeiter*, in: KassKomm, SGB V, §. Rn.), Bd. 2, 81. Ergänzungslieferung, Stand: 01.09.2015, München (zit.: Bearbeiter, in: KassKomm, SGB IV, § Rn.).

Leopold, Dieter, Kurzbeiträge: Mehrere gesetzliche Krankenkassen in finanziellen Schwierigkeiten, in: WzS (Wege zur Sozialversicherung) 2011, S. 182–183 (zit.: *Leopold*, WzS 2011, S.).

Lewinski, Kai v., Öffentlichrechtliche Insolvenz und Staatsbankrott, Rechtliche Bewältigung finanzieller Krisen der öffentlichen Hand, Habilitationsschrift, Tübingen 2011 (zit.: *v. Lewinski*, S.).

Lundberg, Udo/Sänger, Benjamin, Krankenkassen und Insolvenz – Überblick über die neue Gesetzeslage, in: ZInsO (Zeitschrift für das gesamte Insolvenzrecht) 2010, S. 1211–1214 (zit.: *Lundberg/Sänger*, ZInsO 2010, S.).

Lundberg, Udo/Sänger, Benjamin, Die Insolvenz von Krankenkassen – Gesetzliche Regelung trifft Wirklichkeit, in: ZInsO (Zeitschrift für das gesamte Insolvenzrecht) 2012, S. 1556–1562 (zit.: *Lundberg/Sänger*, ZInsO 2012, S.).

Madaus, Stephan, Der Insolvenzplan – Von seiner dogmatischen Deutung als Vertrag und seiner Fortentwicklung in eine Bestätigungsinsolvenz, Habilitationsschrift, Tübingen 2011 (zit.: *Madaus*, S.).

Manes, Alfred, Versicherungswesen, Erster Band: Allgemeine Versicherungslehre, 3. Auflage, Leipzig-Berlin 1922 (zit.: *Manes*, S.).

Mangoldt, Hermann von/Klein, Friedrich/Starck, Christian, Kommentar zum Grundgesetz: GG, Bd. 3 (Art. 83–146), 6. Auflage, München 2010 (zit.: *Bearbeiter*, in: v. Mangoldt/Klein/Starck, Bd. 3, Art. Rn.).

Maurer, Hartmut, Staatsrecht I, Grundlage, Verfassungsorgane, Staatsfunktionen, 6. Auflage, München 2010 (zit.: *Maurer*, Staatsrecht I, § Rn.).

Maurer, Hartmut, Allgemeines Verwaltungsrecht, 18. Auflage, München 2011 (zit.: *Maurer*, Verwaltungsrecht, § Rn.).

Maunz, Theodor/Dürig, Günther (Begr.), Grundgesetz, Kommentar, Bd. III, Art. 16–22, 75. Ergänzungslieferung, Stand: September 2015, München 2015 (zit.: *Bearbeiter*, in: Maunz/Dürig, Bd. III, Art. Rn.), Bd. V, Art. 54–85, 75. Ergänzungslieferung, Stand: September 2015, München 2015 (zit.: *Bearbeiter*, in: Maunz/Dürig, Bd. V, Art. Rn.), Bd. VI, Art. 86–106 b, 75. Ergänzungslieferung, Stand: September 2015, München 2015 (zit.: *Bearbeiter*, in: Maunz/Dürig, Bd. VI, Art. Rn.).

Merkt, Hanno/Göthel, Stephan R., US-amerikanisches Gesellschaftsrecht, 3. Auflage, Frankfurt 2013 (zit.: *Merkt/Göthel*, S.).

Michalski, Lutz (Hrsg.), Kommentar zum Gesetz betreffend die Gesellschaften mit beschränkter Haftung (GmbH-Gesetz), Band I, Systematische Darstellungen, §§ 1–34 GmbHG, 2. Auflage, München 2010 (zit.: *Bearbeiter*, in: Michalski/Funke, § Rn.).

Muckel, Stefan/Ogorek, Markus, Sozialrecht, 4. Auflage, München 2011 (zit.: *Muckel/Ogorek*, § Rn.).

Müller, Welf/Winkeljohann, Norbert, Beck'sches Handbuch der GmbH, Gesellschaftsrecht-Steuerrecht, 5. Auflage, München 2014 (zit.: *Bearbeiter*, in: Müller/Winkeljohann, § Rn.).

Müller-Glöge, Rudi/Preis, Ulrich/Schmidt, Ingrid (Hrsg.), Erfurter Kommentar zum Arbeitsrecht, 16. Auflage, München 2016 (zit.: *Bearbeiter*, in: ErfK, Art./§ Rn.).

Münch, Ingo von/Kunig, Philip, Grundgesetz-Kommentar, Bd. 1 (Präambel bis Art. 69), 6. Auflage, München 2012 (zit.: *Bearbeiter*, in: von Münch/Kunig, Art. Rn.).

Musielak, Hans-Joachim/Voit, Wolfgang, Kommentar zur Zivilprozessordnung mit Gerichtsverfassungsgesetz, 12. Auflage, München 2015 (zit.: Bearbeiter, in: Musielak/Voit, ZPO, § Rn.).

Nerlich, Jörg/Römermann, Volker, Insolvenzordnung (InsO), Kommentar, 28. Ergänzungslieferung, Stand: Januar 2015, München 2015 (zit.: *Bearbeiter*, in: Nerlich/Römermann, § Rn.).

Palandt, Otto (Begr.), Bürgerliches Gesetzbuch, Kommentar, 75. Auflage, München 2016 (zit.: *Bearbeiter*, in: Palandt, § Rn.).

Pape, Gerhard/Uhlenbruck, Wilhelm/Voigt-Salus, Joachim, Insolvenzrecht, 2. Auflage, München 2010 (zit.: *Bearbeiter*, in: Pape/Uhlenbruck/Voigt-Salus, Kapitel Rn.).

Paulus, Christoph G., Grundlagen des neuen Insolvenzrechts, in: DStR (Deutsches Steuerrecht) 2002, S. 1865–1870 (zit.: *Paulus*, DStR 2002, S.).

Paulus, Christoph G., Insolvenzrecht, 2. Auflage, München 2012, (zit.: *Paulus*, Insolvenzrecht, S.).

Peters, Horst, Die Geschichte der sozialen Versicherung, 3. Auflage, Sankt Augustin 1978 (zit.: *Peters*, Geschichte der sozialen Versicherung, S.).

Peters, Horst/Schmidt, Rudi (Hrsg.), Handbuch der Krankenversicherung, Teil II, Sozialgesetzbuch V, Ausführlich Erläuterungen zum Fünften Buche des Sozialgesetzbuchs und zu weiteren die Krankenversicherung betreffenden Gesetzen, Loseblattsammlung, Band 1, 19. Auflage, Stand: Juni 2015 (83. EL), Stuttgart (zit.: *Bearbeiter*, in: Peters, Handb KV II-SGB V, Bd. 1, § Rn.).

Pfohl, Andreas/Sichert, Markus/Otto, Frank, Die Pflicht zur Anzeige bei Insolvenz (§ 171 Abs. 2 SGB V) – Bestand, Mangel und Folgen der Erklärung des Vorstands der Krankenkasse, in: NZS (Neue Zeitschrift für Sozialrecht) 2011, S. 8–15 (zit.: *Pfohl/Sichert/Otto*, NZS 2011, S.).

Poertzgen, Christoph/Meyer, Benedikt, Haftungsrisiken für Vorstände gesetzlicher Krankenversicherungen bei Verstoß gegen § 171b Abs. 2 SGB V?, in: MedR (Medizinrecht) 2012, S. 301–306 (zit.: *Poertzgen/Meyer*, MedR 2012, S.).

Prier, Gregor, Maßnahmen zur Vermeidung von Schließung oder Insolvenz von Krankenkasse aus Sicht der Aufsicht, in: Pitschas, Rainer (Hrsg.), Krankenkassenwettbewerb und Insolvenz, Frankfurt am Main 2010, S. 29–35 (zit.: *Prier*, in: Kassenwettbewerb und Insolvenz, S.).

Quaas, Michael/Zuck, Rüdiger/Clemens, Thomas, Medizinrecht – Öffentliches Medizinrecht, Pflegeversicherungsrecht, Arzthaftpflichtrecht, Arztstrafrecht, 3. Auflage, München 2014 (zit.: *Quaas/Zuck*, § Rn.).

Ramsauer, Ulrich, Soziale Krankenversicherung zwischen Solidarprinzip und Wettbewerb, in: NZS (Neue Zeitschrift für Sozialrecht) 2006, S. 505–511 (zit.: *Ramsauer*, in: NZS 2006, S.).

Rasch, Ernst, Die staatliche Verwaltungsorganisation, Allgemeines, rechtliche Grundlagen, Aufbau, Köln (u.a.) 1967 (zit.: *Rasch*, S.).

Rauh, Jens Ole, Wettbewerb im Gesundheitswesen, in: EuZW (Europäische Zeitschrift für Wirtschaftsrecht) 2013, S. 129–130 (zit.: *Rauh*, EuZW 2013, S.).

Rehm, Thomas K., KKInsoV – Eine große Unbekannte?, in: KrV (Die Krankenversicherung) 2013, S. 12–15 (zit.: *Rehm*, KrV 2013, S.).

Reuter, Peter, Insolvenzfähigkeit von Krankenkassen: Unklares Rezept für den Notfall?, in: Indat-Report, Ausgabe 04/2008, S. 8–11 (zit.: *Reuter*, Indat-Report 04/2008, S.).

Richter, Ronald/Doering-Striening, Gudrun, Grundlagen des Sozialrechts, Baden-Baden 2008 (zit.: *Bearbeiter*, in: Richter/Doering-Striening, § Rn.).

Rixen, Stephan, Wettbewerb im Gesundheitswesen zwischen Gewährleistungsstaat und Grundrechtsschutz, in: Schmehl Arndt/Wallrabenstein, Astrid (Hrsg.), Steuerungsinstrumente im Recht des Gesundheitswesens, Bd. 1: Wettbewerb, Tübingen 2005, S. 111–130 (zit.: *Rixen*, in: Steuerungsinstrumente Bd. 1, S.).

Rolfs, Christian, Das Versicherungsprinzip im Sozialversicherungsrecht, Habilitationsschrift, München 2000 (zit.: *Rolfs*, S.).

Rolfs, Christian, Gesetzliche und private Insolvenzsicherung von Betriebsrenten im Spannungsverhältnis, in: NZA (Neue Zeitschrift für Arbeitsrecht)-Beilage 2012, S. 75–79 (zit.: *Rolfs*, NZA-Beilage 2012, S.).

Saatkamp, Jörg, Vom Payor zum Player – Krankenkassen zwischen öffentlicher Körperschaft und modernem Management, in: KrV (Die Krankenversicherung) 2010, S. 318–320 (zit.: *Saatkamp*, KrV 2010, S.).

Sachs, Michael (Hrsg.), Grundgesetz, Kommentar, 7. Auflage, München 2014 (zit.: *Bearbeiter*, in: Sachs, Art. Rn.).

Säcker, Franz Jürgen/Rixecker, Roland u.a. (Hrsg.), Münchener Kommentar, Bürgerliches Gesetzbuch, Allgemeiner Teil, §§ 1–240, ProstG, AGG, 6. Auflage, München 2012 (zit.: *Bearbeiter*, in: MüKo-BGB, § Rn.).

Savigny, Friedrich Carl v., Juristische Methodenlehre, Nach der Ausarbeitung des Jakob Grimm, Stuttgart, 1951 (zit.: *Savigny*, S.).

Scheurer, Hans-Walter, Einführung, in: Pitschas, Rainer (Hrsg.), Krankenkassenwettbewerb und Insolvenz, Frankfurt am Main 2010, S. 9–12 (zit.: *Scheurer*, in: Kassenwettbewerb und Insolvenz, S.).

Schmidt, Karsten, Ultra-vires-Doktrin: tot oder lebendig? Bemerkungen zur Organvertretungsmacht, in: AcP (Archiv für die civilistische Praxis) 1984, S. 529–540 (zit.: *K. Schmidt*, AcP 1984, S.).

Schmidt, Karsten, Gesellschaftsrecht, 4. Auflage, Köln 2002 (zit.: *K. Schmidt*, §, S.).

Schmidt-Aßmann, Eberhard, Verfassungsfragen der Gesundheitsreform, in: NJW 2004, S. 1689–1695 (zit.: *Schmidt-Aßmann*, NJW 2004, S.).

Schnapp, Friedrich E./Rixen, Stephan, Die Unzulässigkeit der Aufnahme von Krediten durch die gesetzlichen Krankenkassen, in: BKR (Zeitschrift für Bank- und Kapitalmarktrecht) 2006, S. 360–366 (zit.: *Schnapp/Rixen*, BKR 2006, S.).

Schneider, Fred, Betriebskrankenkassen-Errichtungen und die Leistungsgefährdung von Ortskrankenkassen nach dem Gesundheits-Reformgesetz – GRG – (SGB V), in: SGB (Die Sozialgerichtsbarkeit) 1989, S. 461–464 (zit.: *Schneider*, SGB 1989, S.).

Scholz, Ruppert, Verfassungsrechtliches Gutachten zum Entwurf des Wettbewerbsstärkungsgesetzes (GKV-WSG) – Zur verfassungsrechtlichen Funktionsgewährleistungsverantwortung und Gewährträgerhaftung des Bundes für die gesetzliche Krankenversicherung und zur Verfassungswidrigkeit der bundesgesetzlichen Einführung der Insolvenzfähigkeit gesetzlicher Krankenkassen, im Auftrag des AOK-Bundesverbandes, Stand 18.10.2006 (zit.: *Scholz*, AOK-Gutachten, S.).

Schröder, Meinhard, Grundfragen der Aufsicht in der öffentlichen Verwaltung, in: JuS (Juristische Schulung) 1986, S. 371–375 (zit.: *Schröder*, in: JuS 1986, S.).

Schulin, Bertram, Handbuch des Sozialversicherungsrechts, Bd. 1, Krankenversicherungsrecht, München 1994 (zit.: *Bearbeiter*, in: Schulin, Bd. 1, § Rn.).

Soergel, Hans Theodor, Bürgerliches Gesetzbuch mit Einführungsgesetz und Nebengesetzen, Allgemeiner Teil 1, §§ 1–103, 13. Auflage, 2000 (zit.: *Bearbeiter*, in: Soergel, Bd. 1, § Rn.).

Spiecker gen. Döhmann, Indra, Zur Wettbewerbsfähigkeit von Gesundheitsgütern – Ökonomische Analyse des rechtlichen Ordnungsrahmens, in dem der Wettbewerb gelingen kann, in: *Schmehl*, Arndt/Wallrabenstein, Astrid (Hrsg.), Steuerungsinstrumente im Recht des Gesundheitswesens, Bd. 1: Wettbewerb, Tübingen 2005, S. 1–35 (zit.: *Spiecker gen. Döhmann*, in: Steuerungsinstrumente Bd. 1, S.).

Spickhoff, Andreas (Hrsg.), Medizinrecht, 2. Auflage, München 2014 (zit.: *Bearbeiter*, in: Spickhoff, § Rn.).

Staudinger, Julius v., (Begr.), J. von Staudingers Kommentar zum Bürgerlichen Gesetzbuch mit Einführungsgesetz und Nebengesetzen, Buch 1, Allgemeiner Teil 2, (§§ 21–79), Berlin 2005 (zit.: *Bearbeiter*, in: Staudinger, § Rn.).

Stein, Friedrich/Jonas, Martin, Kommentar zur Zivilprozessordnung, Bd. 8, §§ 828–915 h, 22. Auflage, Tübingen 2004 (zit.: *Bearbeiter*, in: Stein/Jonas, § Rn.).

Steinmeyer, Heinz-Dietrich, Krankenkassen zwischen Sozialrecht, Haftung und Insolvenz, in: NZS (Neue Zeitschrift für Sozialrecht) 2008, S. 393–402 (zit.: *Steinmeyer*, NZS 2008, S.).

Stelkens, Paul/Bonk, Heinz-Joachim/Sachs, Michael (Hrsg.), Verwaltungsverfahrensgesetz, Kommentar, 8. Auflage, München 2014 (zit.: *Bearbeiter*, in: Stelkens/Bonk/Sachs, VwVfG, § Rn.).

Theuerkauf, Klaus, Direktverträge und Wettbewerb in der Gesetzlichen Krankenversicherung: Zugleich eine Analyse zum Entwurf des Versorgungsstrukturgesetz, in: NZS (Neue Zeitschrift für Sozialrecht) 2011, S. 921–927 (zit.: *Theuerkauf*, NZS 2011, S.).

Thüsing, Gregor/Sternberg, Lioba, Wettbewerb im Gesundheitswesen – und wie ihn regeln?, in: AnwBl (Anwaltsblatt) 2012, S. 714–715 (zit.: *Thüsing/Sternberg*, AnwBl 2012, S.).

Thüsing, Gregor/Traut, Johannes/Pötters, Stephan, Die Erhebung von Zusatzbeiträgen nach § 242 SGB V, Zusatzbeiträge als Mittel der Krankenkassenfinanzierung und Sanierung?, in: NZS 2012, S. 641–647 (zit.: *Thüsing/Traut/Pötters*, in: NZS 2012, S.).

Uhlenbruck, Wilhelm/Hirte Heribert/Vallender Heinz (Hrsg.), Insolvenzordnung – Kommentar, 14. Auflage, München 2015 (zit.: *Bearbeiter*, in: Uhlenbruck, § Rn.).

Uwer, Dirk, Der rechtliche Rahmen der Insolvenz von Krankenkassen, in: GesR (GesundheitsRecht) 2009, S. 113–121 (zit.: *Uwer*, GesR 2009, S.).

Vieß, Gerhard, Krankenkasse zwischen Schließung, Haftung und Insolvenz – die zentralen Elemente des „Gesetzes zur Weiterentwicklung der Organisationsstrukturen in der gesetzlichen Krankenversicherung (GKV-OrgWG)“ aus Sicht des Bundesministeriums für Gesundheit, in: Pitschas, Rainer (Hrsg.), Kassenwettbewerb und Insolvenz, Frankfurt am Main 2010, S. 13–18 (zit.: *Vieß*, in: Kassenwettbewerb und Insolvenz, S.).

Wade, William/Forsyth, Christopher F., Administrative Law, 9. Ed., Oxford 2004 (zit.: *Wade/Forsyth*, Administrative Law, S.).

Waltermann, Raimund, Sozialrecht, 11. Auflage, Heidelberg 2015 (zit.: *Waltermann*, § Rn.).

Weber, Ahrend, Der Kunde in der Insolvenz seiner Bank, in: ZInsO (Zeitschrift für das gesamte Insolvenzrecht) 2009, S. 628–632 (zit.: *Weber*, ZInsO 2009, S.).

Winkler, Jürgen (Hrsg.), Sozialgesetzbuch IV – Gemeinsame Vorschriften für die Sozialversicherung; Lehr- und Praxiskommentar, 2. Auflage, Baden-Baden 2015 (zit.: *Bearbeiter*, in: Winkler, SGB IV, § Rn.).

Wolff, Hans J./ Bachof, Otto/Stober, Rolf, Verwaltungsrecht Bd. 3, 5. Auflage, München 2004 (zit.: *Wolff/Bachof/Stober*, VerwR, Bd. 3, § Rn.).

Wolff, Hans J./ Bachof, Otto/Stober, Rolf/Kluth, Winfried, Verwaltungsrecht Bd. 1, 12. Auflage, München 2007, (zit.: *Wolff/Bachof/Stober/Kluth*, VerwR, Bd. 1, § Rn.).

Zimmermann, Markus, Sozialversicherung und Privatversicherung im Kompetenzgefüge des Grundgesetzes, Dissertation, Berlin 2009 (zit.: *Zimmermann*, S.).

Schriften zum Verfahrensrecht

Herausgegeben von Jens Adolphsen, Christoph Althammer, Peter Gottwald und Ulrich Haas

Band 1 Matthias Rauscher: Die neue Berufung in Zivilsachen. 2002.

Band 2 Jörn-Christian Schulze: Grenzen der objektiven Schiedsfähigkeit im Rahmen des § 1030 ZPO. Eine Betrachtung des Rechts der Schiedsfähigkeit nach der Schiedsverfahrensrechtsform. 2003.

Band 3 Roman Rodloff: Das vereinfachte Verfahren zur Festsetzung von Kindesunterhalt nach §§ 654 ff. ZPO. Zugleich ein Beitrag zur Unterhaltsannexklage nach § 653 ZPO und zum vereinfachten Abänderungsverfahren nach § 656 ZPO. 2003.

Band 4 Helia-Verena Daubach: Kammer oder Einzelrichter? Ist die Kammer ein Qualitätselement des Zivilprozesses? 2003.

Band 5 Thomas Gemmeke: Beweisverwertungsverbote im arbeitsgerichtlichen Verfahren. 2003.

Band 6 Wolfgang Kreißig: Der Sportverein in Krise und Insolvenz. 2004.

Band 7 Alexander M. Krämer: Leasingverträge in der Insolvenz. 2005.

Band 8 Timo Christian Walther: Das Verfahren bei Masseunzulänglichkeit nach den §§ 208 ff. InsO. 2005.

Band 9 Henning Müller: Die Lebensversicherung in der Zwangsvollstreckung. 2005.

Band 10 Oliver Hilsbos: Die Mitwirkungspflicht von Personenstandsbehörden in Nachlassverfahren. 2006.

Band 11 Matthias Holla: Der Einsatz von Schiedsgerichten im organisierten Sport. 2006.

Band 12 Matthias Hofmann: Die Eigenverwaltung in der Insolvenz. Darstellung eines Rechtsinstituts unter besonderer Berücksichtigung der Gesellschaftsinsolvenz. 2006.

Band 13 Christian Schindler: Rechtskraft und Innenbindung von Beschlüssen nach der ZPO-Reform. 2006.

Band 14 Carola Reimann-Dittrich: Die Finanzierungsfolgenverantwortung des Gesellschafters. 2006.

Band 15 Viktoria Kress: Internationale Zuständigkeit für elterliche Verantwortung in der Europäischen Union. Das neue europäische Familienverfahrensrecht in Fragen der elterlichen Verantwortung im Kontext der Haager Abkommen. 2006.

Band 16 Frank Martin Herget: Die internationale Zuständigkeit im Electronic Commerce in der Europäischen Union. 2006.

Band 17 Cornelia Drenckhahn: Urkundsvorlagepflichten im Zivilprozess und im arbeitsgerichtlichen Verfahren nach der ZPO-Reform unter besonderer Berücksichtigung der Neufassung des § 142 ZPO. 2007.

Band 18 Walter Boeckh: Beschwerde und Rechtsbeschwerde im Zivilverfahren. 2007.

Band 19 Gökçe Nazar Uzar: Rechtsmittel gegen Schiedssprüche nach dem neuen deutschen und türkischen Schiedsverfahrensrecht. 2007.

Band 20 Christa Kraemer: Eigenkapitalersatz und Insolvenz. Klassische und moderne Fallgruppen. 2007.

Band 21 Martin Beckmann: Statutarische Schiedsklauseln im deutschen Recht und internationalen Kontext. 2008.

Band 22 Ulf Pechartscheck: Entgeltansprüche aus Altersteilzeitarbeit in der Arbeitgeberinsolvenz. Analyse gegenwärtiger Sicherungsmodelle in Deutschland. 2008.

Band 23 Thomas Baumann: Patentstreitigkeiten vor Schiedsgerichten. Eine rechtsvergleichende Betrachtung ausgewählter Probleme nach deutschem und schweizerischem Recht. 2008.

Band 24 Désirée Cimmino: Das UNCITRAL-Modellgesetz über internationale ADR-Verfahren in Wirtschaftsstreitigkeiten. 2008.

Band 25 Ralf Burkhard: Der Einfluss der Schuldrechtsreform auf von § 103 InsO erfasste Kaufverträge. 2010.

Band 26 Stefan Roßkopf: Die Aufrechnung im deutschen und englischen Insolvenzrecht. Eine rechtsvergleichende Untersuchung. 2008.

Band 27 Thomas Rothammer: Die insolvenzrechtliche Restschuldbefreiung – Probleme und Lösungen. 2008.

Band 28 Franziska Schmalenberg: Anerkennung von Patenten in Europa. 2009.

Band 29 Michael Schaumann: Reform des Eigenkapitalersatzrechts im System der Gesellschafterhaftung. Unter Berücksichtigung der Änderungen durch das MoMiG. 2009.

Band 30 Hengliang Shen: Das Absonderungsrecht in der Insolvenz. Erfahrungen aus Deutschland und die Praxis in China. 2009.

Band 31 Alexander Panier: Der Grundsatz der Schadenseinheit. 2009.

Band 32 Ming-Sheng Liu: Die richterliche Hinweispflicht. Dogmatik und Rechtskultur. 2009.

Band 33 Lothar Czaja: Umsetzung der Kooperationsvorgaben durch die Europäische Insolvenzverordnung im deutschen Insolvenzverfahren. 2009.

Band 34 Stefanie Reiche: Die prozessualen Folgen eines Betriebsübergangs nach § 613a BGB. 2009.

Band 35 Christoph Stieber: Der gesicherte Geld- und Warenkredit in der Insolvenz. Das Insolvenzverwalterwahlrecht nach § 103 InsO und dessen Wirkungen auf die Sicherungsübereignung und den Eigentumsvorbehalt. 2009.

Band 36 Miguel Teixeira de Sousa: Die Zulässigkeitsprüfung im Zivilprozess. 2010.

Band 37 Michael Schulze: Das Besteuerungsverfahren der Personengesellschaft bei Insolvenz. 2010.

Band 38 Ulrich Hönle: Die deliktische Grundanknüpfung im IPR und IZVR. Auswirkungen der Kollisionsrechtsvereinheitlichung auf europäischer Ebene. 2011.

Band 39 Hilke Schapp: Die Präklusion von Gestaltungsrechten nach § 767 Abs. 2 ZPO. Eine kritische Untersuchung der Rechtsprechung unter besonderer Berücksichtigung der Rechtskraft und der materiellen Rechtslage. 2011.

Band 40 Moritz Büchele: Eingriff in Gesellschafterrechte im Insolvenzplan. 2011.

Band 41 Markus Wimmer: Unternehmenssanierung mittels Transfergesellschaften. 2011.

Band 42 Christoffer Bortz: Urheberrechtliche Lizenzen in nationaler und internationaler Insolvenz. 2012.

Band 43 Martin Wigand: Verzicht, Vergleich und sonstige Haftungsbeschränkungen im Gesellschaftsrecht. 2012.

Band 44 Michael Schick: Die Zwischenfeststellungsklage des § 256 Abs. 2 ZPO. 2013.

Band 45 Olaf Benning: Internationale Prinzipien für grenzüberschreitende Insolvenzverfahren. 2013.

Band 46 Gero von Jhering: Die Wirkung von Schiedsvereinbarungen, Schiedsklauseln und Schiedssprüchen im Gesellschaftsrecht. Eine Zusammenführung von Schiedsverfahrens- und Gesellschaftsrecht. 2013.

Band 47 Anne Hoßfeld: Die Abtretung schieds- und gerichtsstandsgebundener Forderungen. 2013.

Band 48 Fabian Camek: Das Schutzschirmverfahren nach § 270b InsO und seine Funktionalität im internationalen Rechtsvergleich. 2014.

Band 49 Silvio Kupsch: Grenzüberschreitende Insolvenzverfahren in Südafrika. 2014.

Band 50 Martina Daus: Die insolvenzrechtliche Einordnung der betrieblichen Altersversorgung in der Insolvenz des Arbeitgebers. 2014.

Band 51 Fabian J. Hohl: Die richterliche Unabhängigkeit bei der Auswahl des (vorläufigen) Insolvenzverwalters nach dem ESUG. Vereinbarkeit mit Art. 97 GG und Auswirkung auf die Justiziabilität der Auswahlentscheidung. 2015.

Band 52 Carmen Schauberger: Die Partizipation Minderjähriger im Verfahren der freiwilligen Gerichtsbarkeit. Eine Analyse der Beteiligung und der Verfahrensfähigkeit in Familien- und Erbrechtsverfahren. 2015.

Band 53 Tobias Waldmann: Annexverfahren im Europäischen Insolvenzrecht. 2015.

Band 54 Maximilian Riedel: Insolvenz in nationalen und internationalen Schiedsverfahren. 2016.

Band 55 Konrad-Tassilo Heßel: Das vorinsolvenzliche Sanierungsverfahren. Bedarf und Ausgestaltungsmöglichkeiten eines vorinsolvenzlichen Sanierungsmechanismus. 2016.

Band 56 Dominik Pauw: Sanierung geschlossener Publikumsfonds. 2016.

Band 57 Sebastian Fuchs: Die Auflösung und Abwicklung gesetzlicher Krankenkassen im Spannungsfeld zwischen dem SGB V und der Insolvenzordnung. 2016.

www.ingramcontent.com/pod-product-compliance
Ingram Content Group UK Ltd.
Pitfield, Milton Keynes, MK11 3LW, UK
UKHW021853290926
8980IPUK00005B/812

9 783631 674062